Interpretative Policy-Analyse

Sybille Münch

Interpretative Policy-Analyse
Eine Einführung

Sybille Münch
Darmstadt
Deutschland

ISBN 978-3-658-03756-7   ISBN 978-3-658-03757-4 (eBook)
DOI 10.1007/978-3-658-03757-4

Die Deutsche Nationalbibliothek verzeichnet diese Publikation in der Deutschen Nationalbibliografie; detaillierte bibliografische Daten sind im Internet über http://dnb.d-nb.de abrufbar.

Springer VS
© Springer Fachmedien Wiesbaden 2016
Das Werk einschließlich aller seiner Teile ist urheberrechtlich geschützt. Jede Verwertung, die nicht ausdrücklich vom Urheberrechtsgesetz zugelassen ist, bedarf der vorherigen Zustimmung des Verlags. Das gilt insbesondere für Vervielfältigungen, Bearbeitungen, Übersetzungen, Mikroverfilmungen und die Einspeicherung und Verarbeitung in elektronischen Systemen.
Die Wiedergabe von Gebrauchsnamen, Handelsnamen, Warenbezeichnungen usw. in diesem Werk berechtigt auch ohne besondere Kennzeichnung nicht zu der Annahme, dass solche Namen im Sinne der Warenzeichen- und Markenschutz-Gesetzgebung als frei zu betrachten wären und daher von jedermann benutzt werden dürften.
Der Verlag, die Autoren und die Herausgeber gehen davon aus, dass die Angaben und Informationen in diesem Werk zum Zeitpunkt der Veröffentlichung vollständig und korrekt sind. Weder der Verlag noch die Autoren oder die Herausgeber übernehmen, ausdrücklich oder implizit, Gewähr für den Inhalt des Werkes, etwaige Fehler oder Äußerungen.

Lektorat: Jan Treibel

Gedruckt auf säurefreiem und chlorfrei gebleichtem Papier

Springer Fachmedien Wiesbaden ist Teil der Fachverlagsgruppe Springer Science+Business Media
(www.springer.com)

Vorwort

In der Policy-Analyse hat sich seit Mitte der 1990er Jahre eine zaghafte Öffnung gegenüber interpretativen Ansätzen vollzogen, die im Wesentlichen auf drei Entwicklungen zurück zu führen ist. Zum einen wurde der traditionell technokratischen Policy-Forschung aus demokratietheoretischer Sicht vorgeworfen, sich zu sehr die Gedanken der Regierenden zu machen und nicht machtrealistisch zu sein. Zweitens geriet das Selbstbild als „Problemlösungswissenschaft" ins Wanken, da sie das Scheitern von Reformvorhaben – in den USA und auch bei uns – durch die Bereitstellung von Wissen letztlich nicht verhindern konnte. Und drittens hat sich mit dem Wandel weg vom hierarchischen Steuern hin zu horizontalen und kommunikationsbasierten Governance-Modi die Einsicht ergeben, dass die Begründungsfähigkeit von Politik und der Kampf um Ideen und Interpretationshoheit an Bedeutung gewinnen. Für die Politikwissenschaft ergibt sich zudem die Herausforderung, *policy-making* außerhalb formaler Gesetzgebungsprozesse und Institutionen im Rahmen neuer Netzwerke zu analysieren. Die Policy-Forschung vollzieht damit eine interpretative oder argumentative Wende, bei der Politikverläufe nicht mehr nur aus Nutzenmaximierungskalkülen erklärt oder als rationale Problemlösung verklärt, sondern als sprachlich vermittelte und geprägte Interpretationsprozesse und Interpretationskämpfe verstanden werden. Eine so verortete Policy-Analyse knüpft damit an verschiedene Entwicklungen und Debatten in den Nachbardisziplinen an, vor allem an einen Paradigmenwechsel von einem Standpunkt, wonach sich die Welt durch Sprache ausdrückt, zu einem Fokus darauf, wie die Welt durch Sprache erst gemacht wird. Das Auftreten einer interpretativen Policy-Analyse ist eingebettet in eine komplexe intellektuelle Umwelt, die in der zweiten Hälfte des 20. Jahrhunderts unter anderem durch das Aufkommen von Konstruktivismus, Strukturalismus und Poststrukturalismus gekennzeichnet ist. Die im Jahr 2015 zum zehnten Mal stattfindende *International Conference in Interpretive Policy Analysis* (IPA) zeugt von der Vielfalt und hohen Produktivität dieser post-positivistischen Ansätze.

In der deutschsprachigen Politikwissenschaft hat sich der interpretative *approach* im Gegensatz zur Soziologie jedoch erst sehr langsam etabliert. Insbesondere für Studierende, aber auch für Promovierende sowie für Dozentinnen und Dozenten ist es zuweilen schwer, sich einen Überblick über die heterogenen Strömungen innerhalb der interpretativen Policy-Analyse zu verschaffen.[1] Dies galt auch für die Autorin selbst, die ihre erste Begegnung mit interpretativer Policy-Analyse im Rahmen ihrer Dissertation hatte. Das vorliegende Lehrbuch beruht in Teilen auf dem dort entwickelten Analyserahmen (Münch 2010) und ist durch die Arbeit am DFG-geförderten Projekt „Problemdiskurse: Eigenlogik der Städte und politische Agenda" (Barbehön et al. 2015a) weiter vertieft worden.

In Deutschland haben insbesondere Frank Nullmeier und Thomas Saretzki früh zu einer wesentlichen Übersetzung und Klärung des Zugangs beigetragen, in Österreich hat sich vor allem Herbert Gottweis um eine Verankerung post-positivistischer Ansätze in der Policy-Analyse verdient gemacht. Eine kompakte, deutschsprachige Einführung zur interpretativen Policy-Forschung liegt jedoch bislang nicht vor. Das wachsende Interesse an Diskursanalysen, Wissen und Ideen bleibt bislang ohne ein entsprechendes deutschsprachiges Lehrbuch. Die vorliegende Publikation tritt an, eine Einordnung der vielfältigen vor allem englischsprachigen Debatten vorzunehmen. Sie richtet sich damit an Studierende im Bachelor und Master der Politik- oder Verwaltungswissenschaft, für die sie eine erste Heranführung sein möchte, aber auch an Doktorandinnen und Doktoranden sowie fortgeschrittene Forschende, für die die Vielfalt der Strömungen und Konzepte unter dem Dach der interpretativen Policy-Analyse bislang zu Unklarheiten geführt hat.

Das Lehrbuch ist folgendermaßen gegliedert: Es beginnt mit einer allgemeinen Einführung (Kap. 1), die das Aufkommen der interpretativen Wende vor dem Hintergrund anhaltender Kritik an der traditionellen Policy-Analyse und angesichts paralleler intellektueller Entwicklungen in den Nachbardisziplinen, insbesondere in der sozialkonstruktivistischen Soziologie sozialer Probleme, beschreibt. Dabei geht es darum, die wesentlichen epistemologischen (erkenntnistheoretischen) Grundlagen interpretativer Forschung vorzustellen sowie innerhalb dieses Ansatzes zwischen verschiedenen Strömungen zu differenzieren. Ein wesentliches Lernziel dieses Kapitels besteht darin, die grundlegenden Unterschiede zwischen interpretativen und neo-positivistischen Arbeiten herauszuarbeiten.

---

[1] Die Ermunterung zu diesem Lehrbuch verdankt die Autorin Michael Haus, dem auch für die konstruktive Kritik an einer ersten Fassung ganz herzlich gedankt sei. Ebenso gilt mein Dank Marlon Barbehön, Berit Bliesemann de Guevara, Hubert Heinelt und Holger Straßheim, die durch das Lesen des Manuskriptes das Buch inhaltlich und sprachlich geschärft haben, sowie Timo Richter für seine Mithilfe beim Literaturverzeichnis.

Während die in Kap. 1 vorgestellte Prämisse von der Konstruktion von Wirklichkeit dem interpretativen Paradigma auch in den Nachbardisziplinen zugrunde liegt, geht die interpretative Policy-Analyse mit ihrem zweiten Grundgedanken von Politik als Kampf um Ideen und Bedeutung einen eigenen, dezidiert politikwissenschaftlichen Weg. Kapitel 2 beleuchtet damit, was von der interpretativen Policy-Analyse als Essenz von Politik betrachtet wird. Die Rolle von Ideen und Wissen im *policy-making* sowie die Grenzziehung zwischen relevantem und irrelevantem Wissen, wie sie von der Expertise-Forschung untersucht wird, stehen hier im Mittelpunkt. Hier wird mit der „Wissenspolitologie" auch ein spezifisch deutscher Beitrag zur interpretativen Policy-Analyse präsentiert. Neben der Vorstellung der zentralen interpretativen Begrifflichkeiten geht es vor allem auch darum, die profunden Differenzen zu denjenigen Forschungsarbeiten deutlich zu machen, die zwar die Rolle von Ideen untersuchen, aber wegen ihres variablenbasierten Zugangs ausdrücklich nicht als interpretativ missverstanden werden sollten.

Auf die Fülle des begrifflichen und thematischen Repertoires interpretativer Policy-Analyse ist verschiedentlich hingewiesen worden (Fischer und Gottweis 2012b; Nullmeier 2013). Während sich die interpretative Weiterentwicklung der Policy-Forschung in Deutschland also zunächst vor allem unter den Schlagworten Ideen und Wissen vollzogen hat (Kap. 2), ist die gewachsene Offenheit gegenüber Formen der Konstruktion von Wirklichkeit insbesondere in der englischsprachigen Policy-Analyse mit einer Öffnung gegenüber verschiedenen Formen der Diskursanalyse und sprachbasierten Analyseverfahren einhergegangen. Kapitel 3 stellt die verschiedenen Kernbegriffe, zentralen Konzepte und wesentlichen Autorinnen und Autoren der deutsch- und englischsprachigen interpretativen Policy-Analyse vor. Hier gilt es, vor allem auch die diversen Ansätze innerhalb der interpretativen Policy-Analyse voneinander abzugrenzen und nicht zuletzt die Mannigfaltigkeit interpretativer Forschung zu beleuchten, die sich in jüngerer Zeit auch auf das Terrain einer politischen Ethnographie begibt.

Kapitel 4 geht der zentralen, die interpretative Policy-Analyse im Wesentlichen in zwei Lager spaltenden Frage nach, wie die Rolle von Akteuren und ihr Einfluss auf oder ihre Prägung durch Diskurse zu begreifen seien. Neben der Unterscheidung zwischen poststrukturalistischen und hermeneutischen Ansätzen wird vor allem die Rolle des Kontextes – hierbei handelt es sich um einen weiteren Schlüsselbegriff interpretativer Forschung – diskutiert. Als ein zwischen einem diskursiven und einem hermeneutischen Bedeutungsverständnis vermittelndes Konzept wird der Begriff der „Tradition" der britischen Autoren Bevir und Rhodes vorgestellt. Zudem werden mit den Arbeiten zu Zielgruppen von Policies sowie zu Diskurskoalitionen zwei interpretative Ansätze zur Prägung durch Policies und zum Agieren in Diskursen präsentiert.

Kapitel 5 zieht eine vorläufige Bilanz interpretativer Policy-Analyse und erörtert zentrale Potenziale, aber auch Defizite aus Binnensicht sowie Außensicht. Es zeigt die zahlreichen Anknüpfungspunkte zu anderen politikwissenschaftlichen Teildisziplinen sowie zu den Nachbardisziplinen auf und schließt mit einem Resümee und zugleich Ausblick auf Rolle und Selbstverständnis interpretativer Policy-Forscherinnen und -Forscher.

Jedes Kapitel beginnt mit einem kurzen Überblick zum Gegenstand und schließt mit einer Zusammenfassung sowie Literaturtipps zu den jeweils behandelten Themen. In der Auswahl der Literaturhinweise wurde ein Schwerpunkt auf deutschsprachige Publikationen und solche mit Überblickscharakter gelegt, um es gerade auch Studierenden zu ermöglichen, sich die interpretative Policy-Analyse zu erschließen. Zudem sind die einzelnen Unterkapitel regelmäßig mit Forschungsbeispielen hinterlegt, in denen eine forschungspraktische Umsetzung illustriert wird.

Inhaltsverzeichnis

1	**Die interpretative Wende in der Policy-Forschung**	1
1.1	Einleitung	1
1.2	Entstehung, Selbstverständnis und Kritik der Policy-Forschung ...	4
1.3	Grundlagen des interpretativen Paradigmas: die Konstruktion von Wirklichkeit	6
1.4	Über den Tellerrand geschaut: die sozialkonstruktivistische Soziologie sozialer Probleme	9
1.5	Unterschiedliche Strömungen der interpretativen Policy-Analyse	15
1.6	Methoden und Gütekriterien interpretativer Policy-Forschung ...	18
1.7	Zusammenfassung	24
2	**Der „Kampf um Ideen" und Wissen als Grundgedanke**	27
2.1	Die „Ideenlosigkeit" rationalistischer Ansätze	28
2.2	Ideen in der variablenbasierten Forschung und als eigenständiger Untersuchungsgegenstand	28
2.3	Wissen in der interpretativen Policy-Analyse	33
2.4	Die Wissenspolitologie als deutscher Debattenbeitrag	34
2.5	Interpretative Expertise-Forschung	39
2.6	Zusammenfassung	42
3	**Diskurse, Frames, Argumente – Kernkonzepte interpretativer Policy-Analyse**	45
3.1	Einleitung	46
3.2	Argumentation im policy-making	47
3.3	Bedeutung in der interpretativ-hermeneutischen Policy-Analyse ...	50
3.4	Diskurse im Verständnis der interpretativen Policy-Analyse	53
	3.4.1 Definition und Abgrenzung des Diskurs-Begriffs	54

	3.4.2	Policy-Diskurse nach Maarten Hajer	60
	3.4.3	Poststrukturalistische Policy-Analyse	63
	3.4.4	Kritische Diskursanalyse (Critical Discourse Analysis – CDA)	75
3.5	Frames und Framing		79
	3.5.1	Frame-Analyse nach Rein und Schön	80
	3.5.2	Critical Frame Analysis	82
3.6	Die Analyse von Erzählungen und Narrativen		84
	3.6.1	Verschiedene Varianten der narrativen Analyse	84
	3.6.2	Die narrative Policy-Analyse nach Deborah Stone	88
3.7	Die Rekonstruktion von Problematisierungen		90
	3.7.1	„What's the problem represented to be?" (WPR)	93
	3.7.2	Exkurs: Soziologie sozialer Probleme	94
3.8	Policy-Analyse als Metaphern-Analyse		96
3.9	Rhetorik in der Policy-Analyse: Rhetorical Political Analysis (RPA)		99
3.10	Deliberative Policy-Analyse		101
3.11	Policy-Ethnographie		106
3.12	Zusammenfassung		108

4 Akteure und ihre Spielräume: Kontexte, Zielgruppen, Koalitionen ... 111
- 4.1 Einleitung ... 112
- 4.2 Das Konzept der Tradition nach Bevir und Rhodes ... 114
- 4.3 Die Rolle des (diskursiven) Kontexts ... 116
- 4.4 Zur Konstruktion von Zielgruppen durch Policies ... 119
- 4.5 Policy-Analyse auf der Suche nach Diskurskoalitionen ... 125
- 4.6 Zusammenfassung ... 129

5 Eine vorläufige Bilanz interpretativer Forschung ... 131
- 5.1 Kritik aus der Binnensicht ... 131
- 5.2 Kritik aus Sicht traditioneller Policy-Forschung ... 133
- 5.3 Anknüpfungspunkte interpretativer Policy-Analysen an weitere Debatten ... 138
- 5.4 Rolle und Zukunft der interpretativen Policy-Analyse ... 140
- 5.5 Zusammenfassung ... 143

Glossar ... 145

Literatur ... 153

Die interpretative Wende in der Policy-Forschung 1

Überblick

Das folgende Kapitel führt in die Entstehung und Prämissen der Policy-Analyse sowie ihre Weiterentwicklung durch die Ansätze einer als post-positivistisch, interpretativ oder argumentativ bezeichneten Wende ein (1.1, 1.2). Zu diesem Zweck werden die Grundlagen des interpretativen Paradigmas in der Soziologie (1.3) sowie sozialkonstruktivistische Parallelen in der Soziologie sozialer Probleme (1.4) vorgestellt. Des Weiteren werden eine Begriffsklärung vorgenommen, die unterschiedlichen Strömungen innerhalb der interpretativen Policy-Analyse beleuchtet (1.5) und die Gütekriterien entsprechender Forschung mit denen der traditionellen Policy-Analyse kontrastiert (1.6).

1.1 Einleitung

Der Begriff „Policy" benennt die politischen Inhalte, die in Gesetzen, Verordnungen, Programmen und Einzelentscheidungen zum Ausdruck kommen (Schubert und Bandelow 2003, S. 4 f.). Im engeren Sinne bezeichnet *policy-making* das Handeln von Regierungen und inter- und supranationalen Organisationen mit Anspruch auf gesamtgesellschaftlich verbindliche Regelung (Schmidt 2003, S. 261). Die Bezeichnungen Policy- oder Politikfeld-Analyse stehen im Deutschen sowohl für eine beschreibend-erklärende als auch für eine konkret politikberatende Variante der Policy-Forschung. Im Englischen hingegen findet der Begriff *Policy Science* für die präskriptiv-normative und der Begriff *Policy Analysis* für die beschreibend-erklärende Variante Verwendung (Héritier 1993, S. 9).

Aus Sicht der traditionellen Policy-Analyse stellt sich Politik als Bearbeitung von Problemen dar (Saretzki 2003, S. 431).[1] Diese Auffassung von Regierungen als „a machinery for solving problems" (Colebatch 2005, S. 17) wird auch durch das Modell des Politikzyklus widergespiegelt, der den politischen Prozess von der Problemdefinition bis zur Implementation und ggf. Evaluation in mehrere nacheinander ablaufende Phasen teilt. Allerdings greift seit den 1990er Jahren die Erkenntnis um sich, dass die Wahrnehmung von Problemen und die Unterbreitung von Lösungsvorschlägen nicht als ein einfacher objektiver Mechanismus ablaufen. Gründe liegen in der Komplexität der Herausforderungen, in der Unschärfe und Subjektivität von Interpretationen sowie in der Veränderung der Politikinhalte durch ihre fortwährende Diskussion (Blatter et al. 2007, S. 22). Die Notwendigkeit einer Neufassung des Gegenstands der Policy-Analyse folgte somit auch aus einem gewandelten Verständnis von politischen Entscheidungen: Frühe, steuerungstheoretische Annahmen waren noch davon ausgegangen, dass eindeutige Ziele existierten, angemessene Kausaltheorien über Ursache-Wirkungszusammenhänge vorlägen sowie ausreichende Durchführungsstrukturen vorhanden seien, und dass die Unterstützung durch Interessengruppen gesichert sei (Héritier 1993, S. 11). Policy-Probleme sind jedoch aus heutiger Sicht komplexer in dem Sinne, dass sie nicht nur in der angemessenen Lösung umstritten sind, sondern auch dahingehend, worin ein Problem eigentlich besteht. Es handelt sich bei Policy-Prozessen demnach nicht um rationale Verläufe, in denen Wissen generiert, in Policy-Wissen transformiert und in problemadäquate Entscheidungen überführt werden kann. Stattdessen wird der Einfluss der sprachlichen Vermittlung und der milieu-, kultur- und rollenspezifischen Deutung und Verarbeitung von Informationen hervorgehoben und die Glaubwürdigkeit und das rhetorische Geschick in seiner Bedeutung für den Policy-Prozess betont (Blatter et al. 2007, S. 24). Generell ist mit diesen Ansätzen eine Ausdifferenzierung qualitativer Forschung verbunden, die sich in ihrer interpretativen Variante auf die wirklichkeitskonstituierende Dimension von Ideen, Wissen, Deutungsmustern, *frames*, Interpretationen, Argumenten oder Diskursen konzentriert.

In älteren Untersuchungen wurden die Handlungen der politischen Akteure häufig im Sinne von Macht und Interesse diskutiert. Das Argument der interpretativen Ansätze lautet nun nicht, dass es kein strategisches Handeln gebe, sondern dass die Meinungsunterschiede den Streit zu mehr machen als einem einfachen Interessenkonflikt (Hajer 2004, S. 272). Die Ansätze distanzieren sich damit von *Rational-Choice*-Theorien ebenso wie von der dominierenden institutionalistischen

---

[1] Dies mag insofern überspitzt sein, als sich die Policy-Analyse ebenso für die Frage interessiert, „[w]hat governments do, why they do it and what difference it makes" (Dye 1976), und in der beschreibend-erklärenden Variante nach den Ursachen für bestimmte Entscheidungen fragt.

1.1 Einleitung

Policy-Analyse. Der Kerngedanke besteht für Nullmeier (2001, S. 288) darin, die Interpretationen und Kausalannahmen bei der Konstruktion und politischen Bearbeitung gesellschaftlicher Probleme zu erfassen. Die Schlüsselvokabeln seien Bedeutung, Interpretation und die politisch-diskursive Konstitution von Wirklichkeiten. Politikverläufe lassen sich in diesem Verständnis nur als Interpretationsprozesse und Interpretationskämpfe verstehen.

Es schien jedoch lange keine Einigung darüber zu bestehen, wie diese Umorientierung am besten zu bezeichnen sei, ob als konstruktivistisch, post-positivistisch, als *argumentative turn* (Fischer und Forester 1993a), *ideational turn* (Blyth 1997) oder *interpretive turn* (Healy 1986; Yanow 1995). Zudem vertreten die Ansätze zum Teil sehr unterschiedliche Vorstellungen vom Einsatz wissenschaftlicher Verfahren zur Unterstützung der interpretativen Rekonstruktionsarbeit (vgl. Schneider und Janning 2006, S. 169). Ferner fallen viele ideenbezogene Arbeiten des *ideational turn* durch ihren konventionelleren und variablenbasierten Zugang aus der Riege der in diesem Lehrbuch vorgestellten Ansätze heraus (siehe ausgiebig 2.2). In dieser Einführung werden die Bezeichnungen „post-positivistisch" oder „interpretativ" als Oberbegriffe genutzt, während der *argumentative turn* als eine Ausprägung dieses Paradigmas verstanden wird. Dies scheint sich auch mit der Selbsteinschätzung oder zumindest forschungsstrategischen Ausrichtung der Autorinnen und Autoren zu decken, deren internationale Konferenzen die *Interpretive Policy Analysis* (IPA) im Titel tragen. Dieser Bezeichnung wurde daher auch beim Titel des vorliegenden Lehrbuchs gefolgt. Im Rahmen des transnationalen IPA-Netzwerks offenbart sich jedoch zugleich die große Bandbreite der unter diesem Dach vereinten Ansätze. So versammeln sich unter der Bezeichnung der interpretativen Policy-Analyse sowohl solche post-positivistischen Forscherinnen und Forscher, die einer interpretativ-hermeneutischen Strömung zuzuordnen sind – die also die Konstruktions- und Deutungsleistungen von Akteuren in den Mittelpunkt stellen – als auch poststrukturalistische Autorinnen und Autoren, die in Anlehnung an Foucault beleuchten, wie Subjekte überhaupt erst durch den Diskurs konstituiert werden (vgl. Fischer 2003, S. 38, siehe ausgiebig Abschn. 1.5 und 4). Dementsprechend wäre die Bezeichnung als „post-positivistisch" eigentlich ein passenderer, umfassenderer Oberbegriff.

Zusammengehalten wird die interpretative Policy-Analyse durch eine gemeinsame Perspektive, die auf zwei Grundgedanken beruht: Die soziale und politische Wirklichkeit ist sozial und diskursiv konstruiert und Politik ist ein Kampf um Bedeutung – *a struggle over meaning* oder *a struggle over ideas*. Das geteilte Anliegen, die verdeckte politische Dimension scheinbar neutraler Expertenentscheidungen, technischer Problemlösungen und Sachzwänge herauszuarbeiten, vermag sehr unterschiedliche Strömungen unter dem Dach der interpretativen Policy-Analyse zu vereinen (Braun 2014, S. 79, 84).

1.2 Entstehung, Selbstverständnis und Kritik der Policy-Forschung

Die Rede von der argumentativen oder interpretativen Wende verweist darauf, dass die Policy-Analyse zunächst mit ganz anderen Prämissen und Schlüsselkonzepten angetreten war, die bis heute den Mainstream dominieren: Die Geburtsstunde der Policy-Forschung in den USA wird gemeinhin am Erscheinen des Buches *The Policy Sciences* im Jahr 1951 festgemacht. Seine Herausgeber, Daniel Lerner und Harold Lasswell, konzipierten die Policy-Analyse als eine „Problemlösungsdisziplin", die durch die Bereitstellung von Wissen rationale politische Entscheidungen fördern und die Lebenssituation der Menschen verbessern sollte (Healy 1986, S. 383). Parallel zur Entwicklung der *Policy Science* in den USA vollzog sich in der Bundesrepublik die Aufnahme ihrer grundlegenden Fragestellungen als Teildisziplin der Politikwissenschaft. Zuvor war in der deutschen Politikwissenschaft der Nachkriegsjahre von den zentralen Policies lediglich die Außenpolitik routinemäßiger Inhalt in Lehre und Forschung gewesen (Greven 2007, S. 330). Mit der Policy- oder Politikfeld-Forschung entstand dagegen eine relativ neue, interdisziplinäre Forschungsrichtung, bei der es in erster Linie um die Wirkungsweise und Wirksamkeit politischer Programme und Maßnahmen ging.

Die Policy-Forschung beanspruchte in ihren Anfangsjahren, durch das Übertragen naturwissenschaftlicher Vorgehensweisen Wissen für die politische Praxis bereitzustellen. Für ihren Glauben an *Social Engineering*, an instrumentalistische Rationalität und für den damit einhergehenden Mangel an politischem Realismus wurde die Policy-Analyse gerade auch in der deutschen Politikwissenschaft heftig kritisiert.[2] Für die Politikwissenschaft zentrale Fragen wie die nach Macht und Legitimität, so der allgemeine Vorwurf, gerieten durch die vermeintliche Neutralität „objektiver" und angewandter Policy-Forschung in den Hintergrund, politische Voreingenommenheit werde als technische Notwendigkeit verschleiert: „In dieser technokratisch-gouvernementalen Problemlösungsperspektive macht sich die Politikfeld- und Policy-Forschung zumeist gewissermaßen die Gedanken der Regierenden, sieht die Probleme mit deren Augen und orientiert sich an deren Erfolgs- und Effektivitätskriterien" (Greven 2007, S. 333).

Weitere Kritikpunkte an der ursprünglichen Ausrichtung der Policy-Forschung richteten sich auf ihre steuerungstheoretischen Erklärungsmängel und methodologischen Grundlagen (Héritier 1993, S. 9, 19). Die zunächst vor allem quantitative US-amerikanische Policy-Forschung scheiterte nämlich in den Augen ihrer Kriti-

---

[2] Die Kritik wird insbesondere im von Hans-Hermann Hartwich (1985) herausgegebenen Band „Policy-Forschung in der Bundesrepublik Deutschland. Ihr Selbstverständnis und ihr Verhältnis zu den Grundfragen der Politikwissenschaft" deutlich.

ker auch an ihren eigenen Maßstäben: Zum einen sind für Politik und Gesellschaft, anders als in den Naturwissenschaften, verallgemeinerbare Gesetzmäßigkeiten oder solche, auf denen politische Interventionen basieren könnten, nur schwer zu finden. Zum anderen bilden politische Zielsetzungen selten ein transparentes, klar umrissenes, unumstrittenes Set, das als abhängige Variable für die kausale Analyse dienen könnte (Dryzek 1993, S. 218). Die „interpretative Wende" ist somit als eine methodologische und demokratietheoretische Neubesinnung zu verstehen.

Die Weiterentwicklung der Policy-Forschung seit den 1990er Jahren ist aber nicht nur auf diese disziplininterne Kritik zurück zu führen, sondern letztlich auch auf das Versagen, durch die Generierung von Wissen effektive Lösungen für soziale Probleme bereitzustellen (Fischer 1998, S. 139). Ebenso wie für die Teildisziplin „Internationale Beziehungen" das Ende des Ost-West-Konfliktes insofern ein frustrierendes Schlüsselerlebnis darstellte, als es erhebliche Zweifel an der Prognosefähigkeit des Faches weckte, gab es insbesondere in den USA eine Reihe von Fehlschlägen für die technokratische Policy-Forschung, etwa den *war on poverty* und die Energiekrise der 1970er Jahre. In allen Fällen konnte eine wissenschaftlich solide Policy-Analyse trotz ihrer beratenden Tätigkeit das Scheitern der Maßnahmen nicht verhindern (Dryzek 1993, S. 215). Der Optimismus früherer Policy-Forschung hatte sich bis dahin aus der Vorstellung gespeist, die/der Forschende könne nach rationalistischem Wissenschaftsverständnis Lösungen für Probleme einzelner Politikfelder bereitstellen und damit Politik „besser", weil rationaler machen.

In den USA wurde auf die „Krise wissenschaftlicher Expertise" (Majone 1989) mit einer Kritik am theorieskeptischen „Empirizismus" (Hawkesworth 1988, S. 2–4) und dem Ausrufen einer „argumentativen Wende" reagiert (zu deren Inhalten siehe 3.2). Hier erschien 1993 mit dem von Frank Fischer und John Forester herausgegebenen Sammelband „The argumentative turn in policy analysis and planning" eine der zentralen Grundlegungen interpretativer Policy-Forschung. Die vielfältigen Konzepte, die unter diesem Schlagwort diskutiert werden, waren zugleich Positionierungen in der Selbstverständigungsdebatte der *Policy Analysis* in den USA und ihres Verhältnisses zur Politik (Nullmeier 1993, S. 177). Die wissenschaftstheoretischen Grundlagen des neuen, post-positivistischen Verständnisses von Policy-Forschung sind besonders deutlich und kämpferisch von den Autoren des *argumentative turn* konturiert worden (Fischer und Forester 1993b).

Die unter dem Terminus der argumentativen Wende zusammengefassten Ansätze reflektieren den veränderten Status der erkenntnisphilosophischen Grundlagen von Wissenschaft, die Veränderungen, denen Politik unterworfen ist, sowie den Wandel im Verhältnis beider Sphären zueinander. Dabei ist häufig eher klar, wovon sich die Vertreter abwenden wollen, als wie die Policy-Analyse nach der vollzogenen Wende betrieben werden soll (Saretzki 2003, S. 393). Grundsätzlich werden mit dem *argumentative turn* zwei neue Zielorientierungen für die Policy-

Forschung angemahnt: Zum einen strebt der *argumentative turn* eine Neufassung der Inhalte der Policy-Forschung an, zum anderen eine Auseinandersetzung mit der Praxis der Policy-Forschung selbst, die mit ihren Analysen und Empfehlungen auf Politik einwirkt. In dieser Hinsicht beinhaltet die zweite Zielorientierung die Reflexion über Policy-Analyse als diskursive Praxis (Blatter et al. 2007, S. 23).

Der Sammelband zum *argumentative turn* hat zunächst vor allem in den USA eine lebhafte Debatte angestoßen, denn hier ist die Policy-Forschung, anders als in Deutschland, nicht nur Teildisziplin, sondern Profession, deren Auftrags- und Evaluationsstudien nicht nur von den Klienten, sondern auch von betroffenen Bürgerinnen und Bürgern rezipiert werden. Die programmatischen Fragen der Herausgeber des Grundlagenwerkes der argumentativen Wende, Fischer und Forester (1993a), zielen dementsprechend zunächst auf den Analyseprozess selbst und damit auf die Rolle der Forschenden ab: Wie kommen sie zu ihren Ergebnissen und Empfehlungen, wie konstruieren sie Probleme und Problemlösungsmöglichkeiten, wovon hängt es ab, ob ihre Argumente zur Anwendung kommen (Saretzki 2003, S. 397)? In den Augen der Protagonisten des *argumentative turn* haben die oben benannten Rückschläge der Policy-Analyse zu einer Neudefinition des Policy-Forschers geführt, dessen Aufgabe es nun sei, die politischen Prozesse der verbalen Auseinandersetzung angesichts eines Wandels zum aktivierenden, „verhandelnden" Staat zu stimulieren, statt Lösungsvorschläge für die sozialen Probleme moderner Gesellschaften zu liefern. Nötig sei daher eine Neuausrichtung des Feldes darauf, was es leisten könne, nämlich die Qualität der Policy-Argumentation zu verbessern (Fischer 1993, 1998, S. 2). An die Stelle eines „speaking truth to power" (Wildavsky) sei die gemeinsame Suche nach Sinn getreten (Hoppe 1999, S. 29). Dies geht mit dem Engagement für eine stärkere bürgerschaftliche Partizipation einher (zur deliberativen Policy-Forschung siehe 3.10). Diese Neuorientierung wird daher zuweilen auch als Rückbesinnung auf die demokratischen Intentionen der *Policy Science* von Lasswell verstanden (Saretzki 2003, S. 392). Inwiefern gerade die sprachliche „Argumentation" und Überzeugung eine derart zentrale Rolle für die interpretative Forschung im Allgemeinen besitzt, soll im Folgenden unter Rückgriff auf sozialkonstruktivistische Vorläufer und deren Überlegungen zur Sprachgebundenheit von Erkenntnis beleuchtet werden.

1.3 Grundlagen des interpretativen Paradigmas: die Konstruktion von Wirklichkeit

Die Entwicklung der argumentativen oder interpretativen Policy-Analyse ist eingebettet in eine komplexe intellektuelle Umwelt, die sich nicht nur aus der Politikwissenschaft, sondern auch aus Strömungen in der Soziologie, Philosophie und So-

1.3 Grundlagen des interpretativen Paradigmas

zialanthropologie speist (vgl. Gottweis 2006, S. 462). In ihren Prämissen schließt die interpretative Policy-Forschung an parallele Entwicklungen in den Nachbardisziplinen an. Während der „Geist des Positivismus" (Dryzek 1993, S. 217) in der technokratischen Policy-Forschung deutlich länger herumspukte, hatte die *Labeling*-Tradition in der Soziologie schon Jahrzehnte zuvor das Interesse auf interpretative und diskursive Prozesse des „Erkennens" bzw. „Konstruierens" von sozialen Problemen wie etwa sozialer Devianz gerichtet (Travers 2004, S. 21). Die folgenden erkenntnistheoretischen („epistemologischen") Grundlagen sind also nicht im engeren Sinne einer interpretativen Policy-Forschung zuzuschreiben, sondern dem interpretativen Paradigma im Allgemeinen (für das Folgende siehe Münch 2010, S. 52–53).

Hinter der kollektiven Identität „interpretativer" Forschungsperspektiven in der Soziologie verbirgt sich eine Sammelbezeichnung für höchst unterschiedliche „verstehende" Arbeiten. Eine Säule bilden Herbert Blumers (1971) drei Grundprinzipien des symbolischen Interaktionismus, die besagen, dass Menschen Dingen gegenüber aufgrund der Bedeutung handelten, die diese Dinge für sie besitzen. Die Bedeutung der Dinge sei aus der sozialen Interaktion abgeleitet und diese Bedeutungen würden in einem interpretativen Prozess gehandhabt und geändert. Diese Kernsätze werden im interpretativen Programm mit dem Sozialkonstruktivismus nach Peter Berger und Thomas Luckmann verschmolzen (Nullmeier 1993, S. 105). In der Wissenssoziologie baut dieser Zugang auf der Annahme auf, soziale Realität sei nur als Wirklichkeitskonstruktion zugänglich und das, was als Realität gelte, sei sozial ausgehandelt und entstehe erst als Resultat von Interpretationskämpfen. „Jede noch so verfestigte institutionelle Wirklichkeit, jede stabile Struktur, erscheint in der interpretativen Sicht als Ausdruck eines fortwährend stattfindenden Prozesses der Reproduktion von Wirklichkeitskonstruktionen in alltäglichen Interaktionen" (Nullmeier 1997, S. 106).

Unter dem Sammelbegriff des *social constructionism* oder Sozialkonstruktivismus wird eine Vielzahl von sozialwissenschaftlichen Perspektiven miteinander verknüpft, die sich auf unterschiedliche Weise mit der Herstellung von Wissen durch soziales Handeln befassen. Der Begriff der „Konstruktion" steht dabei als Metapher für den Aspekt der Tätigkeit und das „Gemachtsein" durch Menschen, ohne diesen dabei einen entsprechenden Plan zu unterstellen (Keller 2005b, S. 36). Während in anderen Kontexten meist von Spielarten des Konstruktivismus die Rede ist, hat sich in der Soziologie sozialer Probleme der Begriff „Konstruktionismus" eingebürgert (Schmidt 2000, S. 153), der auch als Sozialkonstruktivismus bezeichnet wird.

Die Grundlagen für eine sozialkonstruktivistische Wissenssoziologie wurden 1966 mit der „Gesellschaftlichen Konstruktion der Wirklichkeit" von Peter L.

Berger und Thomas Luckmann (deutsche Auflage Berger und Luckmann 1969) gelegt. Sie beschäftigen sich darin mit Prozessen der Generierung, Objektivierung und Institutionalisierung von Wissen als objektive Wahrheit (Keller 2005a: Abs. 6). Berger und Luckmann untersuchten, wie die soziale Welt zwar einerseits in sozialen Praktiken von Menschen hergestellt, aber zugleich von diesen als objektiv, äußerlich und quasi naturgegeben wahrgenommen wird (Burr 2003; Knorr-Cetina 1989, S. 87). In ihrem Verständnis existiert kein begreifbares „an sich" der sozialen Welt „jenseits der Bedeutungszuschreibungen, auch wenn ihre materiale Qualität uns durchaus Widerstände entgegensetzt, Deutungsprobleme bereitet und nicht jede beliebige Beschreibung gleich evident erscheinen lässt" (Keller 2005b, S. 40). Da sozialkonstruktivistische Ansätze also von der Annahme ausgehen, dass „there is nothing in the world whose meaning resides in the object itself" (Loseke 2003, S. 18), unterstellen viele Kritiker fälschlicherweise, dass der Konstruktionismus die Existenz einer materiellen Welt negiere. Aus der Überlegung, dass Objekte nur über ihre Kategorisierung und Definition erfasst werden könnten, wurde abgeleitet, die Konstruktion von X bedeute, dass X nicht wirklich existiere und „nur" konstruiert sei (Groenemeyer 2003, S. 7). Der interpretative Policy-Forscher Maarten Hajer (2008, S. 212) beschreibt, wie seine sozialkonstruktivistische Analyse zum Waldsterben durch „sauren Regen"[3] mit der zynischen Aufforderung beantwortet wurde, „rennen Sie erst mit dem Kopf gegen einen Baum und sehen Sie dann, ob es ein Diskurs ist!" Dabei gehe es nicht darum, ob tote Bäume an sich ein soziales Konstrukt sind, sondern welchen Sinn und Bedeutung wir aus toten Bäumen ableiten. Anstatt also anzunehmen, dass Fakten gegeben sind und durch wissenschaftliche Untersuchungen „entdeckt" werden können, gelten sie dem Konstruktivismus als kontingent, umkämpft und einer Vielzahl von Interpretationen ausgesetzt (Jacobs et al. 2004, S. 3). Übertragen auf einen konstruktivistischen Zugang zu politischen Problemen geht es also gar nicht darum, die Existenz der entsprechenden Bedingung in Frage zu stellen, sondern darum, ihre soziale und sprachlich vermittelte Bewertung als Problem in den Blick zu rücken (vgl. Albrecht 2001, S. 118). Auch Diskurstheoretiker erkennen an, dass es eine externe Wirklichkeit jenseits von Sprache gibt; sie widersprechen aber der Vorstellung, dass diese eine Bedeutung *unabhängig* von den Diskursen besitze, in denen sie als Objekt eingeführt werde (Howarth 2000, S. 112). Dazu heißt es bei Ernesto Laclau und Chantal Mouffe als poststrukturalistischen Theoretikern:

---

[3] Saurer Regen entsteht durch Luftverschmutzung und wurde insbesondere in den 1980er Jahren als eine von verschiedenen Ursachen des „Waldsterbens" öffentlich stark problematisiert.

1.4 Sozialkonstruktivistische Problemsoziologie

An earthquake or the falling of a brick is an event that certainly exists, in the sense that it occurs here and now, independently of my will. But whether their specificity as objects is constructed in terms of ‚natural phenomena' or ‚expression of the wrath of God', depends upon the structuring of a discursive field. (Laclau und Mouffe 1985, S. 108)

Eine entsprechende Policy-Analyse konzentriert sich somit auf das „Fürwahrhalten" der Realität und nicht auf die Realität selbst. Anstatt also beispielsweise Armutsstatistiken miteinander zu vergleichen, wird aus interpretativer Perspektive gefragt, auf Grundlage welcher Kategorienbildung „Armut" überhaupt erfasst wird, welche Eigenschaften dabei betont und welche ausgeblendet werden, warum nicht ein anderer Begriff wie etwa Exklusion gewählt wird und welche Vorstellungen von Gesellschaft dies transportiert. Für Post-Positivisten werden die empirischen Daten also erst durch Interpretation in Wissen verwandelt. Wissen wird somit als allgemein akzeptierte, sozial und historisch geprägte Konvention verstanden und weniger als Beweis. Dabei implizieren die Forscherinnen und Forscher in der Regel nicht, es gebe keine realen und unterscheidbaren Untersuchungsobjekte unabhängig von der Wahrnehmung des Forschenden.

1.4 Über den Tellerrand geschaut: die sozialkonstruktivistische Soziologie sozialer Probleme

Über diese wissenstheoretischen Grundlagen hinaus gibt es für eine interpretative Policy-Forschung, die sich für die Deutungsmuster und Diskurse bei der Konstruktion von politischen Problemen interessiert, weitere Anknüpfungspunkte zur Soziologie: In den mehr als 40 Jahren seit dem Erscheinen von Herbert Blumers *Social Problems as Collective Behavior* im Jahr 1971 hat sich in der US-amerikanischen Soziologie sozialer Probleme der soziale Konstruktivismus zur führenden theoretischen Leitperspektive entwickelt (Groenemeyer 2003, S. 3), wohingegen er in Deutschland weiterhin eine eher nachrangige Position einnimmt (Schmidt 2000, S. 153, für das Folgende auch Münch 2010, S. 54–55). Während es in älteren, wissenssoziologischen Ansätzen um die soziale Konstruktion von Wirklichkeit ging, hat sich in den vergangenen Jahren eine Schwerpunktsetzung dahingehend ergeben, welche Rolle Sprache hierbei spielt (Keller 2005b, S. 21). Während die Soziologie sozialer Probleme traditionell auf die Erforschung von objektiv feststellbaren Problemlagen konzentriert war, stehen seither die Definition von Problemen und ihre Konstituierung in sozialen Prozessen im Zentrum. In Abgrenzung zu den bis dato prominenten funktionalistischen und normativen Ansätzen, die soziale Probleme als Form der Fehlfunktion, Desorganisation oder Abweichung fassten (Blumer 1971, S. 298), kommt der Theorie sozialer Probleme nun die Aufgabe zu, das Aufkommen, die Beschaffenheit und die Fortsetzung der Definitionsleistungen zu erklären (Schmidt 2000, S. 155). Im funktionalistischen Verständnis hatten sich soziale Probleme aus dem Versagen von Institutionen ergeben oder entstanden daraus, dass Gesellschaftsmitglieder nicht mehr die gleichen Werte teilten (Loseke 2003, S. 165). Hieran kritisierten sozialkonstruktivistische Autorinnen und Autoren, dass die Festlegung eines Standards nötig sei, um ein Phänomen als Abweichung kategorisieren zu können, und dies stets der persönlichen und nicht überprüfbaren Einschätzung des Forschers überlassen bliebe. Zudem könnten sich Dysfunktionen auf einige Institutionen negativ auswirken, aber positiv für andere sein (Spector und Kitsuse 2006, S. 25–26). Daraus folgt zudem, dass es nicht die Aufgabe der Wissenschaft ist, ein soziales Problem „aufzudecken", sondern dies erst möglich wird, wenn ein sozialer Sachverhalt als ein solches Problem von der Gesellschaft gedeutet wird. Ein Vorteil des sozialkonstruktivistischen Ansatzes besteht darin, dass nun nicht jeder Autor seine eigene Vision zugrunde legt, welche Zustände nicht toleriert werden können und worin ihre Ursachen liegen (Loseke 2003, S. 164). Damit ist es möglich, auf einer abstrakten Ebene Prozesse der Problematisierung zu vergleichen. Damit wird jedoch auch die Rolle der Wissenschaftler(innen) als Experten in Frage gestellt, die der Gesellschaft zeigen sollten, wie die Welt zu funktionieren habe.

Der sozialkonstruktivistische Zugang zu sozialen Problemen betont, dass es nicht der objektive Schaden ist, der von einem Phänomen angerichtet wird, der es zu einem sozialen Problem macht, sondern die problematisierenden Aktivitäten von Akteuren in ihrem sozialen Kontext. Spector und Kitsuse fassen in ihrem Grundlagenwerk von 1977 (2. Auflage 2006) soziale Probleme als Aktivitäten von Individuen oder Gruppen, die Behauptungen über als unerwünscht, ungerecht oder amoralisch bewertete Bedingungen aufstellen, gegen die dementsprechend etwas unternommen werden sollte. Diese Definition impliziert, dass jede Forderung zu einem sozialen Problem werden kann, und richtet die Aufmerksamkeit auf den interaktiven Prozess (Spector und Kitsuse 2006, S. xi).

Mit einer sozialkonstruktivistischen Konzeption werden zwei weitere Fragen aufgeworfen, nämlich warum ein Phänomen plötzlich zu einem Problem wird und warum andere schädliche Phänomene nicht als Problem wahrgenommen werden (Heiner 2006, S. 6). Spector und Kitsuse (2006, S. 128) widersprechen der Vermutung, ein soziales Problem müsse ein bestimmtes Ausmaß erreichen, um als solches erkannt zu werden. Konstruktionistische Autoren wie Jacobs, Kemeny und Manzi (2003, S. 434) weisen darauf hin, dass die politische Agenda oftmals ein eigenes Momentum entwickele: Was zu einem Problem gemacht werde, werde häufig dadurch bestimmt, ob gangbare Lösungsansätze vorhanden sind. Regierungseinrichtungen reagierten nicht nur auf vorhandene Probleme, auch sie können Probleme definieren und pflegen (Spector und Kitsuse 2006, S. 155). Nach Spector und Kitsuse (2006, S. 84) tragen Lösungsmöglichkeiten wesentlich zur Problemkonstruktion bei, indem sie einen Rahmen liefern, innerhalb dessen die Probleme geäußert werden können. Der Glaube, dass etwas geändert werden könne, ist somit Voraussetzung dafür, dass etwas zum Problem wird.

Kritik an einer sozialkonstruktivistischen Problemsoziologie
Das Verdienst sozialkonstruktivistischer, wissenssoziologischer Arbeiten, die epistemologischen Grundlagen der eigenen Forschung kenntlich zu machen, hat den Ansatz neben einer endogenen Kritik von Woolgar und Pawluch (1985) zugleich aus verschiedenen exogenen Richtungen angreifbar gemacht (ausführlich siehe Münch 2010, S. 62–66). Im Folgenden sollen die zentralen Diskussionsfelder beleuchtet werden, nämlich die Auseinandersetzung mit dem immanenten Relativismus und seiner Selektivität, die strukturalistische Kritik sowie die Frage nach dem Spielraum sozialkonstruktivistischer Gesellschaftskritik, da diese Punkte zuweilen auch gegenüber der interpretativen Policy-Analyse moniert werden (siehe 5.1).

Der Sozialkonstruktivismus wurde von den selbst in dieser Tradition stehenden Autoren Steve Woolgar und Dorothy Pawluch (1985) des *ontological gerrymandering* gescholten, worunter sie die selektive Natur des sozialkonstruktivistischen Relativismus verstanden. Der aus der Politikwissenschaft stammende Begriff *gerrymandering* bezeichnet eine dem Stimmgewinn dienende Manipulation der Grenzen von Wahlkreisen im Mehrheitswahlsystem (Johnston et al. 2000, S. 312). Die beiden Autoren wiesen damit auf die erkenntnistheoretische Inkonsequenz einiger sozialkonstruktivistischer Arbeiten hin, die sich in zweierlei Weise zeigt. Einmal findet häufig eine explizite Objektivierung statt, wenn auf der einen Seite der Konstruktionscharakter aller Elemente betont wird, aber in den Forschungsarbeiten versucht wird zu zeigen, dass die Konstruktion bestimmter Sachverhalte als soziale Probleme unabhängig von den „objektiven" Merkmalen dieses Sachverhaltes und seinen Veränderungen im Zeitverlauf erfolge. Wird zu einer bestimmten Zeit an einem bestimmten Ort beispielsweise häufiger über Einwanderung gestritten, obgleich die Zahlen „eigentlich" rückläufig sind? Man schneide sich also die Realität zurecht, so der Vorwurf, denn wenn Realität fundamental konstruiert sei, könne man nicht Problemkonstruktionen mit „objektiv gegebenen Sachverhalten" konfrontieren (Albrecht 2001, S. 118). Eine solche Forschungspraxis bleibe hinter ihrem selbst postulierten Realitätsverständnis zurück und spreche nur dann von „Konstruktionen", wenn es darum gehe, jene Argumente oder Institutionen in Zweifel zu ziehen, die man aus moralischen oder politischen Gründen ablehnt. Auf der anderen Seite würden diejenigen Positionen, denen man zustimmt, von dieser Behandlung ausgenommen (Travers 2004, S. 22).

Theoretisch problematisch bleibt generell der Zusammenhang von „objektiven Bedingungen" und „gemachter" Wirklichkeit. Dies wurde bereits von Howard S. Becker thematisiert, der selbst aus der *Labeling-* oder Etikettierungstradition stammte, also aus dem Beitrag des Symbolischen Interaktionismus zur soziologischen Analyse abweichenden Verhaltens und sozialer Probleme: Kann jedweder Sachverhalt zum Problem erklärt und somit auch ein Zustand, der nicht existiert, als Problem definiert werden (zit. in Spector und Kitsuse 2006, S. 52)? Ein Beispiel für heute nicht mehr übliche Problemkonstruktionen wären etwa die gesellschaftliche Furcht vor Hexen im Mittelalter oder die in der Internierung vieler japanischstämmiger Amerikaner gipfelnde Angst vor Angehörigen der Gegner-Nationen im Zweiten Weltkrieg in den USA. Von den Konstruktionisten des *strong program* wird jedoch kritisiert, dass die Konstruktionspraktiken selbst aus dem Blick gerieten, wenn das Augenmerk auf die Gegenüberstellung und Überprüfung von Definitionsleistungen gerichtet würde. Strikte Konstruktionisten sehen in der Berücksichtigung objektiver Bedingungen für die Definition eines sozialen Problems die Gefahr, dass die Problemdefinition zu einer einfachen mechanischen Reaktion auf externe Ereignisse verkommt, und verzichten daher gänzlich auf eine Bezugnahme auf die problematisierten Phänomene selbst. Für viele empirische Arbeiten ist die selektive Berücksichtigung objektiver Bedingungen hingegen theoretisches Problem und praktische Lösung zugleich (vgl. Schmidt 2000, S. 167). Diese Autorinnen und Autoren gehen davon aus, dass der konstruierte Charakter objektivistischer Annahmen und Behauptungen ihrer Evaluierung nicht entgegen stehe (Schmidt 2000, S. 165). Eine ähnliche Haltung zeigt sich in der interpretativen Policy-Forschung. Wenn policy-relevante Annahmen mit entsprechenden Forschungsergebnissen kontrastiert werden, dann zumeist im Bewusstsein der Kontextabhängigkeit und Vielfalt von möglichen Deutungen. In einem interpretativen Verständnis, das Wissen als durch Kommunikation konstituiert und konfirmiert begreift, unterscheidet sich wissenschaftliches Wissen lediglich durch den Ort seiner Produktion sowie die spezifischen Regeln seiner Systematisierung und Konfirmierung in den „anarchischen Entscheidungsprozesse[n] seiner wissenschaftlichen Fachgemeinschaften" (Willke 2002, S. 14; Rüb 2006, S. 346).

Eine weitere Dimension der Kritik ergibt sich aus der sozialkonstruktivistischen Betonung von Handlungen gegenüber Strukturen (Jacobs und Manzi 2000, S. 37). Dabei kritisieren insbesondere marxistische, aber auch feministische Autorinnen und Autoren, dass mit der Betonung der Handlung Zwänge und Beschränkungen übersehen würden. Zudem gehen sie davon aus, dass es objektive Probleme gibt – und zwar auch solche, auf die nicht reagiert werde. Sie halten dem Konstruktionismus damit vor, fragmentierend zu sein und soziale Probleme in partielle und episodische Ereignisse ohne Bezug zueinander herunter zu brechen. Ihr Argument lautet vereinfacht, Kapitalismus und Patriarchat funktionierten durch Hegemonie,

1.4 Sozialkonstruktivistische Problemsoziologie

indem sie durch die Unterstützung eines falschen Bewusstseins bestimmten, was als wichtiges soziales Problem akzeptiert und was verschleiert werde (Kemeny 2004, S. 59). Jacobs und Manzi (2000) verweisen dagegen auf Giddens' (1984) Überlegungen zur *Structuration*, wonach individuelle Handlungen einerseits durch weitere soziale Prozesse eingeschränkt sind, aber zugleich diese Strukturen generieren.

Mit der marxistischen und feministischen Kritik ist schließlich auch die Frage verbunden, ob sozialkonstruktivistische Arbeiten prinzipiell Kritik an bestehenden gesellschaftlichen Ordnungen üben können. Die Frage mag insofern überraschen, als sozialkonstruktivistische Autorinnen und Autoren gerade hierin einen Vorteil ihres Ansatzes sehen, nämlich politische „Wahrheiten" weniger selbstverständlich erscheinen zu lassen und für andere Sichtweisen zu sensibilisieren (Marston 2004, S. 89). Auch Travers (2004, S. 28) führt den Siegeszug des Ansatzes darauf zurück, dass er den Eindruck erwecke, es sei möglich, etablierte Institutionen trotz ihres massiven Einflusses über das Individuum verändern zu können. Kritiker wenden jedoch ein, dass nur weil beispielsweise Obdachlosigkeit ein konstruiertes Problem sei, es dadurch nicht verschwinde oder sich die Lebensbedingungen des Betroffenen änderten (King 2004, S. 39). Insbesondere dem strikten sozialkonstruktivistischen Programm, das sich mit seiner Analyse nur auf der sprachlichen Ebene bewegt, wird die rhetorische Frage entgegen gehalten, warum man sich um soziale Ungerechtigkeit kümmern solle, wenn menschliche Interessen nicht mehr seien als eine Bewegung im Diskurs (Somerville und Bengtsson 2002, S. 122). Andere kritisieren zudem, sozialkonstruktivistische Ideen würden zwar genutzt, um positivistische Kategorien in Frage zu stellen, könnten aus sich heraus jedoch keine alternativen, emanzipierenden Konzepte entwickeln (Willig 1999, S. 38).

Ratner (2006, Abs. 4) geht in seiner Ablehnung des Konstruktionismus noch weiter und wirft ihm vor, dass das Ausklammern von Wahrheitsansprüchen Dogmatismus begünstige: Konstruktionisten glaubten, so die Unterstellung, durch die Entfernung von Wahrheitsansprüchen Menschen offener für Alternativen zu machen, immunisierten sie aber, da eine Falsifizierung unmöglich werde. Wenn nämlich alle Darstellungen der Welt gleichsam zutreffend seien, gingen vertretbare Gründe für moralische Entscheidungen und politische Gefolgschaft verloren (Burr 2003, S. 23). Auf diese Kritik hat das *strong program* nach Ibarra und Kitsuse (1993) reagiert, indem es seinen Fokus auf die *claims* richtete, ohne ihre Genauigkeit oder ihren Wahrheitsgehalt zu bewerten. Der Ansatz wird somit auf die Beschreibung rhetorischer Strategien und Problemdefinitionen reduziert. Trotz der wissenschaftstheoretischen Nähe zur Soziologie sozialer Probleme ist damit das Selbstverständnis der interpretativen Policy-Forscherinnen und Forscher ein deutlich anderes, da sie sich zumindest häufig in einer Advokatenrolle sehen (vgl. 5.4).

Bedeutung der Soziologie sozialer Probleme für die post-positivistische Policy-Analyse

Trotz dieser erkenntnistheoretischen Parallelen und dem geteilten Interesse an der sozialen und diskursiven Konstruktion von Problemen hat die post-positivistische Policy-Analyse die Arbeiten aus der Soziologie sozialer Probleme in überraschend geringem Maße rezipiert (für eine Ausnahme siehe Fischer 2003). Dies mag zum einen daran liegen, dass die Arbeiten von Blumer (1971) und Berger und Luckmann (1969) als nicht kategorienreich genug gelten, „um fruchtbare politologische Arbeiten anzuleiten" (Nullmeier 1997, S. 130). Sie analysierten vielmehr trotz der Betonung der gesellschaftlichen Konstruktion der Wirklichkeit in erster Linie den Wissenshorizont aus der Perspektive eines einzelnen Gesellschaftsmitglieds (Keller 1999). Während die interpretative Soziologie oftmals eines Reduktionismus auf die Mikro-Ebene gescholten wird (Allen 1997), hebt die gleichnamige Richtung in der Policy-Forschung weniger auf die Sinnkonstitution des Individuums als auf die Wissensgenerierung kollektiver Akteure ab, ohne diese Abgrenzung zur Nachbardisziplin jedoch ausreichend zu thematisieren (Nullmeier 1997, S. 130). Vor allem auch zum zurückhaltenden Umgang mit Bewertungen im Dienste einer theoretischen Konsistenz (wie bei Ibarra und Kitsuse 1993), von Colin Hay (2002, S. 246) in einem anderem Kontext als „Schweigegelöbnis" bezeichnet, besteht ein Kontrast zur interpretativen Policy-Analyse. Deren Autorinnen und Autoren widersprechen der traditionellen Policy-Analyse insofern, als sie anzweifeln, dass „Fakten" und „Werte" in der Beurteilung von Policies getrennt werden könnten. Die interpretative Policy-Analyse geht hingegen davon aus, dass „Fakten" nicht nur theorieabhängig sondern auch kontext-spezifisch erzeugt und damit politisch sind. Dementsprechend gibt es keine neutralen Fakten, die Konflikte „entscheiden" könnten, da „Fakten" nicht unabhängig von interpretativen Linsen existierten (Gottweis 2006, S. 463). Dies bedeutet, dass die sich so verstehende Policy-Analyse selbst nicht wertfrei sein kann. Sie will es aber auch nicht sein.

Um sich vom potenziellen Werte-Relativismus einiger konstruktivistischer Arbeiten zu distanzieren, versucht Frank Fischer den Einbezug der „realen" Welt in die Analyse zu legitimieren. Die Umwelt schränke die Zahl plausibler Interpretationen ein: „While the possibility of multiple interpretations remains, there are thus boundaries or limits to what can count. At minimum, an interpretation that bears no plausible relationship to the object-world has to be rejected" (Fischer 1998, S. 139). Und an anderer Stelle führen Fischer und Forester (1993b, S. 3) aus: „We should be more suspicious than ever of policy arguments that cannot meet public tests of evidence. If we cannot distinguish policy argument from sales talk, we should consider it propaganda undeserving of the name ‚analysis'." Jedoch bleiben die Autoren die Antwort schuldig, wie ein solches Überprüfen der

Argumente an der „empirischen Realität" aussehen soll. An anderer Stelle stellen sie schließlich selbst fest, dass Phänomene oder empirische Stimuli nicht linear in eine „richtige" Interpretation übertragen werden können. Später hat Fischer (1998, S. 141) die Rolle der Forschung dahingehend präzisiert, dass es ihre Aufgabe sei, die normativen Konflikte aufzudecken, die sich hinter oftmals gleichermaßen plausiblen Interpretationen eines abstrakten Ziels verbergen. Die von Nullmeier (1997, S. 134) für das interpretative Paradigma formulierten theoretischen Schwierigkeiten werden jedoch auch von vielen Autorinnen und Autoren des *argumentative turn* nicht überwunden: „Wie limitiert ein interpretatives Theorieprogramm den Möglichkeitsraum, wie zieht es die Grenze zwischen alternativer Interpretation und Wahngebilde, wie verhält es sich zur Behauptung, daß man die Welt nur verschieden interpretieren oder über sie nur anders reden müsse, um sie zu verändern?" (Nullmeier 1997, S. 134).

1.5 Unterschiedliche Strömungen der interpretativen Policy-Analyse

Für die Policy-Forschung bedeutet eine sozialkonstruktivistische Epistemologie, dass politische Strategien und Lösungsversuche nicht als natürliche Reaktionen auf objektive Probleme, Machtverhältnisse und Handlungsbeschränkungen zu verstehen sind, sondern immer als Interpretationen dieser Elemente (Hofmann 1995, S. 128). Der Ansatz rückt den Fokus auf die Bedeutungen, die Policies haben können, und auf die Wege, wie diese Bedeutungen kommuniziert und unterschiedlich interpretiert werden (vgl. Hajer 2003, S. 102). Interpretation hat dabei eine doppelte Funktion, einerseits als Untersuchungsobjekt – wenn es beispielsweise um die Rekonstruktion von Deutungsmustern und *Frames* geht – und andererseits als Untersuchungsmethode.

Obgleich sich die verschiedenen Strömungen innerhalb der interpretativen Policy-Analyse auf die Konstruiertheit von Wirklichkeit verständigen können und antreten, scheinbar politisch neutrale Sachzwänge und Problemlösungen zu denaturalisieren, lassen sich bei genauerer Betrachtung gravierende Unterschiede dahingehend beobachten, wie die zentrale Kategorie der „Bedeutung" gefasst wird. Während Kathrin Braun (2014, S. 77) mit Hendrik Wagenaar (2011) *drei* Stränge der interpretativen Policy-Analyse unterscheidet, die entlang der ihnen innewohnenden „Bedeutung von Bedeutung" differenziert werden, unterscheidet dieses Lehrbuch lediglich das hermeneutische von einem diskursiven Bedeutungsverständnis. Das dialogische Bedeutungsverständnis, das bei Wagenaar eine eigene

Kategorie darstellt, wird hier als Unterform eines hermeneutischen Verständnisses gefasst (ähnlich auch Nullmeier 2012, S. 44).

Die unterschiedlichen Strömungen unterscheiden sich dahingehend, wo Bedeutung lokalisiert wird und worin die entsprechende Aufgabe der Forschung liegt.

Hermeneutisches Bedeutungsverständnis
Ein hermeneutisches Bedeutungsverständnis verortet Bedeutung in den Intentionen, Beweggründen, Überzeugungen oder Wünschen einzelner politischer Akteure. Akteure gehen den Sinn- und Bedeutungsstrukturen also logisch voraus (sind gewissermaßen Henne und nicht Ei) und es ist Aufgabe der Forschenden, diese Bedeutungsstrukturen herauszuarbeiten (Braun 2014, S. 85, 87). In Ansätzen mit einem hermeneutischen Bedeutungsbegriff wird Wirklichkeit konstituiert durch ein Zusammenspiel von Interaktionen und Interpretationen individueller und kollektiver Akteure, die relative Autonomie entfalten können (vgl. Waldschmidt 2004, S. 150).

In interpretativ-hermeneutischer Tradition geht es darum, wie Menschen Bedeutungen herstellen, kommunizieren und verstehen sowohl in Bezug auf Praktiken als auch auf Text (Gottweis 2006, S. 465). Dvora Yanow (2000) definiert einen interpretativen Zugang zur Policy-Analyse als solchen, der auf die Bedeutungen einer Policy fokussiert, auf die Werte, Gefühle, Überzeugungen, die diese ausdrücken, und auf die Prozesse, über die diese Bedeutungen an verschiedene Zielgruppen kommuniziert und durch diese „gelesen" werden. In einem Grundlagenwerk der interpretativen Policy-Forschung, „How does a policy mean" aus dem Jahr 1996, sensibilisiert Yanow für die expressiven, symbolischen Aspekte des *policymaking*, die sie nicht als Beigabe zu den instrumentellen, materiellen und machtbezogenen Aspekten, sondern als intrinsische und unhintergehbare Eigenschaft jeder einzelnen Handlung begreift. Diese Bedeutung liegt nicht nur in den Gesetzestexten, die Absicht bekunden, sondern im Handeln zentraler Gruppen, die Programme implementieren, und in den Artefakten wie Verwaltungsgebäuden und Webseiten (Wagenaar 2007, S. 433).

Für eine Untergruppe von hermeneutischen Autorinnen und Autoren gehen Subjekte ebenfalls den Diskursen voraus; das Forschungsinteresse richtet sich aber vor allem darauf, wie Diskurse als Mittel der Auseinandersetzung eingesetzt werden. Die Frage lautet, wie Diskurse als strategische Ressource genutzt werden, um politische Ziele zu erreichen. Auf die strategische Nutzung des Diskurses im Kampf um Ideen gehen innerhalb des interpretativen Paradigmas vor allem die Vertreter des *argumentative turn* ein. Argumente stellen in ihrem Verständnis nicht nur den *Output* der Policy-Analyse dar, sondern auch ihren *Input* (Saretzki 2003, S. 400–401). Die Autoren gehen der Frage nach, welcher Anteil der sprachlichen Rahmung von Policy-Problemen oder der Einbettung einzelner Programmfragen in Diskurssysteme und Diskurskoalitionen in der Politikgestaltung zukommt

1.5 Unterschiedliche Strömungen der interpretativen Policy-Analyse

(Schneider und Janning 2006, S. 98). Eines der grundlegenden Ziele von Politik bestehe nicht nur darin, eine existierende Realität zu verändern, sondern ein gemeinsames Verständnis eines Problems zu konstruieren (Fischer 1998, S. 135). Politische Entscheidungen werden demnach nicht als rationale Prozesse verstanden, da die Wahrnehmung von Problemen und die Unterbreitung von Lösungsvorschlägen nicht als ein einfacher objektiver Mechanismus ablaufen. Vielmehr beeinflussen Aspekte der sprachlichen Vermittlung, der Deutung und Verarbeitung von Informationen und der Glaubwürdigkeit sowie des rhetorischen Geschicks der politischen Akteure den Policy-Prozess (Schneider und Janning 2006, S. 171). Bereits bei Majone (1989), auf den sich die Autorinnen und Autoren des *argumentative turn* berufen, steht der Begriff des Argumentes im Mittelpunkt seines Ansatzes, da die Überzeugungskraft von Argumenten nach seiner Meinung wichtigster Hebel im politischen Prozess sei (Gadinger 2003, S. 12). Hier klingt zwischen den Zeilen an, was Dryzek (1993, S. 229) als ein Autor des *argumentative turn* festhält: Man kann nicht Policies analysieren, ohne ebenso den politischen Prozess zu betrachten, denn der englische Begriff *argument* wird nicht nur als Gegenstand, sondern auch als Handlung im Sinne des Verbs *to argue* (diskutieren, streiten, sich auseinandersetzen) verstanden.

Arbeiten mit einem *dialogischen Bedeutungsverständnis* stehen ebenfalls in hermeneutischer Tradition, begreifen Sinnhaftigkeit aber expliziter als Produkt sozialer Interaktion. Bedeutung entsteht erst im Dialog zwischen Betrachter und Betrachtetem beziehungsweise zwischen dem Interpretierenden und dem interpretierten Phänomen. Interpretation ist daher ein Handeln zwischen mehreren Akteuren. Deliberative Ansätze (siehe 3.10) werden hier verortet (Braun 2014, S. 88).

Diskursives Bedeutungsverständnis
Am anderen Ende des Spektrums stehen diejenigen Ansätze, die nach Wagenaar (2011) ein diskursives Bedeutungsverständnis vertreten und in anderen Kontexten vor allem als (post-)strukturalistisch bezeichnet werden (zu deren Forschungspraxis siehe ausführlich 3.4.3). Diese waren im Grundlagenwerk der argumentativen Wende (Fischer und Forester 1993a) noch schwach vertreten (Braun 2014, S. 82), sind mittlerweile aber ein fester Bestandteil der interpretativen Policy-Analyse.

„Im Unterschied zu handlungstheoretischen Ansätzen sieht der Strukturalismus, pointiert formuliert, die gesellschaftliche Wirklichkeit als Ergebnis anonymer Mächte, als Resultat von symbolischen Ordnungen, sozialen Institutionen und materiellen Bedingungen, die unabhängig vom Subjekt bestehen, in denen der einzelne sich zwar bewegen kann, auf die er aber keinen Einfluss auszuüben vermag" (Waldschmidt 2004, S. 149).

Vertreterinnen und Vertreter dieser Schule unterstreichen also die Wirkmächtigkeit übergeordneter Denk- und Bedeutungsstrukturen und führen Identitäten und Handlungsweisen der Akteure überhaupt erst auf diese Strukturen zurück. Sinnhaftigkeit und Bedeutung liegen also nicht in den Wünschen, Deutungen, Interessen der Subjekte, sondern in ihnen nicht unmittelbar zugänglichen sprachlichen und kulturellen Rahmenstrukturen, die zuweilen als Diskurse, Dispositive oder Meta-Frame bezeichnet werden. Bei den Vertretern eines diskursiven Bedeutungsbegriffs wird die Konstruktion der Wirklichkeit also um die Subjekte selbst erweitert. Sinn und Bedeutung lassen sich also nicht in den Subjekten und deren Überzeugungen verorten, sondern in größeren, sedimentierten diskursiven Strukturen (Braun 2014, S. 90). Das Interesse an Interpretationen einzelner oder kollektiver Akteure vertritt also vor allem die interpretativ-hermeneutische Strömung, während poststrukturalistische Autorinnen und Autoren eher auf die Ebene des Diskurses abheben.

1.6 Methoden und Gütekriterien interpretativer Policy-Forschung

Die interpretative Wende eröffnet der Policy-Analyse nicht nur neue Inhalte, sondern hat weitreichende Konsequenzen für Methodologie, Forschungsdesign und Gütekriterien. Dabei ist die interpretative Policy-Analyse selbst eher ein Oberbegriff für einen sehr heterogenen *approach* als für eine Methode, die Schritt für Schritt anzuwenden wäre. Vielmehr greift die interpretative Policy-Analyse selbst auf eine Vielzahl qualitativer Methoden zurück (Yanow 2014). Die Auseinandersetzung mit dem disziplinären Selbstverständnis hat in der US-amerikanischen Forschung in den 1990er Jahren zu einer lebhaften Kritik an der „neo-positivistischen" Policy-Forschung geführt und an ihrer Betonung von rigoroser meist quantitativer Analyse, dem Wunsch nach einer objektiven Trennung von Fakten und Werten und einer Suche nach generalisierbaren Befunden, deren Validität unabhängig von ihrem sozialen Kontext sei. Auch wenn dies stark verkürzt ist und verschiedene Strömungen unter dem Schlagwort der neo-positivistischen Forschung zusammengewürfelt werden, lassen sich unter „positivistischer Forschung" Ansätze mit realistischen ontologischen und objektivistischen epistemologischen Vorannahmen fassen (Schwartz-Shea und Yanow 2012, S. 6). Darunter fallen sowohl diejenigen Schulen positivistischen Denkens im engeren Sinne, die die Verifikation durch nachprüfbares Beobachtungswissen einfordern, als auch spätere kritisch-rationalistische Ansätze nach Popper, die die Falsifizierbarkeit wissenschaftlicher Empirie verlangen, da Hypothesen nicht bewiesen, sondern lediglich widerlegt werden könnten (Schwartz-Shea und Yanow 2012, S. 141). Solcherlei Prämissen finden

1.6 Methoden und Gütekriterien interpretativer Policy-Forschung

sich sowohl in quantitativen, als auch in qualitativen Arbeiten, sodass „interpretativ" nicht als Synonym für „qualitativ" gedeutet werden sollte (siehe unten).
Der Vorwurf von Adrienne Héritier (1993, S. 10), diese vor allem in den USA geführten Debatten zwischen interpretativ arbeitenden Policy-Forschern und ihren neo-positivistischen Kollegen muteten wie ein verspätetes Nachhutgefecht an, da der Positivismusstreit[4] in Deutschland schon 30 Jahre früher ausgetragen worden sei, ist insofern nicht ganz zutreffend, als die US-Forscher sich der Etablierung post-positivistischer Ansätze in der Wissenschaftsphilosophie durchaus bewusst sind, diese aber mit der als eine positivistische Bastion wahrgenommenen, von Rational-Choice-Ansätzen dominierten Policy-Analyse kontrastieren (vgl. Dryzek 1993, S. 217). Dieser Disput ergibt sich nicht lediglich aus unterschiedlichen Vorannahmen über den Realitätsstatus (Ontologie) und die wissenschaftlichen Erkenntnismöglichkeiten (Epistemologie) (Schwartz-Shea und Yanow 2012, S. 19), sondern hat auch eine sehr handfeste Seite, wenn es um Zugänge zu Forschungsgeldern geht, deren Qualitätsstandards oftmals noch durch herkömmlichere Ansätze vorgegeben sind.

Die unterschiedlichen wissenschaftstheoretischen Vorannahmen haben Folgen für den Ablauf der Forschungsarbeit. So werden in neo-positivistischer Vorstellung zunächst Hypothesen definiert, Konzepte geschärft und diese in Form von Variablen operationalisiert, wobei das Verhältnis zwischen abhängigen und unabhängigen Größen bestimmt wird (Schwartz-Shea und Yanow 2012, S. 1). Dieses Vorgehen, das häufig als allgemeiner Standard guten wissenschaftlichen Arbeitens unterstellt wird, kann für interpretative Arbeiten nicht gelten. Interpretative Arbeiten tragen nicht die aus der Forschungsliteratur gewonnenen Definitionen und Konzepte ihrer eigenen Community oder Theorien ins Feld, um deren Angemessenheit zu testen, sondern wollen verstehen, wie ein bestimmtes Verständnis, also eine bestimmte Interpretation „aus dem Feld" zu einem bestimmten Zeitpunkt an einem bestimmten Ort erwächst (Schwartz-Shea und Yanow 2012, S. 18). Dementsprechend bietet sich keine unilineare Deduktion (empirische Überprüfung von Hypothesen) und streng genommen auch keine Induktion (Hypothesenbildung aus dem empirischen Material) an, sondern eine Abduktion, die nicht nach Generalisierbarkeit strebt, sondern für die Vielfalt potenzieller Interpretationen von Handlungen, Ereignissen, Umständen sensibel ist. Der Prozess der Erkenntnisgewinnung ist, anders als in neo-positivistischen Arbeiten, nichtlinear und iterativ, sodass das Forschungsde-

---

[4] Der Positivismusstreit bezeichnet eine in den 1960er Jahren insbesondere im deutschsprachigen Raum zwischen Vertretern der Kritischen Theorie auf der einen und Vertretern des Kritischen Rationalismus auf der anderen Seite ausgetragene Debatte über Werturteile und Methoden der Sozialwissenschaften.

sign im Laufe des Prozesses angepasst werden kann (Schwartz-Shea und Yanow 2012, S. 28, 46). Als Methoden der Materialerhebung dienen die teilnehmende Beobachtung und die Ethnographie (vgl. van Hulst 2008) von Handlungen und Artefakten, das Interview und vor allem die Auswertung von Dokumenten und anderem Textmaterial. In jüngerer Zeit wird unter dem Schlagwort *pictorial turn* eine Wende vom Sagbaren zum Sichtbaren genommen (Gottweis und Steurer 2011). Dies wird etwa in der Untersuchung von fotografischen Darstellungen von Sozialleistungsbeziehern im Rahmen von wohlfahrtsstaatlichen Reformen (Yanow 2014) umgesetzt oder in Arbeiten zur politischen Ikonographie am Beispiel eines Fotos aus dem *Situation Room* im Weißen Haus während der Tötung von Osama Bin Laden durch US-Spezialeinheiten (Kauppert und Leser 2014).

Dabei geht es der interpretativ-hermeneutischen Policy-Analyse insgesamt darum, die (diskursiven) Handlungen und Akteure so gut wie möglich aus ihrem eigenen Referenzrahmen, ihren eigenen alltäglichen, scheinbar selbstverständlichen Regeln zu verstehen (Yanow 2007, S. 409). Dies bedeutet nicht, alles blind zu akzeptieren, was der Forscherin erzählt wird, sondern eine „dichte Beschreibung" und Perspektivenvielfalt, um Intertextualität über verschiedene Quellen hinweg zu gewinnen (Schwartz-Shea und Yanow 2012, S. 51). Unter dem ursprünglich aus der Literaturwissenschaft stammenden Begriff der Intertextualität verstehen Schwartz-Shea und Yanow (2012, S. 86) das Bestreben, Querverbindungen und gegenseitige Bezüge von unterschiedlichen Quellen aufzudecken, die zur Interpretation dieser Daten beitragen können. Die soziale Konstruktion von Sinn erfolgt nämlich nicht individuell, sondern in der Referenz auf oder der direkten Übernahme von bereits existierenden Schlüsselkonzepten oder Schlagworten. In der Betonung der Kontextabhängigkeit von Bedeutung und Interpretation ist damit keine kausale Determiniertheit oder ein Automatismus impliziert, sondern etwas, das Schwartz-Shea und Yanow (2012, S. 52) als „konstitutive Kausalität" fassen. Darunter verstehen die Autorinnen, wie durch die Deutungen der Akteure und die Sprache, in der sie die soziale Welt beschreiben, diese Welt konstituiert wird, die dann ihrerseits Möglichkeitsräume für Handlungen und Interpretationen schafft. In der positivistisch-qualitativen Forschung ist die Rede von „Triangulation" gebräuchlich, wonach die Konvergenz zwischen verschiedenen Perspektiven erhellt, was „wahr" ist. Bei interpretativen Forschern hingegen wird mit diesem Begriff eher eine Vielfalt an Interpretationsmöglichkeiten bis hin zu Widersprüchen erwartet. Es geht nicht darum, Mehrdeutigkeiten aufzulösen, sondern ihre Quellen zu verstehen (Schwartz-Shea und Yanow 2012, S. 88, 108).

Vor allem Dvora Yanow hat seit Beginn der 1990er Jahren zur inhaltlichen, aber auch methodologischen Auseinandersetzung mit einer interpretativen Policy-Analyse beigetragen (Yanow 2000; Schwartz-Shea und Yanow 2012). Dabei

1.6 Methoden und Gütekriterien interpretativer Policy-Forschung

hat sie sich immer wieder mit den unterschiedlichen Grundannahmen, Untersuchungsschritten und Qualitätskriterien von neo-positivistischer und interpretativer Policy-Forschung auseinandergesetzt und vor allem darauf abgehoben, die Gütekriterien für Forschung auf ihre Allgemeingültigkeit zu hinterfragen. Manche Kritik an interpretativen Forschungsdesigns, sei es bei einer Abschlussarbeit an der Universität oder bei der Beantragung größerer Forschungsprojekte, könnte dadurch ausgeräumt werden, dass die Bewertungsstandards von „Reliabilität, Validität und Objektivität" nicht universell, sondern auf variablenbasierte, neo-positivistische Forschung beschränkt blieben. Yanow (2007, S. 406) kritisiert daher, dass auch qualitative Forschung zunehmend unter Druck gerate, neo-positivistischen Validitäts- und Reliabilitätskriterien zu entsprechen, sodass ihr Forschungsdesign oftmals eher einem quantitativen Generalisierungsanspruch entspreche, nur dass dieser mit geringerer Stichprobengröße durchgeführt werde. Hier wird deutlich, dass die geläufige Unterscheidung zwischen qualitativen und quantitativen Arbeiten diese ontologischen und epistemologischen Unterschiede nicht auffängt. Es geht nicht darum, ob etwas in einer Arbeit zählbar ist, sondern wenn es im beobachteten Feld Zahlen gibt, werden nach qualitativ-interpretativem Verständnis auch diese als Bedeutungsquelle gelesen und nach den Strukturmustern der Kategorienbildung befragt (Yanow 2007, S. 407, siehe auch Infokasten zu Zahlen und Zuschreibungen in Abschn. 4.4).

Hinter der neo-positivistischen Forderung nach Validität oder Gültigkeit verbirgt sich die Frage, ob ein Indikator misst, was er messen soll. Das Ziel ist die Kongruenz zwischen dem theoretischen Konzept und seiner Operationalisierung. Aus interpretativer Sicht wird dem entgegengehalten, dass dies zu losgelöst von den bedeutungsgenerierenden Prozessen des Untersuchungsfeldes sei.

Das Gebot der Reliabilität oder Zuverlässigkeit beruht auf der Vorstellung, dass dieselbe Messung durch zwei Forschende oder zu unterschiedlichen Zeitpunkten dasselbe Ergebnis produzieren müsse (Schwartz-Shea und Yanow 2012, S. 93). Für interpretative Forschung sind diese Ansprüche unangemessen, da sie auf unterschiedlichen Annahmen über die Stabilität der sozialen Welt und über die Erkenntnismöglichkeiten durch Forschung beruhen. Das interpretative Interesse an lokalem Wissen geht mit einem Desinteresse an Messungen und einem konstitutiven Verständnis von Kausalität einher (Schwartz-Shea und Yanow 2012, S. 94).

Aufgrund ihrer sozialkonstruktivistischen Prämissen können interpretative Policy-Analysen nicht mit einer Vorstellung von Objektivität operieren oder mit der Annahme essentieller, zeitloser, universeller Bedeutung. Stattdessen betonen sie, wie sich Interpretationen aus dem zeitlichen und räumlichen Kontext ergeben (Schwartz-Shea und Yanow 2012, S. 23). Interpretative Arbeiten verstehen sich als Gegenposition zu neo-positivistischen Vorannahmen, wonach eine direkte, nüchterne Beobachtung einen leichten Zugang zu einer objektiven Welt bieten würde, wo

Bedeutung und Mehrdeutigkeit kein Problem seien (Yanow 1995, S. 111). In der interpretativen Policy-Forschung ist Realität sozial konstruiert und somit eingebettet in den sie produzierenden Gemeinschaften und in einem fortlaufenden Prozess der (Wieder-)Herstellung, der Aufrechterhaltung und des Wandels. Bedeutungen können aus dieser Perspektive nicht unabhängig von den Kontexten behandelt werden, aus denen sie hervorgegangen sind. Sie sind daher weder Variablen, die durch gängige Umfragemethoden erhoben werden könnten, noch ist der Policy-Prozess ohne Konstruktionen denkbar (Yanow 1995, S. 112). Dementsprechend ist es akzeptierte interpretative Forschungspraxis, die Arbeit nicht mit einer formalen Hypothese zu beginnen, die dann gegenüber der „Realität" des Feldes „getestet" würde. Interpretative Forschungsarbeiten erhalten ihren Anstoß vielmehr aus informierter Ahnung oder dem Eindruck einer Spannung zwischen Erwartungen und vorherigen Beobachtungen auf Grundlage bestehender Literatur und nicht selten aus vorheriger Kenntnis des Feldes (Yanow und Schwartz-Shea 2006, S. xvi).

Aus Sicht der neo-positivistischen Forschung wird gegenüber interpretativen Designs die Befürchtung geäußert, die/der Forschende könne nur diejenigen Belege sammeln, die ihre/seine vorab feststehende Meinung bestätigen. Oder ihre/seine Anwesenheit „im Feld", etwa durch teilnehmende Beobachtung oder Interviewführung, könne das Verhalten der untersuchten Akteure beeinflussen und damit die Befunde verfälschen. Dies soll in neo-positivistischer Forschung etwa durch starre Umfrageinstrumente ausgeräumt werden (Schwartz-Shea und Yanow 2012, S. 96–97). Für Schwartz-Shea und Yanow (2012, S. 111) gibt es kein „unverfälschtes" oder authentisches Verhalten der Forschungsteilnehmenden, da jegliches menschliches Handeln in ein Netz aus unzähligen Machtverhältnissen eingebunden sei. In einem interpretativen Verständnis werden Daten zudem zwangsläufig ko-generiert. Das *feedback* aus dem Feld auf erste Untersuchungsergebnisse (*member check*) wird dementsprechend als Gütekriterium interpretativer Forscher angeführt. Dabei gehe es nicht um die Korrektur „falscher" Fakten, sondern darum, die Komplexität der Beschreibung durch implizites Wissen und kontextspezifisches Vokabular zu erhöhen (Schwartz-Shea und Yanow 2012, S. 106). Die Reflexivität gegenüber dem eigenen *sense-making* (Sinn-Stiftung) und ein Nachdenken darüber, wie die eigene Person, sei es ihr Geschlecht oder ihre Milieuzugehörigkeit, die Forschungsergebnisse beeinflusst, zählen ferner zu den interpretativen Gütekriterien, insbesondere beim Einsatz von ethnographischen Methoden (siehe hierzu Abschn. 3.11). Tabelle 1.1 fasst die zentralen Unterschiede zwischen interpretativer und neo-positivistischer Forschung zusammen.

1.6 Methoden und Gütekriterien interpretativer Policy-Forschung

Tab. 1.1 Gegensätzliche Zugänge interpretativer und neo-positivistischer Forschung. (Quelle: Schwartz-Shea und Yanow 2012, S. 113, eigene Übersetzung und Veränderung)

	Interpretative Arbeiten	Neo-positivistische Arbeiten
Forschungsorientierung	Sinnbildung	Messung
	Kontextbezogenheit	Generalisierbarkeit
	Dichte Beschreibung	Prognosen
	„Wie"- und „Wodurch"-Fragen	Kausale Logik
		„Warum"-Fragen
Forschungsdesign	Abduktive Forschung, iterativ, rekursiv	Deduktive (seltener induktive) Forschung
	Ausgehend von Vorkenntnissen und Spannung zwischen Erwartetem und Beobachtetem	Klarheit des Modells, vorherige Erfahrungen gelten als unwichtig oder schlimmstenfalls verzerrend
	Zirkulärer Prozess	Linearer Forschungsprozess, fixiertes Design, Kontrolle
	Anpassung des Designs im Laufe der Forschung möglich	Teilnehmende als Subjekte, Informanten; Forscherin als Expertin des Themenfeldes
	Teilnehmende als Akteure mit wertgeschätztem lokalen Wissen	Objektivität
Forschungsprozess	Informiertes vorläufiges *sense-making*, ausgehend von Vorkenntnissen	Theorien > Konzept > Hypothesen > Variablen
	Untersuchend	Testend
	Zugangsfragen, Auswahl der Dokumente, Akteure, Archive	Fallauswahl, Zugang zweitrangig
Im Feld	Bottom up, Konzept wird an Ort und Stelle entwickelt	Sampling
	Akzeptanz von lokalen Konzepten	A priori Konzeptbildung
	Suche nach Intertextualität	Operationalisierung
		Wandel der Forschungsfrage würde neues Design und neue Untersuchung nach sich ziehen
Analyse	Hermeneutische Sensibilität	Verifikation/Falsifikation
	Kohärenz	Feststellung von Korrelationen und weiteren objektiven Zusammenhängen, Kontrolle von intervenierenden Variablen und singulären Konstellationen
	Logische Argumentation	

Tab. 1.1 (Fortsetzung)

	Interpretative Arbeiten	Neo-positivistische Arbeiten
Bewertungsstandards	Vertrauenswürdigkeit	Validität, Reliabilität, Replizierbarkeit
	Systematik	Stringenz
	Reflexivität, Transparenz, Auseinandersetzung mit eigener Positionalität	Objektivität

1.7 Zusammenfassung

Post-positivistische Arbeiten unterscheiden sich von traditioneller Policy-Forschung zunächst durch unterschiedliche erkenntnistheoretische Überzeugungen und damit einhergehende andere Forschungsdesigns und Vorstellungen von der eigenen Rolle als Forscherin. Positivistischen Arbeiten im weiteren Sinne geht es um die Entdeckung von Gesetzmäßigkeiten, die nicht nur erkannt werden können, sondern auch universal gelten. Zu diesem Zweck ist eine Beobachtung aus der Vogelperspektive möglich und erstrebenswert. Aus interpretativer Sicht ist die soziale Welt hingegen durch die Zentralität von Deutungen und Interpretationen geprägt. Diese sind wiederum stark kontextspezifisch, sodass ein Streben nach „Objektivität" und das Außerhalbstehen der Forschenden weder möglich noch gewünscht sind (Yanow 2007, S. 407). Eine solchermaßen aufgestellte Policy-Analyse ist somit nicht ausreichend als „qualitative Forschung" charakterisiert, sondern durch andere Erkenntnisinteressen und damit einhergehende Forschungsdesigns gekennzeichnet, die gänzlich anderen Gütekriterien unterliegen. Von Ansätzen der Mainstream-Policy-Forschung unterscheiden sich post-positivistische Arbeiten aber vor allem auch durch ihre abweichenden Fragestellungen, die sich aus dem Fokus auf Interpretationen und die diskursive Konstruktion politischer Realitäten und Handlungsbedarfe ergibt. Die zwei Grundannahmen, dass Wirklichkeit sozial und sprachlich konstruiert und Politik als Kampf um Bedeutung und Ideen zu verstehen ist, vereinen ein weites Spektrum von Unterströmungen interpretativer Policy-Analyse, die zwischen den Polen eines interpretativ-hermeneutischen und eines poststrukturalistischen Ansatzes anzusiedeln sind.

Auf diesen zweiten Grundgedanken von Politik als Kampf um Ideen wird im folgenden Kapitel noch einmal dezidiert eingegangen, indem Schlüsselgedanken der interpretativen Policy-Analyse zu Ideen und Wissen und dem Verhältnis zwischen Wissenschaft und Politik vorgestellt werden.

1.7 Zusammenfassung

Literaturtipps

Für eine ausführliche Darstellung der deutschen und amerikanischen Kritik an der Policy-Forschung:
- Hartwich, Hans-Hermann (Hrsg.) (1985): Policy-Forschung in der Bundesrepublik Deutschland. Wiesbaden: VS Verlag für Sozialwissenschaften.
- Héritier, Adrienne (1993): Einleitung Policy-Analyse. Elemente der Kritik und Perspektiven der Neuorientierung, In: Héritier, Adrienne (Hrsg.), Policy-Analyse. PVS-Sonderheft 24/1993, Opladen: Westdeutscher Verlag, 9–36.

Das Gründungswerk der argumentativen Wende:
- Fischer, Frank/Forester, John (Hrsg.) (1993a): The argumentative turn in policy analysis and planning. Durham: Duke Univ. Press.

Deutschsprachige Überblicksartikel
- Saretzki, Thomas (2003): Aufklärung, Beteiligung und Kritik: Die „argumentative Wende" in der Policy-Analyse, In: Schubert, Klaus/Bandelow, Nils C. (Hrsg.), Lehrbuch der Politikfeldanalyse. München, Wien: R. Oldenbourg Verlag, 391–417.
- Saretzki, Thomas (2012): The „argumentative turn" revisited: Demokratisierung von Policy-Analysen in partizipativen Projekten und diskursiven Designs?, In: Egner, Björn/Haus, Michael/Terizakis, Georgios (Hrsg.), Regieren. Festschrift für Hubert Heinelt. Wiesbaden: Springer VS, 57–74.
- Pülzl, Helga/Wydra, Doris (Hrsg.) (2011): Schwerpunkt: Public Policy Analysis und die interpretative Wende. 4/2011, ÖZP.

Epistemologische und methodologische Grundlagen interpretativen Forschens:
- Schwartz-Shea, Peregrine/Yanow, Dvora (2012): Interpretive research design: concepts and processes. New York: Routledge.
- Yanow, Dvora (2000): Conducting interpretive policy analysis. Thousand Oaks: Sage.

Folgende Mailinglisten liefern einen Einblick in aktuelle Debatten und dienen dem Austausch unter interpretativ arbeitenden Forscherinnen und Forschern:
- http://lists.digital-discourse.org/listinfo.cgi/interpretationandmethods-digital-discourse.org
- http://lists.digital-discourse.org/listinfo.cgi/cps-digital-discourse.org

Der „Kampf um Ideen" und Wissen als Grundgedanke 2

Überblick

Während die Policy-Analyse die in Kap. 1 dargelegte Prämisse einer sprachlich konstruierten Wirklichkeit mit anderen interpretativen Ansätzen in den Geistes- und Sozialwissenschaften teilt, kennzeichnet ihre zweite, im folgenden Kapitel behandelte Grundüberlegung ihr spezifisch interpretativ-politikwissenschaftliches Forschungsprogramm: Mit Deborah Stone (2002, S. 11) wird der „struggle over ideas", der Kampf um Ideen, zur Essenz der Politik erklärt. Ideen und Wissen gehören damit zu den zentralen Untersuchungsgegenständen interpretativer Policy-Analyse. Dabei ist jedoch Vorsicht geboten, denn nicht jede Forschung, die mit „Ideen" arbeitet, teilt damit automatisch post-positivistische Grundannahmen. Das folgende Kapitel beleuchtet die Rolle von Ideen in der Policy-Analyse im Allgemeinen (2.1), stellt die Unterschiede zum Ideenbegriff der interpretativen Policy-Forschung heraus (2.2) und führt mit den Begriffen „Wissen" (2.3) und dem Ansatz der „Wissenspolitologie" (2.4) einen spezifisch deutschen Schwerpunkt der interpretativen Policy-Analyse ein. Es schließt mit den zentralen Debatten einer interpretativen Expertiseforschung (2.5), die sich für die Grenzziehungen zwischen Politik und Wissenschaft und die gesellschaftliche Zuschreibung von epistemischer und politischer Autorität, von Deutungs- und Entscheidungsmacht interessiert.

2.1 Die „Ideenlosigkeit" rationalistischer Ansätze

Interpretative Ansätze beziehen ihr Selbstverständnis und die Betonung von Ideen vor allem aus einer Abgrenzung gegenüber anderen Zugängen: Sie richten sich in erster Linie gegen *Rational-Choice*-Theorien und deren Annahme, dass soziale Handlungen direkt instrumentell und auf Interessenmaximierung ausgerichtet sind, sowie gegen die Annahme, dass Präferenzen als fest vorausgesetzt und individuellen Akteuren zugeschrieben werden könnten (Finlayson 2007, S. 546). Majone (1989), auf den die argumentative Policy-Forschung regelmäßig Bezug nimmt, kritisierte an der konventionellen Policy-Forschung, dass Veränderungen von Politikinhalten vor allem auf gewandelte ökonomische Bedingungen, Gruppendruck, neue Technologien und institutionelle Änderungen geschoben würden und die Rolle von Ideen, Wertvorstellungen, Argumenten und Überzeugungen vernachlässigt werde. Allerdings seien, so Majones These, Policy-Deliberation und Policy-Ideen dann am wichtigsten, wenn sich staatliche Entscheidungen auf Fragen der Effizienz erstrecken, also auf solche Politikfelder, die sich auf die Erhöhung der Wohlfahrt für die Gesamtbevölkerung beziehen. Ideen blieben gegenüber Macht und Interesse wirkungslos, wenn es um ein Nullsummen-Spiel gehe. Dass Politik mittels Ideen solange vernachlässigt worden sei, liege an der Konzentration auf redistributive Policies durch die Theorien des Neo-Pluralismus und Neo-Korporatismus (Majone 1993, S. 97).

Laut Colin Hay (2002, S. 196) bietet der Rationalismus keinen Platz für Ideen, da er das Verhalten von Akteuren als vorhersehbar je nach Kontext wahrnehme. Wenn Akteure rational sind und es nur einen Weg des rationalen Handelns zur Verfolgung gesetzter Präferenzen je nach Kontext gibt, langt die Analyse des Kontextes, um politisches Verhalten und damit Politikergebnisse vorherzusagen. Entsprechende Arbeiten gingen dabei von zwei „bequemen Annahmen" aus: Akteure verfügen über perfekte Informationen, und materielle Interessen sind insofern gegeben, als zwei identisch positionierte Akteure nicht nur die Interessen teilen, sondern diese auch gleich wahrnehmen. Der Behavioralismus, der sich für eine an den Naturwissenschaften orientierte Suche nach Regelmäßigkeiten im politischen Handeln ausspricht, würde Ideen vernachlässigen, weil sie nicht messbar, sondern vage, amorph und ständig im Wandel begriffen seien (Hay 2002, S. 197).

2.2 Ideen in der variablenbasierten Forschung und als eigenständiger Untersuchungsgegenstand

Das Interesse an Ideen ist jedoch kein Alleinstellungsmerkmal post-positivistischer Forschung und kann zu Missverständnissen führen, wenn Ansätze, die mit „Ideen" arbeiten, automatisch für interpretativ gehalten werden (für einen Überblick siehe Maier 2003). Was als „ideational turn" (Blyth 1997) bezeichnet wird, ergänzt häu-

2.2 Ideen in der variablenbasierten Forschung

fig lediglich *Rational-Choice*-Ansätze, ohne deren Grundannahmen zu hinterfragen (Finlayson 2007, S. 547). Ideen spielen auch im Neo-Institutionalismus (Hall 1986), beim Policy-Lernen und bei Paul A. Sabatiers Advokaten-Koalitionen eine Rolle, werden hier aber auf eine Variable neben anderen mit Einfluss auf das *policy-making* reduziert (Gottweis 2006, S. 464).

In einer neo-positivistischen Verwendung des Ideenbegriffs betrachten beispielsweise Goldstein und Keohane (1993) Ideen im Feld der Internationalen Beziehungen als *road maps*, die Akteuren in einer komplexen Welt instrumentalistisch dabei helfen, ihren eigenen Präferenzen zu folgen. Neben dieser Handlungserleichterung durch eine Verengung der Wahlmöglichkeiten konzipieren sie Ideen zweitens als *focal points*, um kooperative Lösungen zu finden. In einem dritten Verständnis gelten Ideen als vermittelt über die Institutionen, in die sie eingebettet sind (Gofas und Hay 2010, S. 23–26), doch dann sind die Institutionen wichtiger als die Ideen. Oder Ideen dienen lediglich im Nachhinein zur Legitimation des außenpolitischen Handelns (Schmidt 2010, S. 7). Ausgangspunkt ist auch bei dieser Betrachtung das Eigeninteresse, wobei aus interpretativer Sicht ausgeblendet wird, dass Ideen im Sinne von normativen und sachlichen Angemessenheitsstandards häufig die Interessen selbst prägen. Bedeutende Weltsichten wie Individualismus, Fundamentalismus etc. seien zudem nicht durch Eigeninteresse zu erklären (Fischer 2003, S. 22–23).

Auch neuere institutionalistische Ansätze öffnen sich zaghaft gegenüber Ideen und Diskursen, vor allem in einem von Vivien Schmidt als *discursive institutionalism* bezeichneten Strang (Nullmeier et al. 2010, S. 78). Während der *Rational-Choice*-Institutionalismus dank seiner Vorstellung strategisch handelnder Akteure mit festen Präferenzen am widerständigsten gegenüber Ideen sei (Schmidt 2010, S. 4) und auch der historische Institutionalismus Schwierigkeiten habe, Wandel endogen zu erklären (Schmidt 2010, S. 10), habe der soziologische Institutionalismus eine Öffnung gegenüber Ideen vollzogen, denn er blicke auf die Formen und Praktiken institutionellen Lebens, die aus kulturell spezifischen Praktiken und Logiken der Angemessenheit erwachsen. Ideen seien hier zwar inhärent als Normen und Bedeutungssysteme, es werde aber nicht beleuchtet, wie neue Ideen sich behaupten können, welche Gründe und welches *timing* für Wandel es gebe (Schmidt 2010, S. 14).

Der diskursive Institutionalismus hingegen betrachtet Ideen auf verschiedenen Ebenen, als Policy-Ideen, Paradigmen oder philosophische Ideen, als kognitive und normative Ideen sowie ihre Darstellung im Diskurs. Diskurs wird bei Schmidt (2010, S. 15) zum „exchange of ideas", zum Austausch von Ideen, und bleibt damit hinter dem umfassenderen Diskursbegriff interpretativer Arbeiten zurück (siehe Abschn. 3.4). Es geht bei Schmidt aber nicht nur um die Kommunikation von Ideen, sondern auch um ihren institutionellen Kontext, um die beschränkenden Strukturen und ermöglichenden Bedeutungskonstruktionen, die von wahrnehmungsfähigen Akteuren internalisiert seien. Diese hintergründigen ideellen Fähigkeiten (*background ideational abilities*) von denkenden und sprechenden Akteuren erklären danach, wie diese Akteure Institutionen begründen und erhalten, während ihre vordergründigen diskursiven Fähigkeiten (*foreground discursive abilities*) ihnen ermöglichen, kritisch über diese Institutionen zu kommunizieren und sie zu ändern. Auch wenn Vivien Schmidt (2010) im Titel eines Journal-Artikels einfordert, Ideen und Diskurse ernst zu nehmen, um politischen Wandel erklären zu können, bleiben beide bei ihr eine eher weiche Kategorie, die zuweilen eine Rolle spielt, zuweilen aber auch nicht. Die Annahme, Diskurse „reflektierten" lediglich Interessen, steht zudem im Widerspruch zu konstruktivistischen Prämissen, wonach Interessen durch Kommunikation und Diskurs konstituiert sind (Nullmeier et al. 2010, S. 79).[1]

Schmid und Straßheim (2003, o.S.) versuchen mit einer Dreiteilung Licht in die unübersichtliche Forschungslandschaft zu bringen, die zugleich verdeutlicht, dass nicht alle ideenbezogenen Arbeiten dem interpretativen Paradigma zuzuordnen sind:

- An erster Stelle stehen eher deduktive, nicht konstruktivistische Arbeiten mit einem besonderen Interesse am Verhältnis von Interessen, Institutionen und Ideen,
- zweitens nennen sie Theorien und Modelle des Policy-Lernens sowie
- drittens jene verschiedenen Ansätze, die sich einer wissenspolitologischen und interpretativen Richtung zuordnen lassen und im vorliegenden Lehrbuch im Mittelpunkt stehen.

Insbesondere der erste und der dritte Ansatz unterscheiden sich darin, ob Ideen als Explanans (das Erklärende) oder als Explanandum, also als das zu Erklärende fungieren.

In der ersten Gruppe von Arbeiten werden Ideen als eine zusätzliche Kategorie von unabhängigen, Politik-Ergebnisse erklärenden Variablen behandelt. Demnach gibt es unter bestimmten Bedingungen einen Zusammenhang zwischen Ideen als Ursache und Policies als deren Folge. Relevante Hypothesen beziehen sich auf die Filter-Funktion von Institutionen, den ideen- und innovationsfreundlichen Effekt von Unsicherheit sowie auf den unterschiedlichen Einfluss von Ideen im Vergleich verschiedener Phasen des Policy-Zyklus. Die Natur dieses Bedingungsverhältnisses ist jedoch ebenso ungeklärt wie die zum Nachweis seiner Wirksamkeit geeigneten Verfahren (Maier 2001, S. 541–542).

---

[1] Für jüngere Arbeiten der Autorin gilt dies in deutlich geringerem Maße (siehe Schmidt 2012).

2.2 Ideen in der variablenbasierten Forschung

Benz (1997, S. 21) weist darauf hin, dass Ideen als erklärende Faktoren das Risiko bergen, dass diese weiche Kategorie erklären soll, was messbare Faktoren nicht erklären können. Die Frage, wann Ideen einen Einfluss auf Policies haben sowie die mit dieser Fragestellung einhergehende Falsifizierungsstrategie setzen nämlich voraus, dass Ideen als erklärende Variable von anderen Einflussfaktoren unterschieden werden können. Viele Arbeiten schließen dabei von der Untersuchung einzelner Fälle auf die Gesamtheit, ohne die Voraussetzung für eine Generalisierung zu prüfen. Doch auch in den Untersuchungen, in denen lediglich gefragt wird, ob Ideen überhaupt einen Einfluss hätten, zeigen sich methodische Schwächen, etwa wenn der Ideenbegriff verkürzt und beispielsweise nur auf bestimmte Gruppen gewendet wird, wie etwa auf Wissenschaftler im Gegensatz zu Politikern, oder wenn nur neue, im Gegensatz zu alten, bereits institutionalisierten Ideen Betrachtung finden (Maier 2001, S. 543). Ähnlich kritisieren Andreas Gofas und Colin Hay (2010, S. 47), dass Ideen zu häufig Theorien ergänzen würden, die keinen ontologischen oder epistemologischen Raum dafür hätten und Ideen lediglich zu Hilfsvariablen machten, die der Erklärung von Restvarianzen dienten und selbst nicht systematisch konzeptuell eingebunden seien. Für das vorliegende Lehrbuch sind derartige Forschungsdesigns nicht relevant, da sie mit ihrem variablenbasierten, allgemeine Hypothesen testenden Forschungsdesign eine „neo-positivistische" Epistemologie vertreten, die von den interpretativen Arbeiten gerade in Frage gestellt wird.

Die zweite Gruppe, die Lerntheorien, beschäftigt sich mit Fragen nach den Ursachen, Bedingungen und Effekten eines Wandels politischer Wahrnehmung von und zwischen Individuen, Organisationen oder Gruppierungen (Schmid und Straßheim 2003), wobei die Lernmetaphorik mit ihren rationalistischen und affirmativen Untertönen eine positive Veränderung in Richtung Problemlösung suggeriert (Maier et al. 2003, S. 14). Die Rahmung als „Lernen" betont die Fähigkeit von Politikerinnen und Politikern, Entscheidungen auf Grundlage bestimmter Erfahrungen und Erkenntnisse zu treffen und nicht allein auf Grundlage des Drucks der Wähler oder anderer Institutionen (Fischer 2003, S. 33). Die in dieser Gruppe einflussreichsten Arbeiten sind mit dem *Advocacy-Coalition*-Ansatz nach Sabatier und Jenkins-Smith (1993) verbunden, der als Alternative zum *Policy Cycle* entwickelt wurde. Trotz seines Interesses an Überzeugungen und Deutungen fällt dieser Zugriff durch sein Festhalten an einem zweistufigen Erklärungsmodell mit der Annahme exogener Variablen aus dem Umfeld interpretativer Arbeiten heraus (Nullmeier 1997, S. 111). Frank Fischer (2003, S. 94), ein zentraler Protagonist der interpretativen Wende, wirft ihm sogar vor, ein rigoroser Aufruf zur Erneuerung einer theoriefernen „empirizistischen" Forschungsagenda zu sein. Paul A. Sabatier selbst hat diese Trennung unterstrichen: In seinem 1999 herausgegebenen Sammelband „Theories of the Policy Process" nimmt er explizit die „Konstruktivisten" mit der Begründung aus, dass ihre Arbeiten nicht falsifizierbar seien. Erst mit der zweiten Auflage 2007 wurde dies korrigiert (Pierce et al. 2014, S. 1). Da er in deutschsprachigen Arbeiten zuweilen in einem Atemzug mit post-positivistischen Traditionen genannt wird, sollen unter 4.5 die zentralen Unterschiede zwischen seinen Advokaten-Koalitionen und den Diskurskoalitionen des interpretativen Policy-Forschers Maarten Hajer herausgearbeitet werden.

In der interpretativen Policy-Forschung geht es im Gegensatz zur ersten Gruppe nicht um die kausale Bedeutung von Ideen oder Wissen gegenüber Institutionen, Interessen oder ökonomischen Lagen. Politikverläufe sind in diesem Verständnis durchweg von Situationsinterpretationen, also Ideen, Normüberzeugungen, kurz durch das Wissen der Akteure geprägt. Diese Ideen sind keine isolierbaren Faktorenkomplexe (Nullmeier 2013, S. 22–23). Auch Interessen werden in diesem Verständnis nicht als selbstverständlich gegeben vorausgesetzt, sondern als historisch veränderbare, kontextgeprägte und durch spezifische Wissenselemente konstituierte Handlungsmotivation analysiert (Nullmeier 2013, S. 25). Hinter dem Begriff „Idee" verbergen sich laut Fischer (2003, S. 24) verschiedene kognitive Prozesse:

> Ideas can be statements of value or worth; they can specify causal relationships; they can be solutions to public problems; they can be symbols and images, which express public and private identities; and ideas can be world views and ideologies. Theorists not only differ in the extent to which they think ideas influence or constitute actions, they refer to different things when they talk about ideas.

Der Begriff Idee kann also sowohl die Kognitionen von Individuen bezeichnen (Maier 2003, S. 28), als auch überindividuelle Strukturen im Sinne geteilter oder zumindest hegemonialer Überzeugungen (Maier 2003, S. 55).

Forschungsbeispiel
Wie können interpretative Arbeiten aussehen, die „Ideen" in den Mittelpunkt rücken? Im Feld der Internationalen Beziehungen kritisieren Richard Price und Nina Tannenwald (1996) an rationalistischen Erklärungen für erfolgreiche Abschreckung, die Staaten als einheitliche Akteure mit exogen gegebenen Interessen begreifen, dass diese den Nichteinsatz von Chemiewaffen in all denjenigen Fällen nicht erklären könnten, in denen kein Rückschlag zu befürchten war und in denen ein Einsatz von Chemiewaffen sogar militärische Vorteile gebracht hätte (Price und Tannenwald 1996, S. 117). Daher schlagen sie eine genealogische Untersuchung vor, die die Kontingenz und Veränderung von Normen unterstreicht. Die Frage lautet, wie bestimmte

> Waffen mit bestimmten Ideen und Bedeutungen behaftet werden, wie diese Zuschreibungen historisch entstehen und wie dadurch die Wahrnehmungen von Interessen und die Identitäten der Akteure geprägt werden (Price und Tannenwald 1996, S. 115). Chemiewaffen, so ihr Argument weiter, würden als Waffen sui generis konstruiert und mit Tabus der Nutzung behaftet, obwohl andere, die als konventionell gelten, mehr Zerstörung anrichten können (Price und Tannenwald 1996, S. 122).

2.3 Wissen in der interpretativen Policy-Analyse

Nullmeier (2001, S. 292–293) weist darauf hin, dass Analysen, die mit dem Begriff Ideen operieren, häufig in einen Dualismus von Ideen und Interessen zurückfallen. Er spricht sich deshalb für einen weit gefassten Wissensbegriff aus, der diesen binären Schematismus aufbricht. Zugleich problematisiert er den Wissensbegriff, da dieser im Gegensatz zwischen Meinen und Glauben eingespannt sei. Unter dem Begriff „Idee" gehe es zudem zu häufig um große Paradigmen. Zur Untersuchung der alltäglichen politischen Deutungen spricht er sich dennoch für den Begriff Wissen aus. Wissen wird verstanden als durch Kommunikation konstituierte und konfirmierte Praxis. Dem wissenschaftlichen Wissen kommt dabei nicht von vornherein eine Sonderrolle zu. Es unterscheidet sich lediglich durch die spezifischen Regeln seiner Konstruktion und Konfirmation und durch den Ort seiner Produktion (Rüb 2006, S. 346). Die wissenssoziologische Perspektive fragt dann danach, unter welchen sozialen Bedingungen und mit welchen Folgen Wissenschaft mit besonderer Autorität ausgestattet wird.

Heinelt und Lamping (2015, S. 10) betonen, dass Wissen stets mit einem Prozess der Sinngebung und der Herstellung und Verbesserung von Handlungsfähigkeiten angesichts einer Konfrontation mit einer Unzahl von Informationen und Daten über die soziale Umwelt verknüpft ist. „Wissen und Handeln sind hier inniglich verknüpft, erweisen sich beide doch als besondere Sinnphänomene: Sinn ist, was Handeln leitet, orientiert und ein Verhalten erst als Handeln auszeichnet. Wissen ist also nichts der Handlung Äußerliches, sondern konstitutiv für Handeln" (Knoblauch 2005, S. 146). Dies wird auch in Luhmanns (1992) Definition von Wissen als „kognitiv stilisierte Erwartung" ausgedrückt. Es handelt sich also um Erwartungen, die im Enttäuschungsfall geändert werden. Diese stehen analytisch im Kontrast zu Normen als kontrafaktisch stilisierten Erwartungen, d. h. als Erwartungen, an denen auch im Enttäuschungsfall festgehalten wird. Im Handeln verbinden sich beide Erwartungsformen zu komplexen Erwartungskonstellationen. Diese Definition basiert auf Schütz' Bestimmung von Wissen als „certainty taken for granted until further notice" (Schütz 1976, S. 288).

Um auf der Makroebene das Zusammenspiel von Wissen mit Institutionen etc. zu beleuchten, ist die Rede von Wissensformen („knowledge forms") geläufig (Nullmeier et al. 2010, S. 80), ein Begriff, der unterschiedliche Generalisierbarkeit, Arenen und Institutionalisierungsformen umfasst. Während der Begriff „Deutungsmuster" in der Soziologie dem Vokabular der Objektiven Hermeneutik vorbehalten ist, wird er in der Wissenspolitologie bedeutungsgleich zum Begriff „Wissen" verwendet (Nullmeier 1993, S. 181). Viehöver (2004, S. 235) kritisiert indes am Wissensbegriff, dass der „inter-individuelle und kollektive Transmissionsmechanismus des Wissens häufig ungeklärt" bleibe. In der eigentlichen Analyse müsse dann doch auf die Rekonstruktion von Diskursen oder Narrativen zurückgegriffen werden.

2.4 Die Wissenspolitologie als deutscher Debattenbeitrag

Mit dem wissenspolitologischen Ansatz haben Frank Nullmeier (1993) und Friedbert Rüb (Nullmeier und Rüb 1993) den wohl bedeutendsten deutschen Beitrag zur interpretativen Policy-Forschung beigesteuert. Im Zentrum wissenspolitologischer Untersuchungen steht der Versuch, mittels verschiedener, vor allem qualitativer Techniken den Wandel von handlungsleitenden Wissensbeständen zu rekonstruieren und dadurch den Wandel einzelner Policies zu erklären (Rüb 2006, S. 345, für das Folgende siehe auch Münch 2010, S. 98–102). Veränderungen von Policies (Inhalten, Programmen) erscheinen der Wissenspolitologie als Veränderungen in Wissenssystemen, die durch kommunikative Interaktion entwickelt werden (Heinelt und Lamping 2015, S. 9–19). Politische Handlungsalternativen werden dann umgesetzt, wenn sie die größte argumentativ-rhetorische Unterstützung innerhalb von Wissenssystemen mobilisieren können. Im Rahmen des wissenspolitologischen Ansatzes kann auch nach sich langsam ändernden Deutungsmustern gefragt werden sowie nach Ablagerungen sich historisch erstreckender Interpretationskämpfe, die das Wissen von Akteuren und damit politische Entscheidungen beeinflussen (Kerchner 2006, S. 41).

Politische Entscheidungen und Wandel werden weder als Ergebnis einer Liste kausal wirkender Faktoren verstanden, noch als funktionalistisch abgeleitete Notwendigkeiten. Der wissenspolitologische Ansatz besitzt damit eine Nähe zu denjenigen interpretativen Konzepten, in denen Wissen bzw. wissens- und erfahrungsbasierten Wirklichkeiten keine ontologische Wahrheitsqualität zugesprochen wird,

2.4 Die Wissenspolitologie als deutscher Debattenbeitrag

sondern diese als Wirklichkeitskonstrukte betrachtet werden. Von verschiedenen Autoren (u. a. Schmid und Straßheim 2003) wird der wissenspolitologische Zugang daher auch in einem Atemzug mit sozialkonstruktivistischen Ansätzen genannt:

> „In einer allmählichen Ablösung von der konzeptionellen Bindung an die dominierenden strukturalistischen und funktionalistischen Modelle fand eine Hinwendung der Politikanalyse zu Verfahren statt, die im weitesten Sinne dem Sozialkonstruktivismus bzw. der Wissenssoziologie (...) und dem ‚interpretativen Paradigma' (...) zuzuordnen sind" (Pieper 2006, S. 274).[2]

Der wissenspolitologische Ansatz übernimmt von Berger und Luckmanns Wissenssoziologie „Grundgedanken zur sozialen Wirklichkeitskonstruktion und zur Bedeutung von Institutionen" (Nullmeier 1997, S. 114). Die hermeneutische Wissenssoziologie in Anschluss an Berger und Luckmann konzentriert sich jedoch auf die Untersuchung der Wissensbestände individueller Akteure in ihren alltagspraktischen, privaten oder professionellen Handlungskontexten (Keller 2005b, S. 14). Während in der Wissenssoziologie Wissen als „die Form des Sinns, den wir mit anderen teilen", definiert wird (Hitzler 2007: Abs. 23), ist Wissen im wissenspolitologischen Verständnis zudem vor allem wählbar. Anstatt wie in traditionelleren Ansätzen (wissenschaftliches) Wissen und Politik starr gegenüber zu stellen und den instrumentellen Einsatz von wissenschaftlichem Wissen zu kritisieren, versteht der wissenspolitologische Ansatz den Begriff Wissen allgemeiner als Deutungsmuster, mit denen Annahmen über die Wirklichkeit gemacht werden, die dann politisch handlungsleitend werden (Nullmeier 1993, S. 181). „Politik lässt sich weder auf einen von Geltungsfragen unabhängigen Interessen- und Machtkonflikt reduzieren, noch lassen sich (wissenschaftliche) Debatten als Ausdruck einer rein an Geltungsfragen orientierten interessen- und machtfreien Sphäre verständlich machen" (Nullmeier und Rüb 1993, S. 26).

Die Wissenspolitologie arbeitet mit einem weit gefassten Wissensbegriff, der sowohl normatives als auch deskriptives, implizites wie explizites Wissen einbezieht und gemäß seines interpretativen Zugangs keine vorgängigen Wahrheitsan-

---

[2] Diese Einschätzung wird von Friedbert Rüb (2006, S. 345) jedoch nicht geteilt: „Von diesen Konzepten unterscheidet sich die Wissenspolitologie dadurch, dass sie das ‚Politische' ernster nimmt. Sie begreift Politik als die Form menschlichen Handelns, die in eine bestehende Macht- und damit Wirklichkeitskonstellation neue ‚Wirklichkeiten' einführt und dadurch den Status Quo herausfordert, um ihn zu verändern und neue Machtkonstellationen zu bewirken. (...) Von den sozialkonstruktivistischen Ansätzen von Alfred Schütz, Peter L. Berger und Thomas Luckmann u. a. unterscheidet sich die Wissenspolitologie grundlegend, weil bei ihr Wissenskonstruktionen nicht in erster Linie der Sinnhaftigkeit des Handelns dienen, sondern als strategische Optionen gewählt werden können, um in einem gegebenem politischen Kräftefeld ein Maximum an Macht zu realisieren."

sprüche an den Geltungscharakter eines Wissens jenseits des Fürwahrhaltens stellt (Nullmeier 1993, S. 182). Mit Karl Mannheims Wissenssoziologie hat der wissenspolitologische Analyserahmen somit gemein, nicht wie eine Ideologienlehre auf die Entlarvung von Täuschungen gerichtet zu sein (Rüb 2006, S. 348).

Die Wissenspolitologie geht davon aus, dass politische Institutionen geronnenes, sedimentiertes Wissen über eine angemessene Form der Bearbeitung von spezifischen gesellschaftlichen Sachverhalten sind, die sich in einem konkreten Bestand an Regeln und Verfahren niederschlagen, an dem die gesellschaftlichen Akteure ihr Handeln strukturieren (Rüb 2006, S. 347). Aus interpretativer Sicht fließen diese institutionellen Zwänge und Chancen jedoch nur als akteurseigene Interpretationsleistungen in das politische Handeln ein. Handlungsleitend sind demnach nicht die „tatsächlichen" Machtressourcen, sondern das Wissen des Akteurs über seine Ressourcen und deren Verfügbarkeit (Nullmeier 1993, S. 176).

Das Handeln der Akteure, ihr Kampf um die Durchsetzung ihrer Deutungen bzw. um die Formulierung von Problemdefinitionen, Verantwortlichkeiten, Handlungsstrategien steht im Mittelpunkt des wissenspolitologischen Interesses. Ihr Untersuchungsterrain bilden die politischen Arenen, in denen wissensbasierte Koalitionsbildungen und Vernetzungen stattfinden (Pieper 2006, S. 275). Im wissenspolitologischen Vokabular wird das wählbare Wissen auf „Wissensmärkten" – auch in diesen ökonomischen Kategorien besteht die Nähe zu Karl Mannheims Wissenssoziologie – gehandelt, auf denen verschiedene Anbieter konkurrieren (beispielsweise Parteien, Organisationen, Institutionen), die wiederum interne Wissensmärkte ausbilden. Auf diesen Wissensmärkten grenzen sich einzelne Deutungsansprüche gegeneinander ab, indem sie sich gegenseitig die Geltung absprechen, zwischen unterschiedlichen Wissensarten differenzieren und sogar Wissenshierarchien ausbilden (Schneider und Janning 2006, S. 99). Das Wissensangebot umfasst sowohl lebensweltliches als auch wissenschaftliches und weltanschauliches Wissen, wobei diesen Angebotsformen höchst unterschiedliche Legitimität zugesprochen wird (Nullmeier und Rüb 1993, S. 30). Auf Angebots- wie auf Nachfragerseite können sich Monopole, Oligopole und Polypole ausbilden (Nullmeier 1993, S. 183).

> Die Fähigkeit von Policy-Akteuren, (…) feldübergreifende Debatten zu initiieren oder sich ihnen zu verweigern, hängt von den wissensrelevanten Ressourcen der Akteure in Wissensmärkten ab und von ihrem Vermögen, die eigene Deutungshoheit zu verteidigen und den Wirkungsbereich in Wissensmärkten gegenüber Diskurseinflüssen von außen abzuschotten. (Schneider und Janning 2006, S. 100)

Im Gegensatz zu anderen Formen der Diskursanalyse steht in der Politikwissenschaft weniger die Sprachproduktion als solche, sondern eher die Produktion und Wir-

2.4 Die Wissenspolitologie als deutscher Debattenbeitrag

kung von politisch relevanten Deutungsmustern innerhalb öffentlicher Debatten im Zentrum des Interesses. In diesem Verständnis werden Debatten jedoch nicht nur geführt, um die öffentliche Meinung zu beeinflussen und damit Zustimmung zu organisieren. Die wissenspolitologischen Arbeiten gehen über die Untersuchung strategischer Kommunikation an der Schnittstelle von Politik und Medien hinaus. Vielmehr interessieren die handlungsleitenden Orientierungen und Werte der politischen Akteure (Lepperhoff 2006, S. 252).

Wissenspolitologische Arbeiten analysieren zudem die Rolle von sozialwissenschaftlichem Wissen bei der Konstruktion von politischen Notwendigkeiten, die als alternativlos gelten. Handelt es sich um Möglichkeiten erweiterndes Wissen, weist das sozialwissenschaftliche Wissen auf Grenzen des Handelns hin oder zwingt es in eine notwendig einzuschlagende Richtung (Nullmeier 2001, S. 295)?

Die Aufgabe für wissenspolitologische Arbeiten besteht darin, anhand von Texten unterschiedliche Wissensformen zu rekonstruieren, zu typologisieren und bestimmten Akteuren zuzuordnen. Dabei unterscheidet Rüb (2006, S. 348–349) zwei Grundtypen des Wissens: das deskriptiv-ontologische und das normativ-praktische Wissen. Das *deskriptiv-ontologische Wissen* bezieht sich auf das So-Sein der Welt. Darunter fällt das „Zukunftswissen", das mit Wahrscheinlichkeitsaussagen, Risikoanalysen und Prognosen arbeitet. Die Rekonstruktion solcher Wissensbestände legt zugrundeliegende Ausgangsprämissen offen, prüft deren Plausibilität und untersucht, mit welchen davon abgeleiteten Handlungsoptionen das jeweilige Zukunftswissen kausal verkoppelt ist. Das „Vergangenheitswissen" ist schwer und oft nur durch externe Schocks oder Krisen änderbar und bestimmt dadurch die Gegenwart. Bei dieser Dimension besteht die Aufgabe darin, die unveränderten Bestandteile von Wissen über längere Zeiträume hinweg zu rekonstruieren und Begründungen für Konstanz oder Variation heraus zu präparieren. Das „Gegenwartswissen" schließlich, das sich auch als Expertenwissen äußert, ist häufig in Notwendigkeitsargumenten eingebettet und hat in der Regel die Struktur von kausalen Determinismen.

Der zweite Grundtyp ist das *normativ-praktische Wissen*, das wiederum in Handlungsorientierungen basierend auf Willenskonstruktionen (Präferenzen, Wünsche) und solche auf Basis von Sollenskonstruktionen (Konventionen, Normen) differenziert wird (Rüb 2006, S. 350). Aus streng konstruktivistischer Sicht ist diese Unterscheidung zwischen deskriptivem und normativem Wissen jedoch insofern problematisch, als die Frage, was beispielsweise problematisiert wird, nicht von der Frage getrennt werden kann, wie, also mit welchen normativen Untertönen, etwas problematisiert wird, und Fakten und Werte nicht getrennt werden können.

Forschungsbeispiel
Mit dem Gründungstext der Wissenspolitologie versuchten Frank Nullmeier und Friedbert Rüb 1993 den Wandel der deutschen Rentenpolitik über einen Zeitraum von 15 Jahren zu erklären. Dabei rekonstruieren sie in einem ersten Schritt Policy-Prinzipien aus Gesetzestexten, ministeriellen Begründungen, Parteiprogrammen und Stellungnahmen und weisen diese bestimmten Akteuren zu: Wer hielt mit welchen Begründungen sein Wissen konstant, wer veränderte mit welcher Begründung sein Wissen, welche Akteure haben sich durchgesetzt?

> Entscheidend waren Änderungen im Bereich des normativ-praktischen Wissens, das zu einer neuen Vereinheitlichung und damit zu einer Schließung bei der Anerkennung, Auslegung und Reformulierung von Policy-Prinzipien geführt hat. Zentral war zudem, dass sich die relevanten Akteure auf Notwendigkeitskonstruktionen einigten und daraus spezifische Maßnahmen für die langfristige Stabilisierung der Rentenfinanzen ableiteten. (Rüb 2006, S. 352)

Neben der Textanalyse kamen teilnehmende Beobachtung und Interviews zum Einsatz. Zudem wurden die Argumentationsstrukturen einzelner Debatten nachgezeichnet und beleuchtet, welche Reformideen einflusslos blieben (ebd.).

Kritik
An der Wissenspolitologie ist kritisiert worden, dass sie die Frage aus den Augen verloren habe, wer Nachfrager des Wissens sei: „Politik hat die Aufgabe, bei anderen Wissen herzustellen, sie also glauben zu machen, was die Politik glaubt und so Unterstützung zu generieren" (Rüb 2006, S. 351). Als weitere Schwachstelle des Ansatzes nennt Rüb (2006, S. 351), dass das *framing*, das an einem Sachverhalt bestimmte Aspekte hervorhebt und andere ausblendet, bestimmte kausale Zusammenhänge betont und/oder mit bestimmten ethischen Fragen verbindet, unterbelichtet bleibe (Rüb 2006, S. 351, zu *framing* siehe 3.5). Außerdem vernachlässige die Wissenspolitologie den Gebrauch von Symbolen, die Wissen mit emotionalen und kognitiven Aspekten verbinden, Geschichten, die ein Ereignis in bestimmte Erzählstrukturen einbauen, sowie den selektiven Umgang mit Zahlen und Daten – allesamt Aspekte, die unter anderem in den Arbeiten von Deborah Stone reflektiert und in Kap. 3.6.2 eingeführt wurden.

2.5 Interpretative Expertise-Forschung

Für die Vorstellungen der Policy-Analyse vom Verhältnis zwischen Wissen und Politik und damit auch letztlich von der Rolle der Policy-Analyse selbst unterscheidet Douglas Torgerson (1986) drei Phasen. Zunächst sei die Mainstream-Policy-Forschung (v. a. im US-amerikanischen Kontext) über einen langen Zeitraum hinweg von positivistischen Ansätzen dominiert gewesen, die davon ausgehen, dass wissenschaftliches Wissen soziale Probleme lösen könne. Angelehnt an die Naturwissenschaften sollten durch das Ideal einer strikten Trennung zwischen objektiver Beobachtung der sozialen Realität und ihrer normativen Bewertung wertneutrale Ergebnisse für den politischen Prozess gefunden werden (King et al. 1994). Dieser Vorstellung wurde in der von Torgerson (1986) davon als „zweite Phase" abgegrenzten Periode widersprochen, da wissenschaftliche Forschung ihren „Missbrauch" durch politische Interessen nicht verhindern könne. Zwischen beiden Phasen herrscht in erkenntnistheoretischer Hinsicht jedoch Einigkeit darin, dass es grundsätzlich möglich sei, objektives und damit neutrales Wissen ermitteln zu können. In der dritten, post-positivistischen Phase der Policy-Forschung indes wird das Verhältnis von Wissen und Politik gänzlich neu bestimmt: Was nach positivistischen Prämissen als unanfechtbare Realität angesehen wird, die die/der Forschende durch entsprechende Methoden unverfälscht erkennen könne, wird im interpretativen Verständnis als Resultat von Deutungen, Entscheidungen und Urteilen verstanden, die unhintergehbar immer auch normativ und damit politisch sind (Torgerson 1986, S. 40).

Mit dem Interesse an Wissen in Policy-Prozessen einher geht die Feststellung von Legitimitätshierarchien zwischen verschiedenen Wissensformen, wie sie bereits von Nullmeier und Rüb (1993, S. 30) konstatiert werden:

> Eine Hochschätzung wissenschaftlichen Wissens muß allerdings nicht in allen Bereichen politischen Handelns vorhanden sein: Während streckenweise ohne entsprechende wissenschaftliche Absicherung, ohne Verwissenschaftlichung, kein Konflikt erfolgreich ausgetragen werden kann (…), behauptet sich in anderen Zusammenhängen Alltagserfahrung als konkurrenzlos geltendes Wissen.

Schon in den 1980er Jahren behandelte die Verwendungsforschung das Paradox einer regelmäßig nachgefragten, aber anscheinend wirkungslosen Politikberatung. Während die Mainstream-Politikwissenschaft seinerzeit noch von einer Trennung von (wissenschaftlichem) Wissen und Politik ausging (Nullmeier 1993, S. 176 f.), legen interpretative Ansätze einen weiteren Wissensbegriff zugrunde, und halten zum einen Politik ohne Wissen und Interpretation und zum anderen Wissen ohne Politik und Wertungen für nicht denkbar. Dabei zeugen die jährlichen Konferenzen der IPA-*Community* von einem regen Interesse an der Rolle von (wissenschaftlichem) Wissen als Expertise im *policy-making*. Diese Analysedimension beschreibt die kontextabhängige Zuschreibung epistemischer und politischer Autorität (Straßheim 2013, S. 65; Zürn 2012). Damit besteht eine große Schnittmenge der Policy-Forschung zur Wissenssoziologie, zur politikwissenschaftlichen Legitimationsforschung sowie zu den Interessen der *Science, Technology and Society Studies (STS)* mit ihrer Betonung der Wechselwirkungen zwischen Wissenschaft, Expertise und politisch-sozialen Ordnungsvorstellungen.

In einer so verstandenen Expertiseforschung geht es generell um die empirisch zu beobachtende Grenzziehung zwischen Politik und Wissenschaft, Experten und Laien, zwischen relevantem und irrelevantem Wissen (Hoppe 1999, S. 29; Straßheim 2013, S. 73). Expertinnen und Experten vermitteln Entscheidungssicherheit, erschließen Legitimationsquellen und gewinnen oder verlieren selbst an Autorität. Eine wichtige Rolle spielen solche Deutungsmuster, die ihren eigenen Monopolcharakter behaupten, ohne in die Gefahr zu geraten, als dogmatisch zu gelten (Nullmeier und Rüb 1993, S. 31). Diese Zuschreibung von Autorität und Kompetenz erfolgt nach unterschiedlichen Kriterien je nach diskursivem oder institutionellem Kontext. Rüb und Straßheim (2012, S. 384–385) unterscheiden vier Typen von Evidenz, worunter sie Zuschreibungen von Gewissheiten verstehen: Unter Bezugnahme auf soziale Evidenz wird Kennern oder Gremien besondere individuelle oder kollektive Urteilskraft zugeschrieben. Die ikonisch-rhetorische Evidenz überzeugt durch Visualisierung und Rhetorik und suggeriert damit Gewissheit. Die kalkulativ-axiomatische Evidenz operiert mit dem unpersönlichen Charakter von Zahlen und Quantifizierung. Die mechanische Evidenz schließlich generiert Akzeptanz durch die weitgehende Beseitigung subjektiver Eindrücke mit Hilfe „sachlicher" Modellrechnungen und Simulationen.

Die „historisch wandelbare[n] Arrangements der Produktion, Verteilung, Validierung und Bewertung öffentlich relevanten Wissens" (Straßheim 2010, S. 5), die stets mit einer Hierarchisierung von Wissensformen einhergehen (Weingart 2003, S. 139), werden zuweilen als „Wissensordnungen" bezeichnet (Heinelt und Lamping 2015). Der Begriff konkurriert mit einer Reihe konzeptuell ähnlicher Termini wie „Wissenskulturen" (Knorr-Cetina 2002), „Wissensregimen" (Wehling 2007; Böschen 2010), „epistemischen Regimen" und „civic epistemologies" (Jasanoff 2005). Diese Wissensordnungen oder Wissensregime legen fest, „welche Art (oder Arten) von Wissen, welches Verständnis von Wissen in einem bestimmten Kontext als angemessen, Erfolg versprechend oder notwendig gelten soll, und regeln, wie und von welchen Akteuren dieses Wissen gewonnen, weitergegeben und genutzt

2.5 Interpretative Expertise-Forschung

werden soll" (Wehling 2007, S. 705). Welches Wissen als gesichert und politisch relevant gilt, unterscheidet sich schon zwischen den europäischen Staaten in erheblichem Maße. Sheila Jasanoff (2005) untersucht beispielsweise im Bereich der *Science, Technology and Society Studies* anhand eines Ländervergleichs der Gen- und Biotechnologiepolitik, wie die Glaubwürdigkeit und Gültigkeit öffentlicher Wissensansprüche abhängig von der jeweiligen politischen Kultur sehr unterschiedlichen Praktiken folgt und in sehr unterschiedlichen Interaktionen zwischen Politik, Bürgerschaft, Verwaltung und Experten generiert wird (zum Vergleich deutscher und britischer Wissenspolitik in der Arbeitsmarktpolitik siehe Krapp et al. 2015). Straßheim (2013, S. 74) greift diese Typologie der *civic epistemologies* auf und betont zugleich, dass künftige Konzeptionen stärker den Wandel dieser Arrangements zwischen Wissenschaft, Öffentlichkeit und Politik berücksichtigen und in die vergleichende Forschung einbeziehen sollten.

So verweist Straßheim (2013, S. 69–70) auf drei, für die aktuelle Expertiseforschung relevante Tendenzen des Wandels von Expertise und Politikberatung: Zum einen die mit Forderungen nach einer Demokratisierung von Expertise, nach stärkerer Partizipation, Deliberation und Transparenz einhergehende „Ethisierung" von Beratungsprozessen (vgl. Bogner 2011). In dem Maße, in dem gesellschaftliche Teilhabeansprüche an Politikberatung laut werden, müssen sich auch Expertinnen und Experten stärker mit Wertvorstellungen auseinandersetzen und diese in ihre Empfehlungen einbeziehen (zu einer Rollendefinition im Sinne der argumentativen Wende siehe Saretzki 2005). Die zweite Tendenz besteht in der gewachsenen Bedeutung einer Evidenzbasierung von Politik, also der Forderung nach der Einbeziehung wissenschaftlicher, meist kalkulativ-axiomatischer und mechanischer Evidenzen wie etwa Simulationen oder indikatorengestützte Vergleiche (*Benchmarking*) in kollektiv bindende Entscheidungen. Während also vielfach eine Demokratisierung der Expertise gefordert wird, beobachten wir gleichzeitig und in einem gewissen Widerspruch dazu eine Verwissenschaftlichung der Politik (so bereits Weingart 1983). An dritter Stelle steht die Feststellung einer Pluralisierung und Ausdifferenzierung politischer und epistemischer Autorität. Staatliche Agenturen und Ressortforschungseinrichtungen teilen sich auf der nationalen wie auch transnationalen Ebene in wachsendem Maße das Feld mit Nichtregierungsorganisationen und *Think Tanks* (Straßheim 2013, S. 71). Beispielsweise wurde für Großbritannien festgestellt, dass die Verwaltung kein Monopol der Politikberatung mehr besitzt. Gerade bei technisch komplexen Themen lässt sich eine starke Rolle der Expertinnen und Experten beobachten (Biegelbauer et al. 2013, S. 224), sei es um Wissen zu generieren oder politische Entscheidungen mit dem Rekurs auf das Rationale und Notwendige zu legitimieren.

2.6 Zusammenfassung

Ideen und Wissen sind zentrale Kategorien in der interpretativen Policy-Analyse. Im Gegensatz zur traditionellen Policy-Forschung werden sie jedoch nicht auf eine Variable mit Einfluss auf das *policy-making* reduziert, sondern gelten im Sinne eines *sensemaking* und damit als Handlungs- und Entscheidungsgrundlage als unhintergehbarer Bestandteil jeglicher Politik. Entsprechend weit ist der Ideen- und Wissensbegriff – es geht nicht nur um „neue" Ideen oder wissenschaftliches Wissen, sondern um Deutungsmuster, Wenn-Dann-Konstrukte und Interpretationen aller Art, wie sie sich in Policies spiegeln. Die Expertise-Forschung wiederum interessiert sich für die Grenzziehung zwischen Wissenschaft und Politik und die Zuschreibung von Deutungs- und Entscheidungsmacht. Dabei geht es interpretativen Arbeiten aber nicht um eine technokratische Optimierung, sondern um eine vergleichende Analyse kontextspezifischer, sich wandelnder Wissensordnungen und Expertiseformen. Im Vordergrund steht also nicht mehr die Rationalisierung der Gesellschaft, sondern vielmehr ein kritisches Verständnis für die vielfältigen kulturellen und institutionellen Bedingungen, unter denen Wissenschaft, Politik und Öffentlichkeit zusammenwirken.

Literaturtipps

Das Grundlagenwerk der Wissenspolitologie
- Nullmeier, Frank/Rüb, Friedbert (1993): Die Transformation der Sozialpolitik: Vom Sozialstaat zum Sicherungsstaat, Frankfurt/New York: Campus.

Deutschsprachige Artikel zur Wissenspolitologie und zur interpretativen Policy-Analyse
- Nullmeier, Frank (1993): Wissen und Policy-Forschung. Wissenspolitologie und rhetorisch-dialektisches Handlungsmodell, In: Héritier, Adrienne (Hrsg.), Policy-Analyse. PVS- Sonderheft 24/1993, Opladen: Westdeutscher Verlag, 175–196.
- Nullmeier, Frank (2013): Wissenspolitologie und interpretative Politikanalyse, In: dms - der moderne staat - Zeitschrift für Public Policy, Recht und Management, Sonderheft 2013, 21–44.

Deutschsprachiger Überblick zur Rolle von Ideen in interpretativen und variablenbasierten Ansätzen
- Maier, Matthias Leonhard (2001): Sammelrezension Ideen und Policies, In: Politische Vierteljahresschrift, Jg. 42, H. 3, S. 523–548.

2.6 Zusammenfassung

- Maier, Matthias Leonhard (2003): Wissens- und ideenorientierte Ansätze in der Politikwissenschaft: Versuch einer systematischen Übersicht, In: Maier, Matthias Leonhard/Nullmeier, Frank/Pritzlaff, Tanja/Wiesner, Achim (Hrsg.), Politik als Lernprozess. Wiesbaden: VS Verlag für Sozialwissenschaften, 25–77.

Überblick zur aktuellen Expertise-Forschung
- Straßheim, Holger (2013): Politische Expertise im Wandel. Zur diskursiven und institutionellen Einbettung epistemischer Autorität, In: dms – der moderne staat – Zeitschrift für Public Policy, Recht und Management, Sonderheft 2013, 65–86.

Diskurse, Frames, Argumente – Kernkonzepte interpretativer Policy-Analyse

3

> **Überblick**
>
> Während sich die Entwicklung der interpretativen Policy-Forschung in Deutschland vor allem unter den Schlagworten Ideen und Wissen vollzogen hat (Kap. 2), ist die gewachsene Offenheit gegenüber Formen der Konstruktion von Wirklichkeit insbesondere in der englischsprachigen Policy-Analyse mit einer Etablierung des Diskursbegriffes einhergegangen. Diese Form der Policy-Analyse beginnt mit dem Befund, dass unterschiedliche Diskurse, Definitionen und Fragestellungen in Bezug auf einen bestimmten Sachverhalt zu verschiedenen Policy-Empfehlungen führen. Die interpretative und argumentative Policy-Analyse steht im Zeichen der linguistischen Wende, deren zentrale Erkenntnis darin besteht, dass Sprache die Welt nicht abbildet, sondern sie selbst konstituiert (Gadinger 2003, S. 3; Schwartz-Shea und Yanow 2012, S. 46). Mit diesem Fokus auf die diskursiven Konstruktionen werden die Rollen von Sprache, Diskurs, Argumentation und Rhetorik in den Mittelpunkt gerückt. Besonderes Interesse genießt dabei die Frage, wie unterhalb einer scheinbar neutralen, apolitischen Oberfläche normative Vorannahmen operieren (Fischer 2003, S. 14). Das folgende Kapitel
>
> - führt in die zentralen Begriffe interpretativer Policy-Analyse ein,
> - stellt anhand dieser Konzepte die mit ihnen verbundenen Autorinnen und Autoren vor
> - und liefert Beispiele für die konkrete Forschungsarbeit mit diesen Ansätzen.
>
> Das Kapitel beginnt bei übergeordneten Konzepten und Analyseeinheiten (Bedeutung, Argumentation, Diskurs und *frame*) und bewegt sich über kleinteiligere Schlüsselbegriffe (Erzählungen, Problematisierung, Metaphern, Rhetorik)

zu denjenigen Analysen von Deliberation und Performanz, die expliziter noch als die ersteren einfordern, über die Untersuchung von Texten hinauszugehen.[1]

3.1 Einleitung

Die interpretative Policy-Analyse zeichnet sich durch eine enge Verschränkung von Theorie und Methoden aus (Wagenaar 2011, S. 8). Laut Schneider und Janning (2006, S. 171) ist sie dadurch charakterisiert, dass politische

> Programmentwürfe, policyrelevante Stellungnahmen und öffentliche Äußerungen sowie die verabschiedeten Gesetzestexte und spezifizierten Verwaltungsvorschriften (…) als Text, als Narrative, als Ideenskripte oder als Ausdruck von Grundüberzeugungen bzw. von handlungssteuernden ‚Rahmen' und als Einsatz bzw. Ergebnis von diskursiven Praktiken zur Generierung von politischen Problemdeutungen und Verantwortungszuweisungen interpretiert

werden. Wie bereits in Kap. 1 dargestellt, handelt es sich bei post-positivistischen Zugängen der Policy-Analyse jedoch nicht um einen einheitlichen Ansatz, eine umfassende Theorie, sondern um sehr vielfältige Arbeiten, denen eine Ablehnung atheoretischer „empirizistischer" Forschung gemein ist (Fischer 2003, S. viii).

Von Nullmeier (2013, S. 24) wird die Vielfalt der Begrifflichkeiten und möglichen Objekte einer Untersuchung als eine Schwierigkeit für die Etablierung interpretativer Politikforschung benannt. Hinzu kommt, dass sich eine Bruchlinie bezüglich der Handhabung der Unterscheidung von Struktur und Subjekt durch die interpretative Policy-Analyse zieht. Poststrukturalistische Ansätze lehnen eine Rekonstruktion subjektiven Sinns oder den Rückgriff auf Akteure oder Intentionen ab. Ihr Gegenstand sind überindividuelle Muster „des Denkens, Sprechens, Handelns, Sichselbstbegreifens" (Glasze und Mattissek 2009, S. 11). Die Untersuchung von Überzeugungen wird der interpretativ-hermeneutischen Tradition überlassen (Nullmeier 2013, S. 28). Während Hendrik Wagenaar (2011) seine Einführung in die interpretative Policy-Analyse daher in Ansätze mit hermeneutischem, dialogischem oder diskursivem Bedeutungsverständnis gliedert, soll das folgende Kapitel entlang der verschiedenen Kernbegriffe strukturiert werden, da derselbe Analysegegenstand zuweilen von unterschiedlichen Strömungen bearbeitet wird.

---

[1] Obgleich einige der Konzepte, wie etwa Narrative, auch als diskursstrukturierende Elemente verstanden werden können, stehen sie hier auf derselben Gliederungsebene, da sich nicht alle hierunter subsumierten Beiträge auch dezidiert als Diskursanalyse verstehen, sondern ihren spezifischen Zugang unter eben jenem hier benannten Schlagwort ausflaggen.

3.2 Argumentation im *policy-making*

Wie bereits in Kap. 1 erläutert, besteht ein wichtiges Verdienst der post-positivistischen Policy-Analyse in der Anerkennung der Bedeutung von Sprache, die von der Politikwissenschaft lange Zeit außer Acht gelassen wurde. Dies ist verwunderlich, da sich Politikerinnen und Politiker dieser Rolle schon immer viel bewusster waren: „As politicians know only too well but social scientists too often forget, public policy is made of language. Whether in written or oral form, argument is central in all stages of the policy process" (Majone 1989, S. 1). Die Bedeutung des Arguments und der Argumentation (im Englischen steht der Begriff „argument" sowohl für das einzelne Argument als auch für die Debatte, das Streitgespräch) sind Ausgangspunkt der Autorinnen und Autoren des *argumentative turn*, der 1993 mit Erscheinen des von Frank Fischer und John Forester herausgegebenen Sammelbandes „The argumentative turn in policy analysis and planning" ausgerufen wurde. Der *argumentative turn* steht im Kontext der linguistischen Wende, wobei Hajer (2002, S. 63) als einer seiner Vertreter unterstreicht, dass die Bezeichnung *argumentative turn* zutreffender sei, da es nicht nur um die Worte oder Bilder im Kopf der Sprecher gehe, sondern auch um die Auseinandersetzung mit Gegenpositionen im Sinne einer Debatte. Der *struggle over ideas* („Kampf um Ideen") gilt den Autorinnen und Autoren als Essenz des politischen Prozesses (Stone 2002, S. 11).[2]

Für Vertreter der argumentativen Wende spielen Überzeugung und Rechtfertigung in jeder Phase des Policy-Prozesses eine wichtige Rolle, selbst nach der Auswahl und Implementation akzeptierbarer Alternativen. Argumentation ist also nicht nur in der Phase des *Agenda Settings* relevant, auch bestehende Policies werden als „geronnene Ideen" (Ulbert 1997, S. 13) gelesen, in denen sich die Inklusion bestimmter Anliegen, die Zuschreibung von Verantwortung, die Zuteilung von Anerkennung und Schuldzuweisung und die Nutzung spezifischer Problemdeutungen niederschlägt. In der Forschungspraxis analysieren dann auch viele Arbeiten weniger den Prozess des Argumentierens im Vorfeld der Formulierung einer politischen Maßnahme, als vielmehr bestehende Policy-Dokumente, die auf ihre Deutungsmuster befragt werden. Für Fischer (2003, S. 60) stellt jede policy-bezogene Idee ein Argument oder einen Satz von Argumenten dar, der unterschiedliche Weltsichten begünstigt. Die Forschungsaufgabe bestehe darin, die vielfältigen Lesarten eines vermeintlich einheitlichen Konzeptes aufzudecken, insbesondere wie diese Verständnisse als Teil einer politischen Strategie hergestellt und manipuliert würden. Die versteckten Argumente aufzudecken, wie sie in jedem Policy-Konzept eingebettet seien, könne politische Konflikte erhellen und teilweise sogar lösen.

---

[2] Dass diese apodiktische Formulierung eigentlich in einem Widerspruch zum interpretativen Paradigma steht, wird von Bornemann (2013: 112) thematisiert.

Fast zwanzig Jahre nach Erscheinen des Grundlagenwerks zum *argumentative turn* haben Frank Fischer und Herbert Gottweis (2012a) die argumentative Policy-Analyse einer weiteren Definition unterzogen: Inspiriert durch Jürgen Habermas (2011 [1981]) Kritik an Technokratie und Szientismus und seine Arbeit zu kommunikativem Handeln habe die argumentative Wende eine Alternative für die Policy-Analyse formuliert. Ohne die Relevanz empirischer Analysen zu leugnen habe die argumentative Wende versucht, die Verbindung zwischen Empirischem und Normativem zu verstehen, wie sie sich in den Prozessen der policy-bezogenen Argumentationen niederschlägt. Die sich so verstehenden Arbeiten lehnten die Annahme ab, dass Politik rationale Problemlösung sei. Sie hätten sich ein Verständnis von menschlichem Handeln zu eigen gemacht als etwas, das vermittelt und eingebettet ist in symbolisch und kulturell reiche Kontexte (Fischer und Gottweis 2012b, S. 2). *Policy-making* wird damit als fortlaufender diskursiver Kampf um die Definition von Problemen verstanden. Die geteilten Bedeutungen, die politische Reaktionen motivieren, sowie die (impliziten) Bewertungskriterien stehen dabei im Mittelpunkt (Fischer und Gottweis 2012b, S. 7).

Während Begriffe wie Diskurs, Deliberation, Rhetorik und Argument oft synonym verwendet würden, unterstreichen Fischer und Gottweis (2012b, S. 9) leichte Bedeutungsunterschiede. Dabei bezeichnet „Argumentation" den Prozess, mit dessen Hilfe Menschen mittels vernünftiger Begründung zu einem Schluss kommen. „Deliberation" verstehen sie dabei als eine Unterart der Argumentation, die eine prozedural gelenkte Form kollektiver Argumentation mit formal strukturierten Prozessen der Beteiligung sei. „Diskurs" schließlich ist bei ihnen ein Ensemble von Konzepten und Ideen, die die Argumentation beeinflussen, formen und begrenzen (Fischer und Gottweis 2012b, S. 9–10; zum Diskursbegriff siehe 3.4.1, zur Deliberation 3.10). Manipulative Verzerrungen, wie sie ansonsten in politischer Argumentation gängig sind, werden damit in der Deliberation ausgeschlossen. „Rhetorik" schließlich begreifen sie als essentielle und unvermeidbare Methode der Argumentation und setzen sich damit von einer negativen Konnotation des Begriffs in der Umgangssprache ab (Fischer und Gottweis 2012b, S. 12; siehe 3.9).

In der Untersuchung von Argumenten greifen die Autorinnen und Autoren auf die Analyse von *frames*, Narrativen und Rhetorik zurück, insofern gibt es in der eigentlichen Forschungspraxis starke Überschneidungen zu den weiteren hier präsentierten Ansätzen (vgl. Nullmeier 2013, S. 33).

Kritik

Eine Schwierigkeit des *argumentative turn* insgesamt geht mit dem stark normativen Anspruch des Zugangs einher. Durnings (1995, S. 102) Kritik am Sammelband von Fischer und Forester (1993a), einige Kapitel seien zu stark getrennt von der Realität der professionellen Policy-Analyse, dürfte damit zusammenhängen, dass häufig unklar bleibt, ob die Ausgangsannahmen auf dem beruhen, was Policy-Analyse ist, oder eher auf dem, was sie sein sollte.

Den Arbeiten des *argumentative turn* wird zudem entgegengehalten, ob der politische Prozess tatsächlich nur durch Argumentation und Überzeugung bestimmt werde und nicht vor allem auch durch Verhandeln (Saretzki 2003, S. 413), also einen Modus, in dem durch Drohungen, Versprechungen oder die Verknüpfung verschiedener Themenfelder ein Ergebnis erzielt wird.[3] Ein gefundener Konsens müsse schließlich nichts mit der Überzeugungskraft der Argumente zu tun haben, sondern kann durch Hierarchien überlagert werden (Dryzek 1993, S. 227). Damit verbunden ist die Frage, ob die Argumentationsanalyse nicht um eine Untersuchung des Kontextes ergänzt werden müsse, um die Rahmenbedingungen für die spezifische Auseinandersetzung zu erfassen (Saretzki 2003, S. 452).

> **Forschungsbeispiel**
> Unter expliziter Bezugnahme auf die Wissenspolitologie nach Nullmeier und Rüb (1993; siehe 2.4) untersuchen Bleses, Offe und Rose (1997) verschiedene Argumentationsmuster anhand von öffentlichen Gesetzgebungsdebatten des Bundestages in der Arbeitsmarkt- und Familienpolitik. Dabei analysieren sie das Repertoire von Rechtfertigungen, um einen Wandel über den Zeitraum 1967 bis 1994 untersuchen zu können. Sie unterscheiden vier Argumentationsmuster, die sie im Zeitverlauf und im Unterschied zwischen verschiedenen Parteizugehörigkeiten miteinander vergleichen:
> - solche „material-wertethischen Argumente", die das „Gute" betonen,
> - solche „moralisch-prinzipiengesteuerten Argumente", die an bestimmte Gerechtigkeitsvorstellungen appellieren und
> - solche, die den kollektiven Nutzen einer Maßnahme betonen (Bleses et al. 1997, S. 511–512).
>
> Dabei zeigen sie Unterschiede nach Regierungswechseln sowie Unterschiede im Argumentationsrepertoire zwischen Volksparteien und kleineren Parteien des Bundestages auf. Letztere neigten stärker zu *einem* Argumentationstyp, nämlich zu moralisch-prinzipiengestützten Argumenten – anstatt wie die Volkparteien alle Muster zugleich zu bedienen (Bleses et al. 1997, S. 526). Insgesamt zeichnen sie einen Wandel hin zum verstärkten Einsatz von Konstruktionen der Alternativlosigkeit nach (Bleses et al. 1997, S. 523).

---

[3] Dass Argumentieren ohne Verhandeln, Verhandeln aber nicht ohne Argumentieren möglich ist, unterstreicht Saretzki (1995).

3.3 Bedeutung in der interpretativ-hermeneutischen Policy-Analyse

Die Bezeichnung der „interpretativen Policy-Analyse", die in diesem Lehrbuch als allgemeiner Oberbegriff für post-positivistische Arbeiten insgesamt fungiert, ist vor allem von Dvora Yanow eingeführt worden (siehe auch Münch 2010, S. 76–78). Für Hendrik Wagenaar (2007, S. 429), selbst ein Repräsentant postpositivistischer Policy-Analyse, hat Yanow (2000, Übersetzung der Autorin) eine Standarddefinition für die interpretativ-hermeneutische Policy-Forschung vorgelegt: „Ein interpretativer Zugang zur Policy-Analyse ist einer, der auf die Bedeutungen einer Policy fokussiert, auf die Werte, Gefühle oder Überzeugungen, die sie ausdrücken, und auf die Prozesse in denen die Bedeutungen kommuniziert werden und ‚gelesen' werden durch die verschiedenen Publika." Als Zugang wählt Yanow die „dichte Beschreibung", die sich an der Kulturanthropologie und der Ethnographie (siehe 3.11) orientiert. Als analytische Instrumente dienen vor allem sprachliche Kategorien wie Symbole, Metaphern, Rituale und Mythen, die innerhalb des untersuchten Politikfeldes eine sprachliche Trägerfunktion von zentraler Bedeutung für die Akteure besitzen (Gadinger 2003, S. 16). In einer paradigmatischen Arbeit von 1996, „How does a policy mean?", sensibilisiert sie für die expressiven, symbolischen Aspekte von *policy-making*, die sie nicht als Zugabe zu den „wahren" also instrumentalistischen, materialistischen und machtbezogenen Aspekten versteht, sondern als intrinsischen, unhintergehbaren Aspekt jeder einzelnen (diskursiven) Handlung (Wagenaar 2007, S. 433). Diese Bedeutungen sucht sie nicht nur in entsprechenden (Gesetzes-) Texten und Programmen, sondern in den Handlungen zentraler, für die Implementation bedeutsamer Gruppen sowie in den Artefakten wie Verwaltungsgebäuden, Zensusfragebögen und Webseiten (Yanow 2003, S. 11). Zur Datenerhebung dienen ihr die teilnehmende Beobachtung, Interviews sowie die Textanalyse. Dabei geht es ihr in einer interpretativ-hermeneutischen Tradition darum, die Handlungen und Akteure so gut wie möglich aus deren eigenen Bezugsrahmen heraus zu verstehen, die alltäglichen, als „gesunder Menschenverstand" geltenden, überwiegend unartikulierten doch stillschweigend bekannten Regeln herauszupräparieren, mit deren Hilfe politische Akteure in einer Situation navigieren (Yanow 2007, S. 409).

In einer älteren Arbeit (1992) untersucht Yanow etwa die Bildung von Mythen über Organisationen oder Policies. Sie entwickelten sich immer dort, wo es gelte, die „verbotenen Ziele"[4] (Übersetzung der Autorin), also solche, über die kein

---

[4] Yanow (1992) entwickelt die Figur des *verboten goal* in Anlehnung an Harold Garfinkels *publicly unmentionable goal* und benennt damit Ziele, die nicht nur nicht erwähnt werden können, sondern zudem nicht Teil der expliziten öffentlichen Agenda sind, da kein öffentlicher Konsens sie unterstützt.

3.3 Bedeutung in der interpretativ-hermeneutischen Policy-Analyse

öffentlicher Konsens herrsche, zu verschleiern. „A myth is a narrative created and believed by a group of people which diverts attention away from a puzzling part of their reality." Mythen seien soziale Konstruktionen, räumlich und zeitlich sowie in einer bestimmten Kultur verankert, aber keine bewussten, absichtlichen Erfindungen eines Individuums, sondern der sich entwickelnde Besitz einer Gruppe. Policy-Artefakte und ihre unterschiedlichen Bedeutungen können laut Yanow (2000, S. 88–89) daher auch als Ausdruck der Identität der jeweiligen politischen Gemeinschaft gelesen werden. Hierin liegt auch der Grund, warum Policies erlassen werden, die klar unimplementierbar sind, nämlich aufgrund der Expressivität menschlicher Handlungen, vor deren Hintergrund Policies auch die Geschichte von Gruppenidentitäten erzählen.

Die Rolle der interpretativ arbeitenden Policy-Forscherin besteht für Dvora Yanow (2000, S. 12) darin, die Architektur der Debatte in Bezug auf ein politisch zu bearbeitendes Thema zu kartographieren, indem die Sprache und ihre Folgen (Verständnisse, Handlungen, Bedeutungen) identifiziert werden, wie sie von unterschiedlichen „interpretativen Gemeinschaften" (*communities of meaning*) in ihrer Deutung des Sachverhaltes genutzt werden. Damit ist die Arbeit der interpretativen Policy-Forschung durch vier grundlegende methodologische Schritte gekennzeichnet (Yanow 2000, S. 20–21).

- Der erste zentrale Schritt besteht darin, die Artefakte (Sprache, Objekte oder Handlungen) zu identifizieren, die signifikante Träger von Bedeutung im Zusammenhang mit einer bestimmten Policy sind.
- In einem zweiten Schritt werden die *communities of meaning* ausgemacht, die diese Artefakte und Bedeutungen kreieren oder interpretieren. Es gebe davon in jeder Policy-Situation mindestens drei, nämlich die Entscheidungsträger, die implementierenden Beamten sowie die betroffenen Bürgerinnen und Bürger, wobei aus Implementationsstudien bekannt sei, dass Institutionen eine Vielzahl innerer Gemeinschaften aufweisen können. Die/der interpretativ Forschende konzentriere sich dementsprechend nicht auf die vermeintlich eindeutige Aussage eines Policy-Dokumentes, sondern untersuche vor allem auch seine möglicherweise widersprüchliche Auslegung durch andere policy-relevante Gruppen (Yanow 2000, S. 9–10).
- Der dritte Schritt erfordere es, zentrale Diskurse zu identifizieren und die unterschiedlichen Bedeutungen der Artefakte aufzuzeigen.
- Der vierte Analyseschritt sieht vor, Konflikte und ihre Ursachen (affektiv, kognitiv und/oder moralisch) aufzuzeigen, die unterschiedliche Interpretationen durch unterschiedliche interpretative Gemeinschaften widerspiegeln.

Anstatt nun anzunehmen, dass Policy-Probleme objektive Fakten seien, und nach der einen korrekten Formulierung zu suchen, könnten Aussagen wettstreitende Interpretationen eines Themas durch unterschiedliche *communities of meaning* darstellen. Die zentrale Frage laute dann: „How is the policy issue being framed by the various parties to the debate" (Yanow 2000, S. 11)?

An dieser Stelle lassen sich die Unterschiede zu positivistischen Arbeiten illustrieren: Während Rückschläge für die beratende Policy-Forschung in den USA den Weg für post-positivistische Ansätze ebneten, zog die deutsche Forschung zunächst eine andere Konsequenz. Hier entwickelte sich aus dem antizipierten oder beobachteten Misserfolg von Programmen – wie den reformpolitischen Bemühungen der sozialliberalen Koalition ab 1969 – ein Interesse an der weiterhin in einer analytischen Tradition stehenden Implementationsforschung (Mayntz 1980, 1983). Solange fraglich gewesen sei, ob Regierungen „willens und fähig sind, Programme mit reformpolitischen Zielsetzungen zu entwickeln und konkret zu verfolgen", hätten, laut Mayntz (1980, S. 1–2), Spielräume bei der Wahl von Inhalten im Mittelpunkt des Forschungsinteresses gestanden. Nun wurde dagegen der Blick darauf gerichtet, ob die wünschenswerten Intentionen auch praktisch realisiert würden, da die Programme eine positive Identifikation mit der Verwirklichung ihrer Ziele ermöglichten und ein konformer Vollzug von den Forschenden gewünscht wurde.

Bei der Untersuchung von Policy-Formulierungen und ihrer Implementation wird in solchen Studien auf den Widerspruch zwischen Wort und Tat verwiesen (Yanow 2000, S. 5). Viele traditionelle Politikfeld-Untersuchungen, insbesondere solche evaluierenden Charakters, kontrastierten den Richtwert einer vermeintlichen Policy-Absicht mit den Ergebnissen der Implementation (Yanow 2000, S. 9).

> So conceived, the policy-making process parallels the cognitive steps of the rational model of decision making. Government becomes a rational decision maker writ large – albeit not a very proficient one. Much of the political science literature in this genre is devoted to understanding where and how good policy gets derailed in the process of production. (Stone 2002, S. 11)

Die post-positivistischen Autorinnen und Autoren setzen sich von diesen traditionellen Ansätzen insofern ab, als sie nicht davon ausgehen, dass es notwendig und möglich sei, von einem externen Punkt objektive Bewertungen einer Policy vorzunehmen. Der *interpretive turn* widerspricht der Vorstellung, dass Policy-Texte eine eindeutige, unmissverständliche Bedeutung haben sollten und können (Yanow 2000, S. 6). Der interpretative Ansatz konstatiert für die Ebene der Implementation, dass die Bedeutung von Policies zwischen Entscheidungsträgern und den policy-implementierenden Akteuren nicht geteilt werden müsse. Die Bedeutung einer

Policy entstehe erst im Kontext, nicht nur durch die expliziten Worte der Gesetzgebung, sondern auch durch Wissen und Werte, die die Implementierenden mitbringen sowie durch das Milieu, in dem die Umsetzung stattfindet. Gleiches wird von den Autorinnen und Autoren auch für die handlungsleitenden Eigenschaften von Institutionen und Strukturen konstatiert: Das Spektrum der Handlungsalternativen ist nicht institutionell, ökonomisch und sozialstrukturell vorgegeben, es muss erst durch die Deutungsleistungen des Akteurs selbst konstruiert werden (Nullmeier 1993, S. 176).

Kritik

Wagenaar (2007, S. 434) wirft Dvora Yanow und hermeneutischen Zugängen insgesamt einen Bedeutungsrealismus (*meaning realism*) vor. Entgegen gegenteiliger Verlautbarung, dass Policy-Dokumente keine einheitliche Bedeutung besäßen (siehe oben), werde doch von der Annahme ausgegangen, dass Bedeutung unabhängig vom Beobachtenden schon existiere und nur mit Hilfe streng methodischer Vorgehensweise aufgedeckt werden müsse. Bedeutung entsteht hier nicht in der Interaktion, sondern ist vorgeordnet, ebenso wie die Subjekte, die diese Bedeutung in ihren Beweggründen, Überzeugungen oder Wünschen produzieren (Braun 2014, S. 86). Es müsse demnach eine erkennbare, monolithische Bedeutung geben, die der Forschende erkennen könne. Bedeutung werde objektiviert: Wenn es die Aufgabe von Forschung sei, Bedeutungen „klarzustellen" oder „Verzerrungen" aufzudecken, unterstelle dies die Möglichkeit unverzerrter Realitätsrepräsentation. Dies räume wenig Spielraum für Ambiguität, Unbestimmtheit, Macht und Konflikt ein, denn der Fokus liege auf der Repräsentation von Bedeutung und nicht auf deren Produktion in konflikthaften politischen Auseinandersetzungen (Wagenaar 2007, S. 435; Braun 2014, S. 86).

3.4 Diskurse im Verständnis der interpretativen Policy-Analyse

Während die Öffnung der US-amerikanischen Policy-Forschung für Formen der Konstruktion von Wirklichkeit mit einer Etablierung des Diskursbegriffes einhergegangen ist, hat sich die Inspiration der kulturalistischen Wende in der deutschsprachigen Disziplin zunächst eher unter den Schlagworten „Wissen" und „Ideen" niedergeschlagen (Kerchner und Schneider 2006, S. 11; Nullmeier 2001, S. 286, siehe Kap. 2, für das Folgende siehe auch Münch 2010, S. 118–119). Der inflationäre Gebrauch des Diskursbegriffes in der Alltagssprache hat nicht nur in der deutschen Politikwissenschaft, sondern auch in ihren Nachbardisziplinen zur Skepsis gegenüber sprachbasierten Verfahren beigetragen. Die Besonderheit für die Politikwissenschaft besteht indes darin, dass sich die systematische Rezeption von Diskursanalysen noch bis in das neue Jahrtausend hinein weitgehend in der Konstituierungsphase befand. Verschiedene Gründe sind für die weitgehende Vernachlässigung verantwortlich:

- Zum einen gelten die deutschen Politikwissenschaftlerinnen und Politikwissenschaftler generell als „Methodenmuffel" (von Alemann und Tönnesmann 1995, S. 18). Nullmeier konstatiert eine „hohe Abstinenz gegenüber Methodenreflexion jenseits der Wahl- und Einstellungsforschung" (Nullmeier 2001, S. 285).
- Hinzu kommt im Gegensatz zur Soziologie eine geringere Vernetzung mit Disziplinen wie Sprachwissenschaft und Ethnologie, in denen sich diskursanalytische Verfahren schon länger etabliert haben (Nullmeier 2001, S. 285).
- Nullmeier nennt ferner die geringe Rezeption der weiter oben dargestellten post-positivistischen Ansätze (Nullmeier 2001, S. 285).
- Des Weiteren machen die Herausgeberinnen einer Einführung zur Foucault-Rezeption in der Politikwissenschaft eine disziplinspezifische Foucault-Rezeption für den Nachholbedarf verantwortlich, da dieser in der Politikwissenschaft lange als Machttheoretiker und in geringerem Maße mit seinen Arbeiten zu Diskursen wahrgenommen worden sei (Kerchner und Schneider 2006, S. 11).

Es bleibt jedoch unklar, wie die Wahrnehmung der relevanten Akteure und ihre Kausalannahmen bei der Konstruktion und politischen Bearbeitung von Problemen, also „Ideen" und „Wissen", empirisch erfasst werden sollen, wenn nicht über eine Analyse des Gesagten in Form einer Diskursanalyse.

3.4.1 Definition und Abgrenzung des Diskurs-Begriffs

Der Begriff Diskursanalyse ist vielfältig: Er bezeichnet nicht nur die Interpretation sozialer Makro-Diskurse, sondern auch die Analyse konkreten Sprachgebrauchs einschließlich linguistischer Pragmatik und ethnomethodologischer Konversationsanalyse (Keller 2005a: Abs. 1). Dies liegt zum Teil an einer unterschiedlichen Konnotation in verschiedenen Sprachen: Während *discourse* im angelsächsischen Raum ein einfaches Alltagsgespräch bezeichnet, steht er in den romanischen Sprachen für gelehrte Rede und wird als Erscheinungs- und Zirkulationsform des Wissens analysiert (Keller 2005b, S. 95).

3.4 Diskurse im Verständnis der interpretativen Policy-Analyse

Exkurs: Michel Foucaults Grundlegung der Diskursanalyse

An die Verknüpfung von Diskursen und Wissen knüpfen insbesondere die älteren Arbeiten von Michel Foucault[5] an, in dessen Diskursbegriff an dieser Stelle in stark verkürzender und vereinfachender Weise eingeführt werden soll. Eine knappe Zusammenfassung kann dem Facettenreichtum seines Werkes einerseits und der kontinuierlichen Weiterentwicklung von Themen und Begrifflichkeiten im Laufe seiner Schaffenszeit andererseits kaum gerecht werden. Da seine Konzepte in der interpretativen Policy-Analyse eher in einer „Light"-Version[6] Verwendung finden (Wagenaar 2011, S. 117), soll dieser Versuch hier unternommen werden.

Foucaults Werk bewegt sich entlang dreier Achsen, nämlich entlang der Themen Wissen, Macht und Selbstverhältnisse. Dieses Schema wird häufig noch chronologisch geordnet (zur Kritik siehe Gehring 2004, S. 10), wobei im Folgenden vor allem die erste Phase im Fokus steht:

- die archäologische Phase mit Untersuchungen zu Wissens- und Denksystemen in „Wahnsinn und Gesellschaft" (1973a [1961])[7], „Die Ordnung der Dinge" (1971 [1966]) oder der „Archäologie des Wissens" (1973b [1969]);
- die genealogische Phase der Machtanalysen in „Überwachen und Strafen" (1976 [1975]) und schließlich
- die Wende zum Subjekt und den Technologien des Selbst in den letzten beiden Bänden der „Histoire de la sexualité" (1986a [1984], 1986b [1984]) (Deutsch: „Sexualität und Wahrheit") (Sarasin 2010, S. 12).

Foucaults Arbeiten entwerfen eine antiessentialistische Alternative zur Phänomenologie sowie zum Marxismus. Sie sind damit durch ein Misstrauen

---

[5] Für eine umfassende Foucault-Einführung sei auf Gehring 2004 und Sarasin 2010 verwiesen.

[6] Aus diesem Grund wird Foucault auch an dieser Stelle als Urvater sehr verschiedener Varianten von Diskurs-Analyse vor die Klammer gezogen und nicht unter dem Abschnitt zur poststrukturalistischen Policy-Analyse behandelt. Obgleich Foucault oftmals als poststrukturalistisch eingeordnet wird, beziehen sich die Arbeiten der sich selbst so etikettierenden poststrukturalistischen Diskursanalyse innerhalb der Policy-Analyse überwiegend auf andere Werke als auf seine.

[7] Die Jahreszahlen beziehen sich auf die deutsche Erstausgabe, die Angabe in den eckigen Klammern auf das französische Original.

gegenüber einer transzendentalen Subjektivität einerseits und gegen die vor-urteilende „Hermeneutik des Verdachts" (Ricoeur) geprägt, die immer nur das Wirken der Produktions- und Klassenverhältnisse unterstellt (Keller 2005b, S. 125).

In seinem archäologischen Werk steht Foucault im Zeichen der Épistémologie, einer spezifisch französischen Ausprägung der Wissenschaftsphilosophie. Den Begriff Archäologie, so erläutert er, nutze er als Wortspiel für die Beschreibung des Archivs. Unter dem Archiv wiederum verstehe er „all die in einer Kultur gesagten Dinge, die aufbewahrt, als wertvoll erachtet, wiederverwendet, wiederholt und verändert worden sind" (Foucault 2009a, S. 350). Im Zeichen des strukturalistischen Zeitgeists veröffentlicht er 1966 die „Ordnung der Dinge". Dabei zeichnet er für Renaissance, Aufklärung, Romantik und Moderne spezifische sich ablösende Wissensordnungen, sogenannte „episteme", nach (Keller 2005b, S. 103). Indem er epistemische Formationen herauspräpariert, verfolgt er nicht einfach eine sich wandelnde Rationalität oder sich wandelnde Ideen, sondern zeichnet die sich ändernden Gesichter der Wissensordnungen nach und stellt heraus, wie fundamental sich diese in verschiedenen Epochen unterscheiden (Gehring 2004, S. 48). Diese historisch spezifische Erkenntnislogik oder Wissensordnung legt er am Beispiel der Disziplinen Biologie, Ökonomie und Sprachwissenschaft frei. Mit deren Wandel ändert sich mehr als der Kenntnisstand eines Fachgebietes, es ändert sich ein ganzes Wirklichkeitsmuster (Gehring 2004, S. 51; Sarasin 2010, S. 71), das Verständnis dessen, was als natürlich und selbstverständlich erscheint. In der „Archäologie des Wissens" präzisiert Foucault (1973b) sein Vorgehen und ersetzt den Begriff der Episteme durch den Begriff Diskurs. Die zentralen Fragen seiner Diskursanalyse lauten, warum dies und nicht etwas anderes gesagt wurde, warum es diese Ordnung der Aussagen und nicht eine andere gibt, warum nur dies gesagt wurde und nicht so viel anderes, was das „endlose Spiel der Zeichen" ermöglichen würde (Sarasin 2010, S. 64).

Sein Diskurskonzept ist anti-hermeneutisch, denn für ihn gibt es Ordnungsmuster, die nicht auf das Bewusstsein zurückgeführt werden können (Sarasin 2010, S. 105). Die Frage, die er stelle, sei die nach den Ereignissen, führt er 1968 in einem Interview aus:

> [D]as Existenzgesetz der Äußerungen, das, was sie möglich gemacht hat – sie und keine anderen an ihrer Stelle; die Bedingungen ihres singulären Auftretens; ihre Verbindung mit anderen früheren oder gleichzeitigen, diskursiven oder nichtdiskursiven Ereignissen. Auf diese Frage versuche ich indes zu

3.4 Diskurse im Verständnis der interpretativen Policy-Analyse

> antworten, ohne mich auf das verschwommene oder explizite Bewusstsein der sprechenden Subjekte zu beziehen; ohne die Diskurstatsachen auf den – vielleicht unfreiwilligen – Willen ihrer Urheber zu beziehen; ohne diese Intention des Sprechens zu beschwören (…). (Foucault 2009a, S. 51)
>
> Foucault (1973b, S. 74) fasst Diskurse als Praktiken, die „systematisch die Gegenstände bilden, von denen sie sprechen." Die Konstellation verschiedener Praxisformen nennt Foucault Dispositiv. Dies bezeichnet das Geflecht der kombinierten Diskurs- und Machtstrukturen, die Strukturen des Sprechens, die mit institutionellen, politischen und ökonomischen Verhältnissen korrespondieren und eine kohärente Praxis ermöglichen (Sarasin 2010, S. 103).
>
> Foucault-Anhänger nutzen den Diskurs-Begriff daher meist nicht in einem engen Sinne von Text, sondern beziehen ihn eher auf die Makro-Ordnung von strukturellen Diskursordnungen, die über längere Zeit hinweg vergleichsweise stabil sind (Mottier 2002, S. 59). Viele Diskursanalysen, gerade auch diejenigen innerhalb der Policy-Forschung, nutzen zwar Foucaults Begrifflichkeit, teilen aber nicht zwangsläufig seinen Fokus auf die Makro-Ebene. Dies kann zu Missverständnissen führen, wenn empirischen Arbeiten, die sich als Diskursanalyse bezeichnen, automatisch die Suche nach solchen abstrakten Wissensordnungen unterstellt wird, obwohl sie möglicherweise viel kleinteiliger einzelne Problemerzählungen in eng begrenzten Politikfeldern rekonstruieren.

Heterogen wie der Diskursbegriff selbst sind auch die Zielsetzungen, Forschungsinteressen und -fragen sowie methodologischen Zuschnitte, die mit der Diskursanalyse in der Policy-Forschung verbunden sind. Den Autorinnen und Autoren ist dabei in der Regel eine konstruktivistische Ausgangsposition gemein, die den weltkonstituierenden Charakter der Sprache in diskursiven Praktiken betont; ebenso ein post-positivistisches, deskriptiv-rekonstruktives Vorgehen,

> das auf klassische Erklärungen durch unabhängige Variablen verzichtet, die verschiedenen Elemente und Dimensionen des Gegenstandsbereichs als sich wechselseitig konstituierend und stabilisierend bestimmt und sich nicht zuletzt auch zur Unhintergehbarkeit von Interpretationsprozessen bekennt (Keller et al. 2004, S. 10–11).

Die Arbeiten rekonstruieren, wie bestimmte Deutungen als mehr oder weniger kollektiv verbindlich institutionalisiert und damit als legitim festgeschrieben werden (vgl. Schwab-Trapp 2004, S. 170).

Während „Diskurs" im deutschen Alltagsverständnis oft als thematisch bezogene öffentliche Auseinandersetzungen gefasst wird, herrscht in der Politikwissenschaft ein Konzept vor, das an der inhaltlichen Einheit des durch den Diskursbegriff Bezeichneten festhält. Nicht alles, was gesagt wird, ergibt in diesem Verständnis gleich einen Diskurs (Nullmeier 2001, S. 292). „Diskurs" bezeichnet nicht nur ein System von Worten, sondern eine Einheit, die in sozialen, ökonomischen oder politischen Kontexten existiert (Gottweis 2006, S. 471).

> A discourse, in this respect, is not just any collection of words or sentences. Rather it is an integration of sentences – spoken or written – that produces a meaning larger than that contained in the sentences that compose according to distinct *patterns* of reasoning. Physics, for example, is one kind of discourse; social science another; and law still another. (Fischer 2003, S. 74)

Diskurse stabilisieren – zumindest auf Zeit – Bedeutungszuschreibungen und Sinn-Ordnungen und institutionalisieren dadurch eine kollektiv verbindliche Wissensordnung in einem sozialen Ensemble (Keller 2004b, S. 7). Eine Analyse sucht dementsprechend den „Gleichklang der Motive und Themen sowie ein übergeordnetes Bedeutungsschema" durch den Vergleich verschiedener Textsorten und Datenträger (Blatter et al. 2007, S. 78). Von der Inhaltsanalyse unterscheidet sich die Diskursanalyse durch ihre spezifische perspektivische Kontextualisierung der analysierten Materialien. Die Bedeutung eines Textes kann nur erkannt werden, wenn er als Bruchstück eines gesellschaftlichen Verständigungsprozesses wahrgenommen wird (Waldschmidt 2004, S. 156). Im Gegensatz zur Inhaltsanalyse handelt es sich nicht um die Analyse von manifesten Texteigenschaften. Stattdessen versucht die Diskursanalyse rekonstruierend von einer Materialmenge auf eine latente, soziohistorisch systematische Wissenspraxis zu schließen (Diaz-Bone 2006, S. 76–77). Diskurs geht aber nicht in Text auf, wie die poststrukturalistische Policy-Forschung betont:

> For example, the discourse of new public management in the United Kingdom is not exhausted by the ‚talk' or language of new public management as it is expressed in policy guidance, ministerial speeches, or managerial textbooks. It includes a diverse array of actions and practices such as the measurement technologies of performance, the coaching practices of transformational leadership, the conventions and tasks of project management, and the competition of quasi-markets across the public sector. (Howarth und Griggs 2012, S. 308)

Mit dieser Erweiterung des Diskursbegriffs wird zugleich sein materieller Charakter unterstrichen, eine Unterscheidung zwischen objektivem Feld „draußen" und dem Diskurs als bloßer Gedankenäußerung würde hier keinen Sinn ergeben (Hansen 2006, S. 21).

3.4 Diskurse im Verständnis der interpretativen Policy-Analyse

Während für manche Kritikerinnen und Kritiker die Diskursanalyse eine Abkehr von normativen oder demokratietheoretischen Prinzipien darstellt (Kerchner 2006, S. 34), scheint der interpretativen Policy-Analyse die Diskursanalyse als kritische Methode besonders geeignet, um zu zeigen, wie Policy-Initiativen von einer sozialpathologisierenden Problemkonstruktion begleitet werden. In positivistischer Sicht sind Policy-Dokumente unproblematische, eindeutige Quellen, um Policy-Probleme zu identifizieren und Lösungen zu unterbreiten. Kritische Untersuchungen zeigen hingegen, wie Sprache zur Konstruktion selektiver Darstellungen genutzt wird oder als Teil einer auf Überzeugung ausgerichteten Strategie zu verstehen ist, die darauf abzielt, die Leserinnen und Leser von der Angemessenheit der Policy-Reaktion zu überzeugen (Hastings 2000, S. 137). Die Diskursanalyse möchte dann zeigen, welches Wissen als wirklich behauptet wird und durch welche Deutungsschemata, Argumentationsmuster und Wertungen dies geschieht bzw. welche Ausschließungen anderer Deutungen durch den Diskurs vorgenommen werden. Es ist zudem zu klären, inwiefern die Problemkonstruktionen zum erklärenden Verständnis von konkreten Policies sowie deren Implementation und Evaluation beitragen können (vgl. Keller und Viehöver 2006, S. 109). Wie bereits unter 1.5 erläutert, unterscheiden sich die post-positivistischen Arbeiten, die den Diskursbegriff verwenden, dahingehend, ob der Diskurs als gezielte Ressource im Kampf um Bedeutung beeinflusst werden kann oder ob die Subjekte ihm nachgeordnet sind.

Ein weiterer Klärungsbedarf der Diskursanalyse besteht in der forschungspraktischen Umsetzung (Keller und Viehöver 2006):

- Wie grenzt man das Material ein? Geht es um das Nachzeichnen einer öffentlichen Debatte, um die durch Medien transportierten Deutungsmuster, um Parlamentsdebatten oder die impliziten Argumentationsmuster innerhalb einzelner Programmentwürfe oder Policy-Dokumente? Eine Eingrenzung der Datenerhebung kann etwa durch die Festlegung der Kommunikationsbereiche (wissenschaftlich oder öffentlich), des Teildiskurses (beispielsweise Klimawandel oder Ozonabbau) sowie der Textsorte (Zeitungsartikel oder Protokolle) erfolgen (Viehöver 2004, S. 243).
- Wie werden Kontextinformationen gewonnen? Geschieht dies über Sekundärliteratur, durch „Helikopterinterviews" mit Personen, die einen Überblick über den Bereich besitzen (Hajer 2008, S. 221) oder durch vorherige Erfahrungen „im Feld" (Yanow und Schwartz-Shea 2006, S. xvi)?
- Wie wird der Diskurs rekonstruiert? Geht es darum, im Sinne einer „Diskursethnographie" (Keller 2005b) den Verlauf einer Debatte und die verschiedenen widerstreitenden Positionen nachzuzeichnen, oder wird versucht, kategorienge-

leitet das jeweilige Interpretationsrepertoire an einem bestimmten Ort zu einem bestimmten Zeitpunkt aufzudecken? Dies könnte etwa durch konkrete Fragen an das Material erfolgen, wie danach, wem oder was eine Schuld am beobachteten Problem zugeschrieben wird, wer diskursiv als Problemlöser legitimiert wird etc.

Zur Erhellung dieser forschungspraktischen Fragen sei insbesondere auf die Arbeiten von Reiner Keller (2004a, 2005b) und seine „Wissenssoziologische Diskursanalyse" verwiesen. Dieses Programm weist eine hohe Nähe zur interpretativen Politikfeldanalyse auf (Rüb 2006, S. 345).

3.4.2 Policy-Diskurse nach Maarten Hajer

Eine im engeren Sinne eigenständige „politikwissenschaftliche Diskursanalyse" hat nach Einschätzung von Frank Nullmeier (2001, S. 289) „vielleicht am ehesten Maarten Hajer vorgelegt". Hajer (2002, S. 63) definiert Diskurs als ein Ensemble von Ideen, Konzepten und Kategorien, durch die einem Phänomen Bedeutung gegeben wird. Von den Begriffen Diskussion und Deliberation grenzt er den Diskurs wie folgt ab: Diskussionen sind das Objekt der empirischen Analyse einschließlich der Schauplätze, an denen die Diskussion stattfindet. „Diskurs" hingegen bezeichnet ein bestimmtes Muster, das über Diskussionen hinweg gefunden wird – der Begriff Diskurs ist daher für dasjenige reserviert, was vom Forschenden aufgedeckt wird. Der Ausdruck „Deliberation" schließlich bezeichnet eine bestimmte Qualität einer Diskussion oder Debatte. Sie ist charakterisiert durch Offenheit, Gegenseitigkeit und Rechenschaft (Hajer 2002, S. 64).

Hajer (2002, S. 62) geht besonders offensiv mit der Herausforderung um, außersprachliche Elemente einzubeziehen, nämlich Wege zu finden, die Analyse der diskursiven Produktion von Realität mit der Analyse der sozio-politischen Praktiken zu verbinden, aus denen soziale Konstrukte entstehen und in die Akteure involviert sind. Eine zentrale Frage lautet für ihn, was der spezifische historische, kulturelle und politische Kontext ist, innerhalb dessen ein bestimmtes Verständnis von „Wahrheit" entsteht (Hajer und Versteeg 2005, S. 176). Damit grenzt er sich von einer Diskursanalyse ab, die Politikanalyse im Sinne quasi-autonomer pragmatisch-linguistischer Sprachspiele betreibt, die weitgehend unabhängig sind von den sozialen Praktiken, aus denen sie hervorgehen (Hajer 2004, S. 274).

Hajer (1993, 1995, 2002, 2003, 2004) plädiert für eine mehrstufige Vorgehensweise, die neben der Sprach- und Textanalyse auch die diskursspezifischen Akteurskonstellationen analysiert. Dafür führt er das Konzept der Diskurskoalitionen

3.4 Diskurse im Verständnis der interpretativen Policy-Analyse

ein als „a group of actors who share (…) an ensemble of ideas, concepts, and categories through which a given phenomenon is politically framed and given social meaning" (Fischer und Forester 1993b, S. 8–9; zu Diskurskoalitionen siehe auch 4.5). Hajers Diskursanalyse (2002, S. 103–105) umfasst drei Elemente:

1. Der erste Schritt beinhaltet die Untersuchung der sprachlichen Ebene des Policy-Diskurses. Dieses Aufweisen von Bedeutungsstrukturen zielt vor allem darauf ab, Einseitigkeit in den Diskussionsbeiträgen und Programmformulierungen zu dokumentieren. Damit wird aber nicht die Position vertreten, dass Diskurse sich einfach für die Realisierung vorgegebener, objektiver Interessen der Akteure instrumentalisieren lassen. Im Gegenteil muss davon ausgegangen werden, dass Interessen erst im Diskurs durch die Zuteilung von Positionen und Erzählfäden entstehen bzw. eingenommen werden (Blatter et al. 2007, S. 102). In späteren Texten schlägt Hajer für diesen ersten Punkt drei Unterschritte vor: erstens die Analyse von *storylines*, Mythen und Metaphern im Diskurs, zweitens die Untersuchung des Policy-Vokabulars und drittens die Rekonstruktion von epistemischen Grundüberzeugungen. *Storylines* stellen in der Policy-Debatte Verbindungen zwischen einzelnen Argumenten und Sachverhalten her und machen die Verdichtung einer komplexen Problemmaterie auf einzelne Begriffe oder Leitsätze möglich (Schneider und Janning 2006, S. 181). Mit dem Begriff der *storyline* als generative und stark kondensierte Form eines Narrativs entfernt sich Hajer von den stärker literaturwissenschaftlich orientierten Erzähltheorien. Nach Einschätzung von Gottweis (2006, S. 470) weist der Begriff Ähnlichkeiten zu Laclau und Mouffes Kernbegriff des *empty signifier* ohne dichte Bedeutung auf (siehe 3.4.3). Die zweite Stufe, die Untersuchung des konkreten Policy-Vokabulars, „refers to sets of concepts structuring a particular policy, consciously developed by policymakers" (Hajer 2003, S. 105). Gemeint ist die Beschäftigung mit wissenschaftlichen Ansätzen und Erklärungsmodellen, die die Policy-Akteure zur Legitimation ihrer Vorschläge und Sichtweisen heranziehen. Die dritte Schicht, die epistemischen Grundüberzeugungen, betrifft demgegenüber noch grundlegendere und kaum offen zugestandene Leitbilder und Denkstrukturen, die bei der Wahrnehmung eines Problems und beim Erwägen potenzieller Problemlösungen zum Tragen kommen (Blatter et al. 2007, S. 101).
2. Über diese sprachliche Dimension geht Hajer (1993, 1995) mit seinem zweiten Untersuchungselement, der Analyse der Formation von Diskurskoalitionen, hinaus. Politischer Wandel wird bei ihm als Folge einer Veränderung in den Diskurskoalitionen interpretiert (ausführlich siehe 4.5). Nach Hajer bilden Akteure aus verschiedenen sozialen Zusammenhängen eine Koalition, die versucht, eine

bestimmte Definition eines Problems mit Hilfe von narrativen Darstellungen – *Storylines* – gegenüber anderen Problembeschreibungen durchzusetzen. Diskurskoalitionen sind dann erfolgreich, wenn sie nicht nur den diskursiven Raum um ein Problem dominieren, sondern ihre Problemwahrnehmung auch im Feld institutionalisiert wird, sie also Erfolg auf der materiellen Ebene der Problembearbeitung vorweisen können (Saretzki 2003, S. 412). Es ist jedoch fragwürdig, wie plausibel behauptet werden kann, dass sich einige Deutungen gegenüber anderen durchsetzen. Hiermit ist ein verbreiteter Vorbehalt gegenüber Diskursanalysen angesprochen: Hajers erste Komponente, die die kollektive Reichweite einer spezifischen Problemdeutung benennt, mit der Argumente benutzt werden, ist insofern problematisch, als sich Hajer doch qualitativer Verfahren bedient, die die Einschätzung dessen, welcher Diskurs dominant ist, allein der Wahrnehmung des Autors überlassen. Dennoch impliziert sie eine Operationalisierung als Häufigkeit (vgl. Schwab-Trapp 2004, S. 179).

3. Der dritte Untersuchungsschritt bezieht sich auf die institutionellen Praktiken. Zentral für die argumentative Diskursanalyse, wie Hajer sie entwickelt, ist die Forderung, sie nicht in Abgrenzung zu einer institutionellen Analyse zu verstehen. Nach seiner Definition ist Diskurs kein Synonym für Diskussion; die argumentative Diskursanalyse beschränkt sich nämlich nicht auf die Analyse des Gesagten. Explizit durch Foucault inspiriert, strebt sie danach, die institutionelle Dimension des Diskurses herauszuarbeiten. Sie untersucht, wo die Dinge gesagt werden, wie spezifische Sichtweisen in einer Gesellschaft strukturiert oder eingebettet werden können, während sie zugleich die Gesellschaft selbst strukturieren (Hajer 2004, S. 289).

Kritik

Schneider und Janning (2006, S. 183) weisen auf die Grenzen der Diskursanalyse am Beispiel von Hajers (1995) Fallstudien zur niederländischen Umweltpolitik hin: Da der dominante umweltpolitische Diskurs so diffus war, konnten Regierungen mit unterschiedlicher Programmorientierung ihr Vorgehen darüber legitimieren, dabei aber unterschiedliche Instrumente einsetzen und verschiedene Ziele verfolgen. Der Diskurs der „ökologischen Modernisierung" dominierte zwar die Diskussion, ohne jedoch deutliche Spuren auf der Ebene konkreter Maßnahmen zu hinterlassen. „Für Dryzek zeigt sich an diesem Beispiel, dass bestimmte Diskurse von politischen Akteuren auch instrumentell genutzt werden können – was voraussetzt, dass die Interessen der betreffenden Akteure von diesen Diskursen unabhängig sind", also doch nicht erst im Diskurs entstehen, wie dies eine poststrukturalistische Sicht nahelegen würde (Maier 2001, S. 525). Hiermit verbunden ist die Frage, ob sich Diskurse also doch für die Interessen der Akteure instrumen-

3.4 Diskurse im Verständnis der interpretativen Policy-Analyse

talisieren lassen, beziehungsweise wann wir es mit tatsächlichen Deutungsmustern der Akteure zu tun haben und nicht eher mit Rechtfertigungen oder der Verschleierung eigentlicher Beweggründe. Dieser Einwand ist jedoch nicht ganz zielführend, da aus poststrukturalistischer Sicht davon ausgegangen wird, dass es durchaus Interessen gibt, diese aber erst im Diskurs entstehen (s.o.). Die Diskursanalyse geht über die Zuschreibung objektiver Interessen hinaus und begreift Diskurse als Möglichkeitsraum. Die Frage lautet dann eher, welche Interessen Anerkennung finden und welche nicht:

> The disciplinary force of discursive practices often consists in the implicit assumption that subsequent speakers will answer within the same discursive frame. Even if they do try to challenge the dominant story-line, people are expected to position their contribution in terms of known categories. (Hajer 1995, S. 57)

Ein weiterer Kritikpunkt ist mit epistemologischen Brüchen verbunden, die in Hajers Werk durchscheinen und wohl stellvertretend für zahlreiche diskursanalytische Zugänge sind. Maarten Hajer positioniert sich einerseits als Vertreter der interpretativen, sozialkonstruktivistischen Tradition (Hajer und Versteeg 2005, S. 176). Dementsprechend unterstreicht er, dass seine Diskursanalyse nicht verstanden werden sollte als eine Analyse, in der Akteure keine wichtige Rolle spielten. An anderer Stelle bezieht Hajer (2004, S. 289) jedoch seinen Zugang ausdrücklich auf Foucault und unterschlägt dabei die Differenzen zwischen einem hermeneutischen im Gegensatz zum poststrukturalistischen Umgang mit Aussagen und Äußerungen. Dabei bestehen aus methodologischer Sicht schwerwiegende Differenzen zwischen interpretativ-hermeneutischen Sozialforschung und der Diskursanalyse nach Foucault, die ein deutlich strukturalistisches Erbe aufweist (Kerchner 2006, S. 56; siehe auch Münch 2010, S. 90–92).[8]

3.4.3 Poststrukturalistische Policy-Analyse

Während poststrukturalistische Ansätze im Gründungsband des *argumentative turn* (Fischer und Forester 1993a) nur schwach vertreten waren, hat sich das Spektrum innerhalb der interpretativen Policy-Analyse mittlerweile um diese Strömung erweitert (Braun 2014, S. 82). Auch wenn die sich so verstehenden Arbeiten durch ein Desinteresse am zentralen Anliegen der klassischen Hermeneutik, dem Ver-

---

[8] Im Prinzip betreibt Hajer damit den gleichen Versuch, den Reiner Keller (2005b) in seiner Entwicklung einer wissenssoziologischen Diskursanalyse explizit hat, in der er die hermeneutische Wissenssoziologie mit Foucault zu verknüpfen sucht, wobei er von einer „Übersetzung" zwischen Theoriesprachen spricht.

ständnis des subjektiv gemeinten Sinns, auszeichnen (Hülsse 2003, S. 227), werden sie unter dem Dach der interpretativen Policy-Analyse doch durch eine gemeinsame Philosophie zusammengehalten.

Als poststrukturalistische Policy-Forschung verstehen sich verschiedene Zugänge, die wie andere interpretative Arbeiten den Fokus darauf legen, wie durch Bedeutung menschliche Handlungen und soziale Institutionen im *policy-making* geprägt werden. Gleichermaßen sind die Arbeiten daran interessiert, wie Bedeutung durch rivalisierende politische Kräfte in bestimmten *policy settings* kreiert und in Frage gestellt wird, und wie diese *settings* sich zu weiteren gesellschaftlichen Systemen und Machtverhältnissen verhalten (Howarth und Griggs 2012, S. 306). Dabei geht es den poststrukturalistischen Policy-Analysen vor allem um Praktiken der Artikulation[9] als Möglichkeitsbedingung des Kampfes um politische Hegemonie. Die soziale und politische Realität wird als radikal konstruiert, kontingent und unabschließbar begriffen. Die Aufgabe der Analyse besteht in der Destabilisierung der vermeintlichen Abschließbarkeit der sozialen Welt (Braun 2014, S. 96).

In den folgenden Abschnitten sollen die zentralen Schlüsselbegriffe einer poststrukturalistischen Policy-Analyse vorgestellt und erläutert werden. Da der Ansatz maßgeblich durch das Werk von Ernesto Laclau und Chantal Mouffe (1985) gespeist wird, deren Werk je nach Gewichtung als Diskurs- oder als Hegemonietheorie oder als Theorie radikaler Demokratie rezipiert wird (Nonhoff 2007, S. 7), geht der Analyserahmen deutlich über eine Policy-Forschung im engeren Sinne hinaus. Auch wenn die beiden Autoren mehrfach für sich reklamiert haben, Diskurstheoretiker zu sein, handelt es sich vor allem um eine Sozialtheorie und Politische Theorie, „die das Soziale im Modus der Diskursivität verfasst sieht" (Nonhoff 2007, S. 8). Die auch als *Political Discourse Theory* (PDT) bezeichnete Strömung ist aus Versuchen von Laclau und Mouffe (1985) hervorgegangen, inspiriert durch Antonio Gramsci und Louis Althusser einerseits und poststrukturalistische Überlegungen zur Rolle von Sprache andererseits, dem Klassenreduktionismus und ökonomischen Determinismus marxistischer Theorien zu beggnen. Seither sind zahlreiche, vor allem theoretische Schriften entstanden, die zuweilen als *Essex School* bezeichnet werden, da die meisten ihrer Vertreter wie Aletta Norval, Jason Glynos und David Howarth an der dortigen Universität beschäftigt waren

---

[9] Bei der „Artikulation" handelt es sich um eine Kategorie im Rahmen einer dialektisch-relationalen Sicht des Sozialen und des sozialen Wandels, die Relationen stärker gewichtet als Einheiten. Einheiten werden durch Netzwerke von Relationen konstituiert, die sie in bestimmten Arten zusammen artikulieren. Sozialer Wandel wird als Prozess der Disartikulation bestehender Artikulationen verstanden und als deren Reartikulation, also als Positionierung in neuen Netzwerken der Relationen (Fairclough 2005, S. 68).

oder sind. Insbesondere die älteren Arbeiten zeichnen sich durch ein sehr hohes Abstraktionsniveau und einen nicht immer leicht nachvollziehbaren, mit vielen Neologismen operierenden Schreibstil aus, der sich in den folgenden Abschnitten schwer vermeiden lässt.

Diskursverständnis der poststrukturalistischen Policy-Analyse
Welches Diskursverständnis liegt den poststrukturalistischen Arbeiten also genau zugrunde? Die poststrukturalistische Policy-Forschung fasst politische Programme wie beispielsweise soziale Inklusion, *New Public Management*, aber auch Institutionen und Verwaltungssysteme als mehr oder weniger sedimentierte Diskurssysteme. Diskurse sind in dieser Perspektive partiell fixierte Systeme von Regeln, Normen, Ressourcen, Praktiken und Subjektivitäten, die politisch durch die Konstruktion sozialer Antagonismen, also das Ziehen politischer Grenzen konstituiert werden (Howarth und Griggs 2012, S. 307).

Ein solches Diskursverständnis beinhaltet drei Dimensionen: Zum einen erweitern poststrukturalistische Arbeiten den Diskursbegriff über „texts and talks in context" hinaus auf soziale Handlungen und politische Praktiken. Somit sind alle Objekte und sozialen Praktiken insofern diskursiv, als ihre Bedeutung von ihrer Artikulation innerhalb sozial konstruierter Systeme von Regeln und Unterscheidungen abhängt (Howarth und Griggs 2012, S. 308). Die poststrukturalistische Diskurstheorie geht nicht davon aus, dass alles Sprache sei, sondern konstatiert, dass die Eigenschaften von Sprache für alle bedeutungsvollen Strukturen gelten. Auch Institutionen wie Staaten können gefasst werden als mehr oder weniger sedimentierte Systeme von Diskurs, also als partiell fixierte Systeme von Regeln, Normen, Ressourcen, Praktiken und Subjektivitäten, die auf bestimmte Weisen verbunden sind.

> This idea of the discursive as a horizon of meaningful practices and significant differences does not reduce everything to language or entail scepticism about the existence of the world. On the contrary, it circumvents scepticism and idealism by arguing that we are always internal to a world of signifying practices and objects. In other words, to use Heidegger's terminology, human beings are ‚thrown into' and inhabit a world of meaningful discourses and practices, and cannot conceive or think about objects outside of it. (Howarth und Stavrakakis 2000, S. 3)

Zentral für dieses Verständnis von Diskurs ist das Sprachspiel nach Ludwig Wittgenstein, das dieser wie folgt illustriert: Bauarbeiter A und sein Assistent B arbeiten mit bestimmten Bausteinen. Bauarbeiter A verlangt nach Steinplatte, Pfeiler und Balken und Assistent B reicht das so Benannte an. Diese Gesamtheit aus Sprache und Handlungen, mit denen sie verwoben ist, werden als Sprachspiel bezeichnet und als Mikrokosmos für das begriffen, was als Diskurs oder diskursive Struktur bezeichnet wird (Glynos et al. 2009, S. 7). Sprache, Handlungen und Objekte sind also verflochten in dieser Vorstellung von Diskurs (Howarth und Griggs 2012, S. 308). In Anlehnung an Dryzek (1997, S. 8) ist ein Diskurs ein geteilter Weg, sich die Welt anzueignen, der denjenigen, die sich ihm verschreiben, erlaubt, Informationen zu interpretieren und diese in kohärenten Erzählungen oder Einschätzungen zusammenzufügen. Dabei geht es aber nicht nur um Repräsentationen und Bedeutungssysteme in rein kognitiver und ideeller Hinsicht: Es gibt eine ontologische Kategorie innerhalb dieser Form der Diskurstheorie, wenn es um den Charakter der Objektivität und sozialen Beziehungen geht:

> In this perspective, discourse functions as an ontological horizon, and this means that practices – and any other object which can be qualified as meaningful – are by definition discursive in character. (...) PDT is premised upon a negative ontology that foregrounds the radical contingency of social relations. By this is meant that any system or structure of social relations is constitutively incomplete or lacking for a subject. (Glynos et al. 2009, S. 9)

Zweitens geht dieses spezifische Verständnis von Diskurs auf Überlegungen des strukturalistischen Sprachwissenschaftlers Ferdinand de Saussure zur Sprache als Zeichensystem zurück. Saussure unterscheidet Signifikat, also das Bezeichnete oder den Inhalt des Zeichens, vom Signifikant, also dem Bezeichnenden. Der Zusammenhang zwischen diesen beiden, zwischen Konzept und Klang, ist arbiträr (beliebig) und durch keinerlei extralinguistische Realität garantiert. Eine Ausnahme bilden höchstens onomatopoetische, also lautmalerische Begriffe (Currie 2004, S. 9). „Form und Inhalt stehen demnach nicht in einem naturgegebenen Zusammenhang, sondern sind qua Konvention miteinander verbunden" (Wrana et al. 2014, S. 34). Dementsprechend arbiträr ist, wie Sprache die Welt aufteilt; dies wäre anders möglich und würde zu einem anderen Blick auf die Welt führen. Zudem erhält ein Zeichen oder Wort in einer strukturalistischen Vorstellung seine Bedeutung nur in der Differenz zu anderen Zeichen. Die Bedeutung ist also nicht positiv gegeben, sondern entsteht erst durch Opposition (Currie 2004, S. 2). Der Begriff Liberalismus kann beispielsweise nur in seinem Verhältnis zu Konservatismus, Sozialismus oder Faschismus verstanden werden. Dementsprechend wichtig ist es, einzelne Bedeutungen oder Identitäten stets in ihrem Kontext zu analysieren (Torfing 2005, S. 14).

Die poststrukturalistische Policy-Forschung greift diese Betonung von Differenz auf und begreift Diskurs als relationale und auf Unterscheidungen basierende Konfiguration von Elementen, die Akteure oder Subjekte, Worte und Handlungen umfassen. Diese Elemente werden unverwechselbar und verständlich im Kontext

3.4 Diskurse im Verständnis der interpretativen Policy-Analyse

einer bestimmten Praxis, in der jedes Element seine Bedeutung nur im Verhältnis zu den anderen Elementen erhält. Der Diskurs installiert damit eine bestimmte Art Kohärenz, indem benannte Dinge in ein zusammengesetztes Ganzes gebracht werden, wobei die Identitäten der Elemente sich verändern (Howarth und Griggs 2012, S. 308). Auch das bereits beschriebene Bild des Sprachspiels unterstreicht, dass Diskurse relationale Konfigurationen von Elementen sind, die Akteure (oder Subjekte), Worte und Handlungen beinhalten. Diese Elemente werden verständlich innerhalb des Kontextes einer bestimmten Praktik. Jedes Element erhält seine Bedeutung erst durch seine Beziehung zu den anderen. Dies ist nicht auf die Sphäre der Sprache beschränkt: „Auch Objekte, Subjekte, Zustände oder Praktiken ergeben erst im sozialen Relationsgefüge einen je spezifischen Sinn und sind insofern diskursiv strukturiert" (Nonhoff 2007, S. 9).

Drittens, und im Unterschied zu strukturalistischen Annahmen, wird von poststrukturalistischen Arbeiten verneint, dass diese Strukturen fixiert und geschlossen existieren könnten. Erst die vorübergehende Verfestigung in Diskursen setzt die verschiedenen Elemente in eindeutigere Beziehungen und schreibt damit Bedeutungen genauer zu. Wichtig für diese Verfestigungen sind die Knotenpunkte (*nodal points*), um die herum sich diskursive und soziale Formierungen ausbilden können. Diese Teilfixierungen gelten als Voraussetzung für Differenz und Sinnhaftigkeit (Nonhoff 2007, S. 9).

Die poststrukturalistischen Autorinnen und Autoren betonen die radikale Kontingenz und strukturelle Unentscheidbarkeit diskursiver Strukturen, da sie annehmen, dass alle Bedeutungssysteme unvollständig sind (Glynos et al. 2009, S. 8). Diskurse sind insofern unvollständige Systeme bedeutungsvoller Praxis, als sie auf dem Ausschluss bestimmter Elemente basieren. Zugleich sind diese ausgeschlossenen Elemente für die Identität des Diskurses notwendig. Der Diskurs des *New Public Management* beispielsweise basiert auf der Konstruktion von Antagonismen zur „alten Verwaltung", impliziert somit politische Grenzen zwischen Insidern und Outsidern und schließt bestimmte Praktiken und Möglichkeiten aus. Jede Identität ist charakterisiert durch das, was Ernesto Laclau als Abgrenzung gegenüber einem „konstitutiven Außen" bezeichnet (Howarth und Griggs 2012, S. 309).

Diskurse sind daher insofern kontingent und veränderbar, als sie gegenüber denjenigen politischen Kräften verletzlich sind, die in ihrer Produktion ausgeschlossen waren. Zudem können Effekte von Ereignissen außerhalb ihrer Kontrolle auf sie einwirken (Howarth und Stavrakakis 2000, S. 4). Als Dislokation wird die Störung eines Diskurses sowie die jedweder Identität innewohnende Instabilität bezeichnet, die daraus entsteht, dass sie von einem Außen bestimmt ist, das sie verneint und von dem sie sich abgrenzt (Wrana et al. 2014, S. 124). Wagenaar (2011, S. 144) illustriert dies am Beispiel eines christlichen Fundamentalisten, der

Abtreibung ablehnt und Abstinenz zur Vermeidung ungewollter Schwangerschaften propagiert: „But abstinence is by definition abstinence from something; in this case sexual activity, consummating the call of sexual desire. Through the medium of language the opposite position, that which we try to get away from, is always present, as a shadow, in our subconscious world."

Ein Diskurs nach diesem Verständnis ist ein historisch spezifisches Bedeutungssystem, das die Identität von Objekten und Subjekten formt (Howarth 2000, S. 9). Damit einher geht die Ablehnung rationalistischer Ansätze in der politischen Analyse, die unterstellen, Akteure hätten gegebene Eigeninteressen und Präferenzen (Howarth und Stavrakakis 2000, S. 6). Die Arbeiten der *Essex School* stellen die radikale Kontingenz aller sozialen Verhältnisse in den Vordergrund. Das bedeutet, dass jedes System oder jede Struktur von sozialen Beziehungen konstitutiv unvollständig ist. Aus dieser Perspektive werden Praktiken durch eine Dialektik geregelt, die definiert ist durch unvollständige Strukturen einerseits und die kollektiven Handlungen subjektiver Identifikation, die diese unvollständigen Strukturen aufrechterhalten oder verändern andererseits (Glynos et al. 2009, S. 9).

Hegemonie
Der Frage, warum sich Diskurse oder Policies verfestigen und warum andere verworfen werden, nähern sich die poststrukturalistischen Autorinnen und Autoren mit Rückgriff auf Antonio Gramsci einerseits und Ernesto Laclau und Chantal Mouffe andererseits. Sie argumentieren, dass Policy-Diskurse durch eine Vielzahl hegemonialer Operationen stabilisiert und herausgefordert werden, deren generelle Strukturen auf der Logik von Äquivalenz (der Gleichwertigkeit von Verschiedenem) und Differenz beruhen (Howarth und Griggs 2012, S. 310). Unter dem Begriff „Hegemonie" wird gefasst, wie ein Regime, eine Praxis oder Policy über Subjekte herrscht durch eine Verknüpfung von Zustimmung, Folgebereitschaft und Zwang. Ein hegemoniales Projekt muss möglichst viele Akteure an sich binden, um zu einer machtvollen Formierung zu werden. Zu diesem Zweck werden disparate Forderungen in Diskurskoalitionen zusammengefügt. Diese Form der Praxis stellt Äquivalenzen zwischen disparaten Forderungen her, indem sie politische Grenzen konstruiert, die soziale Felder in sich widerstreitende Lager teilen (Howarth und Griggs 2012, S. 318–320): „Hegemonic articulation always involves the construction of social antagonisms by posting a radical and threatening outside, which unifies and stabilises the discourse in question, while at the same time preventing its closure" (Torfing 2002, S. 55).

Im Streben nach politischer und moralisch-intellektueller Führung müssen analoge Relationen, Formen der Ähnlichkeit, zwischen verschiedenen Forderungen kreiert werden. Die Repräsentation des Allgemeinen durch einen leeren Signifikanten ist dabei ein wesentliches Kennzeichen eines jeden hegemonialen

3.4 Diskurse im Verständnis der interpretativen Policy-Analyse

Projektes. Die Bezeichnung als „leerer Signifikant" (*empty signifier*) ergibt sich aus dem Umstand, dass das Allgemeine nach strukturalistischem Verständnis nicht repräsentiert werden kann, da Bedeutung letztlich nur aus der Differenz verschiedener Elemente zueinander abgebildet werden kann. Indem also ein Signifikant die differenzbasierte Funktion der Signifikation selbst unterläuft, vollzieht er eine unmögliche Signifikation und wird als „leer" bezeichnet (Nonhoff 2007, S. 13). Diese leeren Signifikanten können zeitweilig die verschiedenen Forderungen in einer universellen, wenn auch immer prekären Einheit fixieren oder kondensieren. Beispiele hierfür sind Begriffe wie „Zivilisation", „Freiheit" und „Nation", die einen Knotenpunkt für die imaginäre Einheit eines Diskurses liefern (Reckwitz 2006, S. 345).

Ihre poststrukturalistische Lesart des Gramscianischen Hegemonie-Begriffs verbinden Howarth und Griggs mit einer vom Psychoanalytiker Jacques Lacan inspirierten *logic of fantasy*, die der Frage nachgeht, welchen Genuss Subjekte aus der Identifikation mit bestimmten Policies und Signifikanten ziehen. In dieser affektiven Dimension geht es um die Frage, warum und wie bestimmte Policies haften bleiben: Wie werden Subjekte durch bestimmte Diskurse erfasst oder wie und warum werden sie es nicht (Howarth und Griggs 2012, S. 321)? Ein zentrales Schlagwort, um dies zu erklären, ist der Begriff des Mangels. Mangel bezeichnet psychoanalytisch den Ort des Begehrens, den es symbolisch zu füllen gilt (Warna et al. 2014, S. 254). Die Diskurstheoretiker übertragen dies auf die Gesellschaft und argumentieren, dass die volle Schließung des Sozialen in keiner Gesellschaft realisiert werden könne, dass das Ideal dieser Schließung hingegen als ein (nicht zu erreichendes) Ideal fungiere. Gesellschaften seien organisiert um solche (unmöglichen) Ideale:

> What is necessary for the emergence and function of these ideals is the production of empty signifiers. Thus, the articulation of a political discourse can only take place around an empty signifier that functions as a nodal point. In other words, emptiness is now revealed as an essential quality of the nodal point, as an important condition of possibility for its hegemonic success. (Howarth und Stavrakakis 2000, S. 9)

Nach Laclau könne jeder Begriff, der in einem bestimmten politischen Kontext ein Bezeichner des Mangels werde, eine solche Rolle einnehmen (Howarth und Stavrakakis 2000, S. 9). Indem jedoch die diskursive Hegemonie stets ein „konstitutives Anderes" in ihr Außen projiziert, unterminiert sie ihren Anspruch an die eigene Allgemeingültigkeit und Alternativlosigkeit (Reckwitz 2006, S. 346).

Konkretes Vorgehen in der Policy-Analyse

Was bedeuten diese sehr abstrakten Überlegungen nun für poststrukturalistische Forschungsarbeiten zu *Public Policy*? Für Howarth und Griggs (2012, S. 309) besteht die zentrale Aufgabe darin, kritisch zu erklären, warum und wie eine bestimmte Policy formuliert, akzeptiert und implementiert wurde und nicht eine andere. Dies zieht eine Reihe weiterer Forschungsfragen nach sich: Unter welchen Bedingungen werden bestimmte Policy-Diskurse dominant oder hegemonial? Wie erfassen wir die Reproduktion und Transformation solcher hegemonialen Policy-Ordnungen und Praktiken? Wie erklären wir die Griffigkeit und Persistenz bestimmter Policy-Diskurse? Und wie werden diese dominanten Ordnungen in Frage gestellt?

Zweitens, bestehe für poststrukturalistische Policy-Forschung die Notwendigkeit, die Praktiken des *policy-making* in ihrer Relation zu weiteren gesellschaftlichen und politischen Kontexten zu betrachten. Die Analyse müsse auf verschiedenen Ebenen erfolgen, sowohl auf Ebene der Mikroprozesse einer Organisation als auch auf der Makroebene einer nationalen Regierung. Drittens, so Howarth und Griggs (2012), müsse Policy-Analyse eine kritische und normative Verpflichtung haben. Es sei die Aufgabe der Forschenden, scheinbar selbstverständliche Regime von Policy-Praktiken zu hinterfragen, indem deren spezifischen ausschließenden Logiken offenbart und alternative Deutungen vorgeschlagen werden.

Ihre Forschungsmethode bezeichnen die poststrukturalistischen Policy-Forscher als „Artikulation", verstanden als ein In-Beziehung-Setzen von Empirie und Theorie. Diese setzt sich aus fünf Schritten zusammen:

1. Problematisierung des Gegenstands,
2. Entwicklung einer retroduktiven Erklärung (als Alternative zu deduktiven und induktiven Erklärungen),
3. Herausarbeiten von konkreten Logiken,
4. konkrete Artikulation von spezifischer Empirie und Theorie,
5. Ausarbeitung einer kritischen (und damit auch normativen und ethischen) Bewertung der Ergebnisse.

Problematisierung

Unter dem Schlagwort „Problematisierung" geht es um die Konstruktion von Lösungen aber auch darum, wie diese durch eine bestimmte Art der Problematisierung bedingt sind. Problematisierung ist dabei in Anlehnung an Foucault definiert als „a movement of critical analysis in which one tries to see how the different solutions to a problem have been constructed; but also how these different solutions result from a specific form of problematization" (Howarth und Griggs 2012, S. 326). Die *Essex School* versteht ihre Diskursanalyse als problemorientierten Ansatz, nicht als Methode, Technik oder Theorie. Der Zugriff ist problemorientiert, sollte aber nicht mit solcher Forschung verwechselt werden, die konkret zur Problemlösung beitragen möchte (Glynos et al. 2009, S. 10). „In the field of policy studies, the

3.4 Diskurse im Verständnis der interpretativen Policy-Analyse

practice of problematization focuses on the question of problem-definition in a particular field or domain, the various problematizations of this problematization, and the efforts of an analyst to problematize these problematizations" (Howarth 2010, S. 325).

Retroduktion/Abduktion

Die poststrukturalistische Policy-Analyse strebt ausdrücklich nicht nach allgemeinen Gesetzmäßigkeiten oder Kausaltheorien, stellt aber eine Reihe allgemeiner Fragen: Wie können wir einen Diskurs oder eine diskursive Praxis beschreiben? Woraus ist der Diskurs erwachsen und wie wurde er geformt? Wie und warum wird er aufrechterhalten? Wann und wie wird er geändert? Und da die *Political Discourse Analysis* eine Form der Kritischen Theorie ist: Wie können Diskurse evaluiert und kritisiert werden (Howarth und Griggs 2012, S. 324)?

Abduktion ist der erste Schritt des Folgerns, ein kreatives Moment des Entdeckungszusammenhangs, an den Induktion oder Deduktion anknüpfen können, aber nicht müssen (Wrana et al. 2014, S. 16). Mit der Retroduktion oder Abduktion denkt man über die Form einer Erklärung nach und unter dem Schlagwort der Logik über die Inhalte derselben: „In contrast to induction and deduction, retroduction implies that the single most criterion for admitting a hypothesis, however tentatively, is that it accounts for the phenomenon or problem at stake" (Glynos et al. 2009, S. 10).

Es geht also nicht darum, jeden empirischen Fall unter die eigenen theoretischen Konzepte und Logiken zu subsummieren. Anstatt eine bestehende Theorie auf empirische Objekte anzuwenden, sind die Arbeiten bemüht, ihre Konzepte in jedem konkreten Fall zu artikulieren, also zueinander ins Verhältnis zu setzen. Voraussetzung hierfür ist, dass die Konzepte und Logiken des theoretischen Rahmens offen und flexibel genug sein müssen, um angepasst, verändert und transformiert werden zu können (Howarth und Stavrakakis 2000, S. 5). Dennoch werden Ansprüche an die Erarbeitung und Bewertung des empirischen Materials gestellt: „the ultimate tribunal of experience is the degree to which its accounts provide plausible and convincing explanations of carefully problematised phenomena for the community of social scientists" (Howarth und Stavrakakis 2000, S. 6).

Logiken kritischer Erklärung

Die „logics of critical explanation" begreifen Glynos und Howarth (2007) als Antwort auf zwei Herausforderungen zeitgenössischer Sozialwissenschaften: einmal als Notwendigkeit, über das positivistische Streben nach kausalen Gesetzmäßigkeiten hinauszudenken. Diesem gehe es um Vorhersage und Deduktion und der historische Kontext werde regelmäßig übersehen. Und zweitens müsste ebenso über die beiden Hauptantworten auf das Kausalparadigma hinausgegangen werden. Dies sind zum einen solche Zugänge der kontextualisierten Selbstdeutung nach hermeneutischer Denkart, die die Partikularität des historischen Kontextes zu stark betonen. Zum anderen sind es solche Ansätze, die die Rolle von kausalen Mechanismen aus einer neo-positivistischen oder kritisch realistischen Tradition hervorheben und nicht aus dem Schatten des Kausalitäts-Paradigmas treten.

An ihre Stelle setzt die poststrukturalistische Policy-Analyse die verschiedenen Logiken, wobei sie zwischen einer sozialen, einer politischen und einer phantasmatischen Logik unterscheidet. Mithilfe der sozialen Logik wird eine Praxis oder ein Regime in verschiedenen Kontexten charakterisiert. Unter dem Aspekt der politischen Logik werden die dynamischeren Aspekte einer Praktik oder eines Regimes beleuchtet; das Aufkommen und die Formierung einer sozialen Praxis oder eines Regimes. In diesem Zusammenhang sind die Begriffe Äquivalenz und Differenz von zentraler Bedeutung, denn es geht um die Konstruktion von antagonistischen Beziehungen (Howarth und Griggs 2012, S. 330). Ausgehend von Laclau und Mouffe wird das Verbinden von Forderungen zu größeren politischen Projekten und Kräften beobachtet – dies ist die Logik der Äquivalenz – oder das Entkoppeln von Forderungen und ihre Zerlegung in einzelne, leichter zu bearbeitende Elemente – dies ist die Logik der Differenz.

Wandel und Kontinuität werden schließlich erklärt durch die phantasmatische Logik. Die politische Logik zeigt auf, wie soziale Praktiken auftauchen und transformiert werden, die phantasmatische Logik dagegen offenbart, wie bestimmte Praktiken und Regime Menschen gewinnen und für sich einnehmen können. Diese Logik will aufdecken, wie Subjekte zu Komplizen dahingehend werden, die radikale Kontingenz und Ungleichheit sozialer Beziehungen zu verschleiern (Glynos et al. 2009, S. 11). Das Ziel lautet nicht, eine Illusion oder ein falsches Bild zu entlarven. Stattdessen wird offenbart, wie Fantasien lehren, wie wir begehren sollen. Damit geht es den Arbeiten um eine Untersuchung bestimmter Narrative, die ideologische Geschlossenheit für ein Subjekt herstellen.

Die Autorinnen und Autoren differenzieren zur Analyse eine Reihe verschiedener Erzählungen, über die Zustimmung zu Diskursen und Praktiken mobilisiert wird: Zum einen gibt es jene Erzählungen, die eine kommende Erfüllung (*fullness-to-come*) versprechen, sobald eine Hürde überwunden ist. Zweitens differenzieren sie die seligmachende Dimension (*beatific dimension*), die eine Katastrophe vorhersagt, wenn ein Hindernis nicht überwunden werden kann. In der erschreckenden Variante (*horrific dimension*) werden Bilder der Allmacht oder totalen Kontrolle angerufen. Während die seligmachende Erzählung Bilder der Schwäche und der Opfererbringung transportiert, wird der Andere in der erschreckenden Variante als bedrohlich oder störend präsentiert und muss ausgelöscht werden (Howarth und Griggs 2012, S. 322).

Artikulation, Urteil und Kritik

Jede vorläufige Erklärung eines Policy-Problems wird eine Vielzahl von Logiken, sei es sozial, politisch oder phantasmatisch, beinhalten, die zusammengefügt werden müssen, um unter bestimmten Umständen ein problematisches Phänomen einleuchtend erscheinen zu lassen. In diesem Zusammenhang betonen die poststrukturalistischen Autorinnen und Autoren das Konzept der Artikulation als eine Praxis, die eine Beziehung zwischen Elementen herstellt, wobei diese ihre Identität ändern (Howarth und Griggs 2012, S. 335). Die Herausforderung für kritische Policy-Forschung besteht danach darin, das Ausmaß von Inklusion und Exklusion in Policy-Prozessen zu evaluieren sowie die Formen der Antagonismen, die diese Muster strukturieren (Howarth und Griggs 2012, S. 337). Eine ethische Kritik erfordert eine detaillierte Analyse der Fantasien, die sozialen und politischen Praktiken zugrunde liegen, und wie diese phantasmatischen Objekte destabilisiert werden können. Im Gegensatz dazu geht es bei Fragen der Normativität um die konkreten Dominanzbeziehungen, in denen sich Subjekte befinden. Das oberstes Ziel besteht darin, soziale Beziehungen als Dominanzverhältnisse zu entlarven, die im Namen alternativer Werte oder Prinzipien herausgefordert werden können (Glynos et al. 2009, S. 13). Dabei kritisieren sie an hermeneutischen Ansätzen, dass diese die Rolle des Politischen in der Konstitution von Bedeutung unterschätzten. Als Poststrukturalisten glauben sie – anders als Vertreterinnen und Vertreter einer deliberativen Policy-Analyse (siehe 3.10) – nicht an die Möglichkeit, Antagonismen durch Verhandlung und Dialog auszuräumen. Der Policy-Prozess wird unweigerlich Grenzen zwischen verschiedenen Gruppen und deren Forderungen ziehen, ebenso wie die Formierung von Policy-Regimen, verstanden als Schauplätze für politische Kontroversen, auf Mustern des Ausschlusses beruht, da widerstreitende Gruppen versuchen, ihre Partikularinteressen zu universalisieren und hegemonial werden zu lassen.

Forschungsbeispiel

Am Beispiel des Kampfes um den Flughafenausbau in London-Heathrow zeigen Howarth und Griggs (2012), wie diejenigen, die Unterstützung für die Erweiterung mobilisieren wollten, versuchten, mehr und mehr Forderungen zu verbinden: Es ging nicht nur um das Wachstum eines bestimmten Standortes, sondern auch um den Einsatz für die Arbeitsplätze in Produktion und Technologiesektor, günstige Urlaubsflüge, den Schutz der Tourismusindustrie usw. Indem mehr und mehr Forderungen in diese Äquivalenzkette eingefügt wurden, wurde der universelle Signifikant, der lautete, „die britische Luftfahrtindustrie erweitern", seines Inhalts beraubt und zu einem leeren Signifikanten.

Kritik

Den Arbeiten der *Essex School* ist ein übersteigertes Niveau der Abstraktheit und Universalisierung vorgehalten worden (Nonhoff 2007: 15). Viele Arbeiten sind oft eher theoretisch, nutzen die Empirie lediglich, um die Theorie zu illustrieren und vernachlässigen dabei methodologische Fragen (Torfing 2005, S. 26). Diese Kritik zielt vor allem auf die älteren Texte von Laclau und Mouffe, während sich die jüngere Generation der Vertreterinnen und Vertreter wie David Howarth eher um eine empirische Anwendung bemühen. Erst in jüngerer Zeit vollzieht sich damit auch eine Öffnung für empirische Policy-Forschung.

Um die theoretischen Überlegungen für die empirische Arbeit fruchtbar zu machen, wird auf eine Reihe unterschiedlicher Techniken verwandter Zugänge verwiesen, solange diese die ontologische Verpflichtung der Diskurstheorie teilen. Hierzu gehören etwa die Rhetorische Diskursanalyse und die *Critical Discourse Analysis* (CDA; siehe Abschn. 3.4.4) (Howarth und Griggs 2012, S. 331–332). Letzteres ist insofern überraschend, als die CDA von Laclau und Mouffe für deren implizit naturalistische Ontologie gescholten wird, wonach der Diskurs durch außerdiskursive Mächte der Wirtschaft oder des Staates determiniert sei. Zudem bestehen von Seiten der *Essex School* große Vorbehalte gegenüber der Bezugnahme des CDA-Begründers Norman Fairclough auf Giddens und dessen Betonung von menschlichem Handeln und Reflexivität. Wenn es allerdings um die konkrete Analyse geht, sind die Unterschiede ausgesprochen gering (Torfing 2005, S. 9).

Ein weiterer Kritikpunkt an dieser Diskurstheorie lautet, sie sei nihilistisch und relativistisch: Wenn alles konstruiert sei, könnten bestimmte Aussagen nicht mit dem Verweis auf das Gute und Wahre gerechtfertigt oder hinterfragt werden. Torfing (2005, S. 18) als ein Vertreter der Diskurstheorie bestreitet dies, denn die Forscherinnen und Forscher selbst seien immer Teil eines bestimmten Diskurses, der ihnen bestimmte Werte, Standards und Kriterien an die Hand gibt, um etwas als richtig oder falsch, gut oder schlecht, wahr oder unwahr zu bewerten. Emanzipatorische Werte würden nicht verworfen, da sie Teil der politischen Kultur, des Diskurses seien. Kritik sollte nicht so verstanden werden, einen aktuellen Zustand gegenüber einem etablierten Maßstab zu messen, sondern die Schließung zu dekonstruieren, die bestimmte Diskurse transportieren wollen (Torfing 2005, S. 20). Ideologie werde nicht als verzerrende Darstellung einer objektiv gegebenen Realität verstanden, denn Realität ist nach ihrem Verständnis immer konstruiert. Ideologie ist aber insofern verzerrend, als sie die Unentscheidbarkeit sozialer Identität verschleiert und einen Horizont aufspannt, der den kontingenten, prekären und paradoxen Charakter sozialer Identität verdeckt (Torfing 2005, S. 15).

3.4.4 Kritische Diskursanalyse (Critical Discourse Analysis – CDA)[10]

Die Kritische Diskursanalyse, die sich seit den frühen 1990er Jahren entwickelt hat, hat ihre Wurzeln eher in der Linguistik als in der Policy-Forschung (Mole 2007, S. 17). Ihre Vertreterinnen und Vertreter, unter ihnen vor allem Norman Fairclough und Ruth Wodak, signalisieren ihre enge Verbindung zur interpretativen Policy-Analyse jedoch durch eine rege Teilnahme an den IPA-Tagungen und werden ihrerseits insbesondere durch die Advokaten einer poststrukturalistischen Policy-Analyse rezipiert. Überhaupt handelt es sich bei der CDA um ein sehr heterogenes Forschungsprogramm, das einen problemorientierten und interdisziplinären Zugang teilt. Das gemeinsame Interesse besteht darin, Ideologien und Macht[11] durch die systematische Analyse semiotischer Daten zu entmystifizieren (Wodak und Meyer 2009, S. 3).

Die Arbeiten der CDA untersuchen die offenen und verdeckten strukturellen Beziehungen von Dominanz, Diskriminierung, Macht und Kontrolle, die sich in Sprache manifestieren. Ein besonderes Interesse gilt der Untersuchung sozialer Ungleichheit und wie sie sprachlich ausgedrückt, signalisiert, konstituiert und legitimiert wird. Die CDA zeichnet sich durch einen ideologiekritischen Anspruch aus und strebt nach Aufdeckung von Wirklichkeitsverzerrungen und Korrektur falscher ideologischer Repräsentationen von Wirklichkeit (Braun 2014, S. 93). Im Sinne einer Kritischen Theorie wollen die Forschenden die Welt nicht nur verstehen und erklären, sondern kritisieren und ändern, indem Menschen zur Emanzipation durch Selbstreflektion verholfen wird. Wenn es der Kritik um die Aufdeckung von Strukturen der Macht und Ideologien geht, dann jedoch nicht in einem neopositivistischen Verständnis, da Ideologien von der CDA nicht falsifiziert werden (Wodak und Meyer 2009, S. 7–8). Diskursive Praktiken gelten nur insofern als ideologisch, als sie zur Naturalisierung kontingenter, konstruierter Bedeutungen beitragen.

Die CDA widmet sich komplexen sozialen Phänomenen, die einen multidisziplinären und multimethodischen Zugang erfordern (Wodak und Meyer 2009, S. 2). Die CDA arbeitet deutlich stärker mit linguistischen Kategorien als andere Diskurstheorien. Dies bedeutet nicht, dass Themen und Inhalte keine Rolle spiel-

---

[10] Im Wörterbuch der interdisziplinären Diskursforschung wird auf sechs Varianten innerhalb der CDA verwiesen. Die Ausführungen hier beziehen sich lediglich auf die Varianten von Fairclough und Wodak, die von der interpretativen Policy-Analyse am stärksten rezipiert worden sind (Wrana et al. 2014, S. 93).

[11] Der Fokus auf Macht wird u. a. daraus gespeist, dass Michel Foucault als einer der theoretischen Paten betrachtet wird (Wodak und Meyer 2009, S. 10).

ten, aber der Kern beruht auf linguistischen Kategorien wie Akteur, Modus, Zeit, Tempus. Untersucht werden bestimmte argumentative Strategien, die innere Logik und Komposition von Texten, implizite Andeutungen und Implikationen, Symbolik, Metaphorik, Idiome, Redensarten, Stil usw. (Wodak und Meyer 2009, S. 28).

Die zentralen Vertreterinnen und Vertreter beziehen sich teils auf sehr unterschiedliche Rahmentheorien. Unter dem Dach der CDA finden sich daher solche Autorinnen und Autoren, die ein eher kognitiv-sozialpsychologisches Interesse daran haben, wie Individuen die Welt wahrnehmen, und solche mit makro-soziologisch, strukturellem Zugang und einem Fokus darauf, wie Strukturen den Diskurs determinieren (Wodak und Meyer 2009, S. 15).

Norman Faircloughs Arbeiten enthalten beispielsweise marxistische Elemente und fallen damit insofern aus dem Kreis post-positivistischer Arbeiten, als sie sich zunehmend in Richtung eines kritischen Realismus entwickeln. Dabei stellt er Diskurse und soziale Wirklichkeit ontologisch gegenüber und postuliert eine soziale Realität jenseits von Diskurs und Bedeutung (Braun 2014, S. 92). Diskurs definiert Fairclough (2001, S. 14) als „language as social practice determined by social structures". Aus Sicht einer poststrukturalistischen Diskursanalyse sind seine Arbeiten ungenau darin, wie sie das Verhältnis von Diskurs zum nicht-diskursiven Kontext verstehen. Sein Bezug auf den kritischen Realismus führe dazu, Diskurs auf eine linguistische Mediation der Ereignisse zu reduzieren, die durch die kausalen Kräfte und Mechanismen produziert werden, die in der unabhängig existierenden Gesellschaftsstruktur existieren (Torfing 2005). Diese Vorstellung, dass der Diskurs durch außerdiskursive Mächte auf der Ebene von Wirtschaft und Staat determiniert sei, wird von der *Essex School* abgelehnt (Mole 2007, S. 18).

Nach Fairclough läuft die Analyse in drei Schritten ab: An erster Stelle steht die Beschreibung des Textes, es folgt die Interpretation des Verhältnisses zwischen dem Text und der Interaktion zwischen Produzent und Rezipient des Textes. Drittens wird eine Erklärung des Verhältnisses zwischen dieser Interaktion und seinem sozialen Kontext angestrebt (Mole 2007, S. 18). Gegenüber anderen Ansätzen, die den Diskurs eher auf einer sehr abstrakten Ebene zu rekonstruieren versuchen, argumentiert Fairclough (2005, S. 62) für eine detailliertere Textanalyse. So lassen sich beispielsweise anhand eines Vorwortes von Tony Blair zu einem *White Paper* neoliberale Argumentationsmuster nachvollziehen, wenn eine Beziehung zwischen der globalen Wirtschaft als Faktum, also dem, was ist, und bestimmten Policy-Rezepten, also dem, was getan werden muss, hergestellt wird. Die globale Wirtschaft wird dort als Faktum festgeschrieben, etwa in der Repräsentation von Wandel, der ohne Akteure auskommt: Neue Technologien treten in Erscheinung und Märkte öffnen sich – aber es gibt im Text keine Unternehmen, Regierungen etc., die dies hervorbringen. Der Wandel wird selbst zum Akteur in Formulie-

3.4 Diskurse im Verständnis der interpretativen Policy-Analyse

rungen wie „the world is swept by change" und einer Darstellung des Wandels ohne zeitliche oder räumliche Grenzen. Wandel, so die Botschaft, ist einfach eine Tatsache, auf die die Politik reagieren muss, er ist unvermeidbar und irreversibel (Fairclough 2005, S. 63).

Forschungsbeispiel
Schon Michel Foucault geht es bei der Diskursanalyse ums Schweigen, „um die stummen Lücken der Geschichte", um die Fülle von Äußerungen, die gar nicht erst zur Quelle geworden sind (Gehring 2004, S. 14–15). Schweigen als solches zu erkennen, stellt eine methodologische Herausforderung für die interpretative Policy-Analyse dar. Die in jüngeren Arbeiten aufgeworfene Frage nach „diskursiver Exklusion" (Herzog 2013) nähert sich dem Thema an. Melani Schröter (2013) untersucht Schweigen in einer *Critical Discourse Analysis* anhand verschiedener Gelegenheiten, zu denen politische Akteure der Erwartung der Öffentlichkeit nach Aussprache nicht nachgekommen sind. Dabei handelt es sich beispielsweise um das Schweigen des Ex-Kanzlers Kohl angesichts der Frage nach den unbekannten Parteispendern oder ein strategisches Schweigen von Angela Merkel. Schröter versucht dieses Schweigen durch das diskursive Umfeld in Form von Zeitungsartikeln oder Parlamentsanfragen sichtbar zu machen, die dieses Schweigen thematisieren.

Diskurshistorischer Ansatz (DHA) innerhalb der Kritischen Diskursanalyse
Der Diskurshistorische Ansatz wird auch als „Wiener Spielart der Kritischen Diskursanalyse" bezeichnet. Seine zentrale Prämisse lautet, dass alle Diskurse historisch sind und nur mit Referenz auf ihren Kontext verstanden werden können. Daraus erwächst der Verweis auf außerlinguistische Faktoren wie Kultur, Gesellschaft und Ideologie (Wodak und Meyer 2009, S. 20). Der DHA reagiert auf Kritik an der CDA, genauer auf den Vorwurf, Macht und soziale Struktur als determinierende Kräfte anzusehen und die Rolle des Subjektes zu vernachlässigen. Während wesentliche Merkmale der CDA beibehalten werden, entwickelt der DHA eine sozialpsychologische Lesart des Subjektes, um das Verhältnis zwischen Text und Kontext zu beleuchten. Ein Kernargument lautet, dass ein Fokus auf objektive soziale Variablen wie *Gender*, Schichtzugehörigkeit oder Ethnizität nicht ausreichend den Einfluss des sozialen Kontextes auf sprachliche Variationen und auf den Diskurs erklären könne (Glynos et al. 2009, S. 17), sondern durch den kognitiven, sozialpsychologischen Kontext vermittelt werde. Der DHA stellt damit eine

Verbindung zur sozio-kognitiven Theorie von Teun van Dijk her: Es muss eine kognitive Schnittstelle geben, denn es ist nicht die objektive Situation, sondern die subjektive Definition der kommunikativen Situation, die Text und Reden beeinflusst (Wodak und Meyer 2009, S. 14).

Der Diskurs ist definiert als Zusammenspiel kontextabhängiger linguistischer Praktiken, die innerhalb bestimmter Felder sozialen Handelns verortet sind. Diskurs wird als strukturierte Form des Wissens und als Gedächtnis sozialer Praktiken gefasst (Glynos et al. 2009, S. 18). Reisigl and Wodak (2009) unterscheiden drei Dimensionen der Kritik innerhalb des DHA, nämlich die diskursimmanente Kritik, die sozialdiagnostische Kritik sowie die prospektive Kritik. Die immanente Kritik erlaubt dem Forscher oder der Forscherin, Widersprüche, Paradoxe und Dilemmata innerhalb eines Textes oder Diskurses aufzudecken. Die soziodiagnostische Kritik versteht Ideologie als Eigenschaft alltäglicher Überzeugungen. Die Aufgabe besteht dann darin, die konzeptionellen Metaphern aufzudecken, die die ideologische Funktion dieser Alltagsüberzeugungen verschleiern. Schließlich und durch das Werk von Jürgen Habermas beeinflusst geht es der prospektiven Kritik um die Prozesse der Kommunikation selbst und um die Möglichkeit, diese zu verbessern.

Der DHA unterscheidet dabei zwischen Diskurs, Text, Genre und Handlungsfeld: Die Art, wie beispielsweise über Einwanderung gesprochen wird (Diskurs) kann anhand von Regierungsdokumenten beobachtet werden (Text), die ein bestimmtes Set linguistischer Praktiken umfassen (Policy-Genre) innerhalb eines größeren Handlungsfeldes (beispielsweise innerhalb einer politischen Kampagne). Die Identifikation des Verhältnisses von Text zu Kontext durchläuft vier Stufen, wobei die beiden ersten vor allem linguistisch (und textbezogen) sind und die Schritte drei und vier außerlinguistisch und eher kontextbezogen. Auf der ersten Stufe erfolgt die Identifikation von Text als eine spezifische und einmalige Realisierung eines Diskurses. Text ist die Basiseinheit der Untersuchung. Die zweite Ebene könnte als intertextuell bezeichnet werden, indem die Analyse sich auf Beziehungen und Überlappungen zwischen Äußerungen, Diskursen, Texten und Genres konzentriert. Es folgt der Blick auf den situativen Kontext, die Ebene, auf der das Sozialpsychologische zum Tragen kommt, das zwischen dem sozialpolitischen Makrokontext und den mikro-linguistischen Kontexten auf den ersten Stufen vermittelt. In Schritt vier wird die Analyse um soziale und politische sowie historische Fragen erweitert (Glynos et al. 2009, S. 19–20).

Der Diskurshistorische Ansatz wurde zunächst entwickelt, um im Detail die Konstituierung eines anti-semitischen Feindbildes in der öffentlichen Debatte um die österreichische Präsidentschaftskampagne von Kurt Waldheim 1986 nachzuzeichnen. In späteren Studien ging es beispielsweise um die rassistische Diskriminierung gegenüber der Einwanderung aus Rumänien in Österreich (Wodak und

Meyer 2009, S. 18). Wieder andere untersuchen anhand der Analyse von Medien und Schulbüchern den Umgang mit traumatischen Vergangenheiten, wie etwa Mythen helfen, Brüche, Kriegsverbrechen und Konflikte zu überdecken (Wodak und Meyer 2009, S. 20).

Kritik

Aufgrund der Vielfalt der Positionen innerhalb der CDA fällt es schwer, zu einer kritischen Gesamtbewertung zu kommen. Wagenaar (2011, S. 165) bemängelt, dass es schwierig sei, die Überlegungen Fairclougs in klare Methoden zu übertragen. Dies werde noch durch die überbordende Vielfalt an Konzepten verstärkt, die er entwickelt habe. Auch Keller (2005b, S. 155) wendet gegen die CDA ein, dass die empirische Umsetzung hinter den eigenen theoretischen Überlegungen zurückbleibe und oftmals den Eindruck einer vor-urteilenden Betrachtung der Empirie erwecke. Trotz der komplexen Grundannahmen würden die konkreten Untersuchungen immer wieder sehr schnell in den untersuchten Zeitungstexten und Interviews „rassistische", „ideologische" oder „fundamentalistische" Elemente finden, ohne den Erkenntnis- oder Zurechnungsprozess offenzulegen.

3.5 Frames und Framing

Hinter der Bezeichnung *frame*-Analyse verbergen sich nicht zuletzt durch die Adaption des Begriffs durch die Medienwissenschaft, die Forschung zu sozialen Bewegungen und Organisationsstudien zuweilen sehr unterschiedliche Zugänge. Für das Feld der Policy-Forschung sollen *frames* oder Rahmen hier mit Goffman (1974) als einem der Schlüsselautoren als „Interpretationsschemata" eingeführt werden. Während der Begriff *frame* als Substantiv eine gewisse Statik und somit ein Interesse an den Inhalten impliziert, beschreibt das Verb *framing* eher einen dynamischen Wandel und interpretative Prozesse (Yanow 2000, S. 13, van Hulst und Yanow 2014). *Framing* wird dabei verstanden als ein Akt der Auswahl, Organisation, Interpretation und Herstellung von Sinn in einer komplexen Realität, um Wegweiser für Wissen, Analyse, Überzeugung und Handlung zu liefern. Die Interpretation bestimmter Policy-Themen entlang bestimmter Rahmen wird unter dem Schlagwort *framing* zuweilen durchaus als intentionale Handlung gefasst (vgl. Rein und Schön 1993, S. 158), gerade auch in der Literatur zu Sozialen Bewegungen und deren „Bedeutungsarbeit". *Framing* gilt in diesen Arbeiten neben Ressourcenmobilisierung und politischen Gelegenheitsstrukturen als wesentlich, um Charakter und Entwicklungen verschiedener zivilgesellschaftlicher Organisationsformen zu verstehen. *Framing* bezeichnet dann den Kampf um die Produktion,

Mobilisierung und Gegenmobilisierung von Ideen und Bedeutungen (Benford und Snow 2000, S. 613). Das Ergebnis dieser Prozesse, die *collective action frames*, teilen mit den *frames*, dass Aspekte der äußeren Welt vereinfacht und kondensiert werden; dies geschieht aber auf eine strategische Art, die potentielle Unterstützer mobilisieren und Antagonisten demobilisieren soll (Benford und Snow 2000, S. 614).

3.5.1 Frame-Analyse nach Rein und Schön

Unter den Arbeiten der argumentativen Wende werden insbesondere Rein und Schön (1993) mit dem Begriff *frame* in Verbindung gebracht. Ein Rahmen ist demnach eine Perspektive, aus der eine amorphe, unklar definierte, problematische Situation Sinn ergibt und auf sie reagiert werden kann. *Frames* führen zu verschiedenen Sichtweisen auf die Welt und erzeugen eine Vielzahl sozialer Realitäten (Rein und Schön 1993, S. 146–147). Ein Sachverhalt kann gänzlich verschieden gefasst werden, durch unterschiedliche Rahmung verschieden konstruiert werden. So macht es beispielsweise einen Unterschied, ob Drogenabhängigkeit in einem medizinischen oder einem rechtlichen Rahmen gefasst (Fischer 2003, S. 43) oder Armut als ökonomisches oder moralisches Problem gerahmt wird (Finlayson 2007, S. 555).

Eine Policy-Kontroverse, die auf widerstreitende *frames* zurückgeht, ist demnach also kein Streit über Ziele und Mittel zur Lösung eines Problems, sondern basiert auf grundsätzlich unterschiedlichen Konstruktionen dessen, welcher Art eigentlich das Problem ist (Healy 1986, S. 383–384; Fischer 1993). Diese Komplexität hat dazu geführt, dass Probleme als „komplex", „wicked" oder „squishy" bezeichnet werden (Dery 1984, S. 7). Diese Art von Konflikten sind schwer beizulegen, denn die *frames* entscheiden darüber, was überhaupt als Evidenz gelten kann und wie diese Befunde interpretiert werden (Rein und Schön 1993, S. 145). Bei der Untersuchung von Rahmen geht es dementsprechend weniger um einzelne Problematisierungen, sondern um zugrundeliegende Deutungsmuster. Da in Rahmungen Fakten, Werte, Theorien und Interessen zusammenfallen, ist es ein zentraler Unterschied, ob beispielsweise Ausschreitungen als Fragen der Integration, des Gesetzesverstoßes oder als moralischer Verfall gerahmt werden (Soroka 2007, S. 189). „Given the multiple social realities created by conflicting frames, the participants not only disagree with one another but also disagree about the nature of their disagreements" (Rein und Schön 1991, S. 262). Rein und Schön (1993, S. 148) empfehlen, konfligierende *frames* über die Geschichten aufzudecken, die Akteure erzählen, in denen durch Benennung (*naming*) und Rahmung (*framing*) kausale Zuschreibungen mit spezifischen Handlungsempfehlungen verknüpft werden und der

3.5 Frames und Framing

normative Sprung von dem, was ist, zu dem, was sein soll, hergestellt wird. „These problem-setting stories, frequently based on generative metaphors, link causal accounts of policy problems to particular proposals for action and facilitate the normative leap from ‚is' to ‚ought'" (Rein und Schön 1993, S. 148). Die Benennung (*naming*) eines Sachverhaltes richtet die Aufmerksamkeit auf bestimmte Elemente eines Problems und blendet andere aus. „The complementary process of naming and framing socially constructs the situation, defines what is problematic about it, and suggests what courses of action are appropriate to it" (Rein und Schön 1993, S. 153). Die Definition des zugrunde liegenden Problems bestimmt also gleichzeitig die Lösungswege; Diagnose und Prognose sind eng gekoppelt.

Rein und Schöns Ansatz trägt nicht nur analytische Züge, sie wollen mit ihrem Konzept der *frames* durch Kenntnisse über Denkschemata und Grundpositionen der Akteure schlichtend bzw. rationalisierend in ideologisch aufgeladene Kontroversen eingreifen (Schneider und Janning 2006, S. 176). Sie gehen dabei der Frage nach, warum Kontroversen oftmals langwierig und relativ immun gegenüber Lösungsalternativen sind und selten wirklich gelöst werden. *Frames* basieren auf spezifischen Selektionsprinzipien, die darüber entscheiden, was in einer Fülle von Informationen als bedeutungsvoll und letztlich existent wahrgenommen wird. Policy-Kontroversen entstehen aus konfligierenden *frames*, denn dasselbe Beweismaterial kann ganz unterschiedliche Policy-Positionen unterstützen.

Policy-Auseinandersetzungen entstehen meist in Verbindung mit Regierungsprogrammen, die wiederum in einem bestimmten Policy-Umfeld stehen, das seinerseits Teil einer weiteren politischen und ökonomischen Situation ist, die wiederum in einer historischen Ära liegt. Der Erfolg eines *frame* hängt also von seiner kulturellen Resonanz ab (Benford und Snow 2000, S. 622). Es gilt daher nach Rein und Schön (1993, S. 154–155), vier verschiedene Kontexte zu berücksichtigen: Ein Programm kann als eigener interner Kontext fungieren, der sich im Zeitverlauf durch den Wechsel seines Personals oder seiner Klienten wandelt. Der nächste Kontext ist das Politikfeld, in dem ein Programm arbeitet. Der Makro-Kontext beinhaltet Richtungswechsel und Veränderungen der Institutionen. Diese Veränderungen auf Makro-Ebene müssen nicht unbedingt zu einem *reframing* der Policy führen, wohl aber zu einer symbolischen Neufassung. Über globale Kontextveränderungen heißt es lakonisch, sie seien schwerer zu fassen, aber ausgesprochen wichtig.

Kritik

Die Autoren Rein und Schön greifen zwar den Aspekt der verschiedenen Kontexte auf, in denen die verschiedenen *frames* eingebettet sind, in der Praxis führt die starke Fokussierung auf die Mikro-Ebene jedoch dazu, dass diese Kontextfaktoren, gerade auch weil sie nicht-sprachlicher Natur sein können, außer Acht gelassen werden. Der Ansatz ist mit weiteren Problemen behaftet. Laut Rein und Schön (1993, S. 151–152) sind *frames* so sehr Teil der natürlichen, als gegeben wahrgenommenen Welt, dass es oft nicht bewusst sei, welche Rolle sie für Wahrnehmung, Gedanken und Handlungen spielen. Es sei schwierig, zwischen Uneinigkeiten innerhalb eines *frame* und solchen über mehrere *frames* hinweg zu unterscheiden. Eine gängige Strategie bestehe in der politischen Praxis darin, sich an einen dominanten *frame* und seine konventionellen Metaphern anzukoppeln, in der Hoffnung, dadurch Legitimität für eine Vorgehensweise zu erlangen, die eigentlich durch andere Intentionen motiviert ist. Zudem besteht ein zentrales Problem darin, dass der gleiche Rahmen zu verschiedenen Handlungen führen und, andersherum, eine politische Handlung durchaus mit verschiedenen *frames* konsistent sein kann. Darüber hinaus ist es schwierig, zwischen tatsächlichen und potenziellen Veränderungen der Rahmen zu unterscheiden. Ein *reframing* kann ohne eine Kontroverse vonstattengehen, ebenso wie eine Kontroverse nicht notwendigerweise zum *reframing* führen muss. Ein großer Anteil von Policy-Veränderungen stellt lediglich eine Anpassung von *frames* an wechselnde Situationen dar. Das Konzept der Rahmen läuft zudem Gefahr, mit dem „Thema" (*issue*) gleichgesetzt zu werden oder eine empirische Ideologieanalyse auf recht generellem Niveau einzuleiten. Das Verdienst der Autoren Rein und Schön besteht in einer klaren theoretischen Konzeption, aber sie leisten nur wenig Hilfestellung, wie die Anwendung in der konkreten Forschungspraxis aussehen könnte (Gadinger 2003, S. 14).

3.5.2 Critical Frame Analysis

Den Zugang einer Kritischen Rahmen-Analyse führt Mieke Verloo (2007) ein. *Frames*, die Verloo und Lombardo (2007) mit Goffman als „interpretation scheme that structures the meaning of reality" verstehen, entstehen einerseits aus einem diskursiven Bewusstsein (*discursive consciousness*), sodass Akteure verbal begründen können, warum sie auf diese Rahmung in der Konstruktion eines Problems zurückgreifen. Zugleich rühren diese *frames* aber auch aus einem praktischen Bewusstsein (*practical consciousness*) her, also aus Praktiken, die für einen bestimmten Kontext typisch sind, ohne dass die Akteure sich darüber im Klaren sind, dass es sich um Regeln und Routinen handelt, die auch anders ausfallen könnten. Ein *policy frame* ist weiterhin definiert als ein „organising principle that transforms fragmentary or incidental information into a structured and meaningful problem, in which a solution is implicitly or explicitly included" (Verloo und Pantelidou 2005, S. 20). Die Autorinnen und Autoren der *Critical Frame Analysis* greifen dabei auf Überlegungen von Hans-Georg Gadamer zurück, wonach die Wahrnehmungen unserer Realität durch Vorurteile geprägt sind, nicht im negativen Sin-

3.5 Frames und Framing

ne, sondern als grundlegende Voraussetzung für das Verstehen. *Frames* fungieren als sozial konstruierte und kulturelle Filter, durch die wir wahrnehmen, verstehen und Ereignissen Bedeutung geben. Akteure verkommen dabei nicht zu passiven Reproduzenten kultureller Diskurse, im Gegenteil kann ein Bewusstsein für mitschwingende Vorurteile eine kritische Distanz ermöglichen (Verloo und Lombardo 2007, S. 32).

Ausgehend von der Beobachtung, dass die Gleichstellung der Geschlechter ein in Europa verbreitetes Anliegen, allerdings eines mit sehr heterogenen Bedeutungen ist, entwickeln Verloo und Lombardo (2007, S. 21) die Kritische Rahmen-Analyse. Sie untersucht implizite und explizite Interpretationen eines Problems und seiner Lösungen durch verschiedene Akteure (Verloo und Lombardo 2007, S. 31). Diagnose (wer oder was hat das Problem verursacht) und Prognose (wer kann es lösen und wie) sind die zwei zentralen Dimensionen eines *Policy Frames*. Diese Version einer *frame*-Analyse zielt darauf ab, die ordnenden Prinzipien aufzudecken, mit denen Informationen strukturiert werden, um somit dafür zu sensibilisieren, wie *frames* ein bestimmtes Verständnis eines Policy-Problems prädeterminieren und wie dies zu Inkonsistenzen oder zum Ausschluss bestimmter Standpunkte vom Policy-Diskurs führen kann. Für die vergleichende Untersuchung verschiedener *policy frames* von Gleichstellung werden im Wesentlichen folgende Fragen an schriftliche Quellen wie Gesetzestexte, Protokolle von Parlamentsdebatten, Reden und Medienberichte gestellt:

- Welches Verständnis von Gender wird darin transportiert (Verloo und Lombardo 2007, S. 33)? Hier könnte selbstverständlich nach anderen Themen gefragt werden.
- Wer hat eine Stimme in der Debatte, wer hat die Macht teilzuhaben, wer wird ausgeschlossen?
- Wem wird eine Rolle in der *Diagnose* des Problems zugeschrieben/wessen Problem soll es sein? Wem kommt in der *Prognose* eine Rolle zu, wer soll es also richten (Verloo und Lombardo 2007, S. 34)?
- Wie ist es um die Balance beider Dimensionen bestellt, stimmen Diagnose und Prognose überein (Verloo und Lombardo 2007, S. 35)? Zuweilen lässt sich zeigen, dass ein Ungleichgewicht besteht, wenn etwa eine bestimmte Problemursache konstatiert wird, die eingebrachte Lösung aber letztlich in eine völlig andere Richtung zielt.

In dieser Analyse geht es nicht darum, Beispiele für gute Praxis herauszustellen, sondern darum, die Vielfalt der Deutungen offenzulegen. Über den Vergleich wird deutlich, was in einem bestimmten Policy-Kontext verschwiegen oder völlig anders gefasst wird.

Kritik

Die *Critical Frame Analysis* möchte *policy frames* kartographieren, „Vorurteile" offenlegen, die Policies prägen, und analysieren, wie bestimmte Akteure vom Diskurs ausgeschlossen werden (Verloo und Lombardo 2007, S. 38). Das Vorgehen ist insofern mit Schwierigkeiten konfrontiert, als sich die Kategorien tatsächlich erst aus dem Vergleich ergeben. Daraus resultiert die Notwendigkeit, bereits kodiertes Material vor dem Hintergrund neu gewonnener Eindrücke nachzukodieren (Verloo und Lombardo 2007, S. 39). Die Analyse kann zudem nicht erklären, warum *policy frames* eine bestimmte Form in einem bestimmten Kontext annehmen. Um sich dieser Frage zu nähern, wäre eine intensivere Auseinandersetzung mit eben jenem Kontext vonnöten, um beispielsweise aufzeigen zu können, warum bestimmte Akteure dominanter sind als andere.

3.6 Die Analyse von Erzählungen und Narrativen

Der Begriff der Erzählung blieb lange auf die literaturwissenschaftliche Erzähltheorie, die Narratologie, beschränkt (Gadinger et al. 2014, S. 3). Seit einigen Jahren erkennt jedoch auch die Policy-Analyse, dass Erzählungen als zentrales diskursstrukturierendes Regelsystem fungieren (Gadinger et al. 2014, S. 23; für die Politikwissenschaft allgemein siehe Hofmann et al. 2014). Diskurse sind durch wiederkehrende Muster überhaupt erst als solche zu erkennen. Dabei kann zwischen der Narration als Prozess, also der erzählenden Aktivität, und dem Narrativ als dessen Produkt und Struktur unterschieden werden (Gadinger et al. 2014, S. 21). In einem engeren Verständnis stellen Narrative ein Verhältnis zwischen verschiedenen Aussagen her. Eine zentrale Grundeigenschaft des Erzählens liegt nämlich im *Emplotment*. Hierunter wird die Herstellung einer sequentiellen Ordnung (Koschorke) verstanden. Das bedeutet, dass ein Sachverhalt als eine Aufeinanderfolge von Ereignissen oder Erscheinungen porträtiert wird (Fischer und Gottweis 2012b, S. 12). Dabei wird einerseits eine zeitliche Reihenfolge (Anfang, Mitte, Ende) einer Handlung hergestellt, zugleich geht mit diesem Ereignisverlauf implizit oder explizit auch die Unterstellung einer kausalen Verknüpfung (etwas passierte, weil...) einher. Diese Erzählungen vermitteln den Eindruck von Klarheit, Stabilität und Ordnung (Gottweis 2006, S. 468).

3.6.1 Verschiedene Varianten der narrativen Analyse

Insbesondere für die Untersuchung von Problematisierungen, also der Konstruktion von Problemen, kann die Beschäftigung mit Narrativen gewinnbringend sein. Schon Neustadt und May (1986, S. 274) rieten: „Don't ask ‚What's the problem,'

3.6 Die Analyse von Erzählungen und Narrativen

ask ‚What's the story?' That way you'll find out what the problem really is." Die Kraft der Narrative besteht darin, verschiedene Elemente, Ereignisse oder Personen erzählerisch zu verknüpfen und beispielsweise durch die Benennung einer Problemursache nur ein begrenztes Set an Handlungsvorgaben plausibel erscheinen zu lassen (Gadinger et al. 2014, S. 25). Zugleich kann schon die Wahl eines Ereignisanfangs für eine Erzählung ein machtpolitischer Akt sein, da etwa in der Darstellung einer Konfliktsituation eine Vorentscheidung getroffen wird, was in die „Gesamtrechnung von Schuld und Rache" (Koschorke) einbezogen wird (Gadinger et al. 2014, S. 12). Erzählungen vereinfachen, indem sie disparate Ereignisse in einen Zusammenhang stellen, spezifische Akteurskonstellationen – vor allem Protagonisten und Antagonisten – produzieren und somit bestimmte Handlungen als richtig erscheinen lassen (Gronau und Nonhoff 2011, S. 4). Narrative stellen menschliche Handlungen und deren Effekte dar: Der britische „Thatcherismus" etwa beinhaltete ein Krisennarrativ, auf das die „Eiserne Lady" Thatcher eine heldenhafte Antwort darstellte, während das wesentliche Narrativ des *Blairism* in einen weiteren Wandel von alt zu neu, in ein weiteres Modernisierungsnarrativ eingebettet war (Finlayson 2007, S. 557).

Die narrative Analyse bemüht sich um eine Gesamtschau der Diskussionen und möchte dabei spezifische inhaltliche Muster aufzeigen. Dieses Vorgehen sucht in verbalen und schriftlichen policy-relevanten Quellen nach Geschichten, die eine typische Erzählstruktur, nämlich Anfang, Mitte und Ende aufweisen. Damit versucht die Analyse herauszuarbeiten, wie einzelne Ereignisse zu einem synchronen Sinnganzen mit kohärenter Argumentations- bzw. Ablaufstruktur geordnet werden. Die Untersuchung deckt Legitimations- oder Rationalisierungsstrategien sowie die Begründung von Entscheidungen mit historischer Notwendigkeit und analogen Szenarien auf und stellt heraus, wie ordnende Ideen als Sinnklammern *plot*-bildend wirken (Schneider und Janning 2006, S. 173).

Mittels dieser Erzählungen wird eine Situation als politisches Problem wahrgenommen oder nicht (Hajer 2002, S. 63). Insofern Narrative definiert werden als Erzählung einer Sequenz von Ereignissen, in der ein Ereignis die Transition von einem Zustand in einen anderen darstellt, bringen sie einzelne Sinneinheiten nicht nur in eine kausale und normative Ordnung sowie in eine Beziehung der Äquivalenz oder Opposition, sondern organisieren zudem zeitliche Abläufe auf spezifische Weise. Mit der Benennung von (zurückliegenden) Problemursachen, (gegenwärtigen) Verantwortlichkeiten und (in die Zukunft weisenden) Zielvorstellungen werden in Narrativen immer auch Relationierungen von Vergangenheit, Gegenwart und Zukunft transportiert (Barbehön und Münch 2014, S. 150). Da ein einziges Policy-Dokument in der Regel kaum alle offiziellen Standpunkte zu einem Thema abdecken wird, greifen viele Forscherinnen und Forscher auf eine aggregierte Analyseeinheit anstelle eines einzelnen Textes zurück. Die Analyse der Erzählung bezieht sich dann nicht auf ein Dokument allein, sondern rekonstruiert diese über verschiedene Texte hinweg (van Eeten 2007, S. 253). Yanow (1995, S. 113) bezeichnet dieses als „konstruierten Text", den sie vom „verfassten Text" (*authored text*) abgrenzt.

Policy-Probleme werden als kohärente „Geschichten" erzählt, in denen Helden, Bösewichte und unschuldige Opfer auftreten. Diese Funktionen und Rollen, die nicht nur von menschlichen Akteuren, sondern auch von abstrakten Elementen ausgefüllt werden können, werden von manchen Autoren mit dem Semiotiker Algirdas Julien Greimas als Aktanten bezeichnet (Wrana et al. 2014, S. 24; Gadinger et al. 2014, S. 34).

Es muss eingeräumt werden, dass der Begriff der narrativen Policy-Analyse ganz verschiedene Ansätze umfasst. Mit der Untersuchung von *policy narratives* ist oftmals eine implizite oder explizite Kritik am vorherrschenden Narrativ verbunden, die sich vor allem auf die Problemdefinition und die Evaluation einer Policy bezieht (van Eeten 2007, S. 254). Gegenstandpunkte werden als Gegenerzählungen (*counterstories*) gelesen (Schneider und Janning 2006, S. 174). Ein weiterer Zugang bewertet die Qualität eines Narrativs nach der logischen Kohärenz der Geschichte (Fischer 2003, S. 166). Wichtiges Kriterium für die Überprüfung des Wahrheitscharakters einer solchen Erzählung sind der Konsistenz- und Vollständigkeitstest im Hinblick auf fünf narrative Kernelemente. Diese sind „agent, act, scene, agency, and purpose", also die Fragen nach dem wer, was, wo, wie und warum (Kaplan 1993, S. 178). Das Fehlen eines dieser zentralen Elemente deutet dann auf Argumentationsschwächen hin. Kaplan (1993, S. 179–181) trägt selbst einen wesentlichen Vorbehalt gegen eine solche Analyse vor: Ein solcher *Plot* kann nur auf die Vergangenheit bezogen werden und nie für die Zukunft gelten. Ein weiterer Kritikpunkt nach Durning (1995, S. 105) zielt darauf ab, dass Kaplan nicht die Frage beantworte, an wen und mit welchem Motiv sich die Geschichten richten.

Andere Autorinnen und Autoren versuchen wiederum, das Meta-Narrativ herauszuarbeiten, „a story that can account how the conflicting policy narratives on a certain issue can all be the case at the same time" (van Eeten 2007, S. 256). Meta-Narrative in einer bestimmten Gesellschaft konstituieren das politisch Imaginäre, eine kognitive Landkarte und begleitende Werte. Es handelt sich um ein soziales Konstrukt, das Teil des Repertoires politischer Visionen und Identifikationen ist. Es besteht aus den geläufigsten Repräsentationen, Erzählungen und Idealen, die einen bestimmten sozialen Raum und seine Grenzen definieren (Gottweis 2006, S. 469). Der Begriff „Meta-Narrativ" bezeichnet dann einen geteilten Referenzpunkt, das Strukturmuster, das einzelnen und eventuell sogar widerstreitenden Aussagen zugrunde liegt (vgl. Roe 1994, S. 2). Wenn beispielsweise ein Narrativ „schwarz" laute und das konkurrierende Narrativ „weiß", so heiße das Meta-Narrativ „Farbigkeit" (van Eeten 2007, S. 256).

3.6 Die Analyse von Erzählungen und Narrativen

Forschungsbeispiele
Bliesemann de Guevara und Kühn (2015) nehmen *urban legends*, also moderne Sagen, die angeblich „dem Freund eines Freundes" passiert sind, als Ausgangspunkt für eine Untersuchung von Meta-Narrativen, die verschiedenen Militärinterventionen zugrunde liegen. Dabei zeigen sie, wie die modernen Legenden an drei Meta-Narrative anknüpfen können, die das Selbstbild der Intervention prägen: Solche Legenden, die die Bevölkerung im Einsatzland als barbarisch zeichnen, diejenigen, die um das Meta-Narrativ westlicher Hybris kreisen, und solche, die kulturelle Missverständnisse und ein Scheitern der Intervention betonen.

Forschungspraktische Hinweise für eine Verknüpfung theoretischer Grundlagen und methodischer Umsetzung einer „narrativen Diskursanalyse" liefert Willy Viehöver (2004), der sich als Soziologe mit prinzipiell an die Policy-Analyse anschlussfähigen Fragestellungen befasst. Er geht davon aus, dass narrative Schemata Regelsysteme sind, die Diskursen einerseits Bedeutung und Kohärenz verleihen, aber andererseits das Potenzial zur Veränderung und Transformation von Wissensordnungen beinhalten. Erzählungen sind bei ihm nicht zeitlos oder von der Praxis der Akteure entkoppelt, weshalb er auch von der Praxis der Narrativisierung spricht (Viehöver 2004, S. 236). Dabei unterstellt er Diskurskoalitionen mit unterschiedlichen Konstruktions- und Rezeptionspraktiken (Viehöver 2004, S. 238; zu Diskurskoalitionen nach Hajer siehe 4.5) und arbeitet sechs unterschiedliche Perspektiven, den globalen Klimawandel zu narrativisieren, heraus (Viehöver 2004, S. 242).

Kritik
Die Untersuchung von Meta-Narrativen als geteilten Referenzpunkten ist nur schwer von dem abzugrenzen, was in anderen Kontexten als *frame* bezeichnet wird. Bei der Benennung „Farbigkeit" beispielsweise handelt es sich streng genommen nicht um eine Erzählung, da der *Plot* fehlt. Im englischen Sprachraum scheint der Begriff Narrativ freizügiger verwendet zu werden als in deutschen Texten. Eine weitere offene Frage besteht darin, wie die Auslassung von bestimmten Ereignissen in einer Erzählung zu bewerten ist. Während einerseits die Deutung plausibel ist, dass durch das Verschweigen von bestimmten Sachverhalten abgelenkt werden soll, formulieren Patterson und Monroe (1998) die ebenso einleuchtende These, dass das Unerwähnte möglicherweise gerade das vom Sprecher für selbstverständlich Gehaltene sein könne. Die Auslassungen könnten einen Hinweis darauf geben, was als geteiltes Wissen gilt darüber, wie die Welt funktioniert.

3.6.2 Die narrative Policy-Analyse nach Deborah Stone

Die in der Mainstream-Forschung übliche Unterscheidung zwischen sozialen Problemen auf der einen und politischen Handlungen auf der anderen Seite impliziert, dass soziale Phänomene eine „neutrale Form" unabhängig von politischer Meinung und Deliberation besäßen. Politikformulierung wird in diesem konventionellen Verständnis als Problemlösungsprozess gefasst, der Machtkämpfen und Interessenskonflikten unterliegt (Hofmann 1995, S. 127). Eine dezidierte Kritik an diesem rationalistischen Konzept hat früh Deborah Stone (1989) mit ihrer Vorstellung von Politik als einem *struggle over ideas* vorgelegt, auf den sich insbesondere auch die Werke der argumentativen Wende beziehen. Als wichtigste Aufgaben politischer Führung betrachtet sie die Definition eines Problems sowie die Überzeugung einer breiten Öffentlichkeit jenseits der direkt betroffenen Bürger und Interessengruppen, dass es sich um ein Problem handelt, das politischer Aufmerksamkeit bedarf (Stone 2006, S. 135, zum Folgenden siehe auch Münch 2010, S. 80–82).

In ihrem Grundlagenwerk von 1989, „Policy Paradox. The Art of Political Decision Making", analysiert Stone nicht, wie Akteure die traditionellen Machtressourcen wie Geld, Wählerstimmen und Posten erwerben und einsetzen, sondern wie sie Ideen nutzen, um politische Unterstützung zu sichern und Policies zu kontrollieren. „No one has better illustrated the ways in which people understand policy problems through the medium of narratives than Stone" (Fischer 2003, S. 169). Policies können in ihrem Verständnis als „handgefertigtes Argument" verstanden werden (Fischer 2007, S. 225). Anders als bei solchen sozialkonstruktivistischen Arbeiten, die soziale Konstruktionen als den sich entwickelnden Wissensvorrat einer Gruppe verstehen, betont sie damit, dass diese Problematisierungen (auch) eine absichtliche und strategische Erfindung sein können. Laut Deborah Stone (2006, S. 130) handelt es sich beim Policy-Prozess um einen kontinuierlichen diskursiven Kampf um die Kategorien sozialer Klassifizierung, die Grenzen von Problemkategorien, die intersubjektive Interpretation von gemeinsamen Erfahrungen, das konzeptionelle *framing* von Problemen und die Definition von Ideen, die die Wege lenken, in denen Menschen gemeinsames Handlungswissen entwickeln.

Stone (2002) konstatiert, dass Definitionen von Policy-Problemen strategische Repräsentationen von Situationen seien, ausgestattet mit einer Erzählstruktur, um Interpretationen und Vorstellungen von Schwierigkeiten zu kontrollieren, die die Adressaten unvermeidlich zu einer bestimmten Vorgehensweise bewegen. „Policy debate is dominated by the notion that to solve a problem, one must find its root cause or causes; treating the symptoms is not enough. (…) To identify a cause in the polis is to place burdens on one set of people instead of another" (Stone 2002, S. 188–189). Deborah Stone adaptiert damit das Konzept der Plot-Muster, die in der Geschichtswissenschaft Hayden White maßgeblich bekannt gemacht hat. Es

3.6 Die Analyse von Erzählungen und Narrativen

mache einen Unterschied, ob ein Ereignis als Romanze, Tragödie, Komödie oder Satire gefasst werde, denn im Plot liegt ein narrativer Erklärungsansatz (*bias*), der unbewusst die Bewertung beeinflusst (Gadinger et al. 2014, S. 24–25). Die Policy-Forschung begibt sich damit auf die Suche nach literarischen Mustern und liest beispielsweise das Ausbrechen der Finanzkrise als Ende einer bis dahin geglaubten Abenteuergeschichte, deren Hauptfiguren, die Banker, hart arbeitende, tüchtige Helden waren (Gadinger et al. 2014, S. 15).

Stone (2006, S. 129) geht davon aus, dass politische Akteure eine überzeugende begründende Erzählung benötigen, um ihr Verständnis von sozialen Problemen zu transportieren. Diesen Geschichten obliegt eine Reihe von Aufgaben, um ein Problem auf die öffentliche Agenda zu setzen und die alternativen Policy-Optionen zu formen, die die Politik berücksichtigt. Diese Geschichten stellen ein Problem als Ergebnis menschlicher Handlung dar, um es nicht als Ergebnis eines Zufalles oder des Schicksals erscheinen zu lassen. Sie identifizieren bestimmte Personen, Verhaltensweisen oder Entscheidungen als Ursachen des Problems. Die Geschichten mögen richtig oder falsch sein, aber sie weisen Schuld und Verantwortung gleichermaßen zu (Stone 2006, S. 130). Die politischen Funktionen kausaler Geschichten bestehen darin, die Möglichkeit des menschlichen Handelns zu demonstrieren, Verantwortung zuzuweisen, bestimmte Akteure zu legitimieren und politische Allianzen zwischen all denjenigen zu schmieden, die in die „Opfer"-Rolle fallen (Stone 1989, S. 295).

Laut Stone (1989) gibt es dabei zwei verschiedene Erzählmotive, die im Policy-Prozess besonders beliebt sind: Die „Geschichte des Niederganges" erzählt den Prozess des unaufhaltsamen Verfalls, der bevorstehenden Krise. Diese Erzählungen beginnen in der Regel mit Zahlen und Fakten, um eine Verschlechterung zu verdeutlichen (Stone 1989, S. 138). Insbesondere in der Darstellung der Entwicklung von marginalisierten Stadtteilen ist diese Erzählung beispielsweise verbreitet. Stone macht zwei Varianten dieser Geschichte aus. Die erste ist die „Geschichte des verhinderten Fortschritts" (Stone 1989, S. 139), an deren Anfang eine schlechte Ausgangslage dargestellt wird, die durch einen bestimmten Eingriff verbessert worden sei. Dieser Fortschritt sei jedoch durch einen anderen Faktor in Gefahr. Diese Erzählung sei bei solchen Interessengruppen verbreitet, die sich gegen staatliche Regulierung sträuben. Die zweite Variante transportiert das Bild, Veränderung sei nur eine Illusion, eine Situation sei nicht schlechter (oder besser) geworden (Stone 1989, S. 142).

Die „Geschichte von Kontrolle und Hilflosigkeit" unterstellt, dass Bedingungen durch menschliches Handeln verändert werden können (Hastings 1998, S. 200). Auch hier gibt es zwei Varianten, zum einen die Geschichte der „Verschwörung" (Stone 2002, S. 143), zum anderen eine, die die Opfer selbst beschuldigt:

> Just as the conspiracy story always ends with a call to the many to rise up against the few, the blame-the-victim story always ends with an exhortation to the few (the victims) to reform their own behavior in order to avoid the problem. What all these stories of control have in common is their assertion that there is choice. (Stone 2002, S. 144)

Kritik

Von Deborah Stones Arbeiten fungiert insbesondere das frühe Werk „Policy Paradox" als eine Fundgrube für die interpretative Policy-Forschung. Als Schwäche dieser Arbeit kann allerdings gelten, dass die Autorin ihre epistemologischen Grundlagen nicht expliziert und ihr Werk nicht in einen weiteren Theoriezusammenhang einordnet, obgleich ihr sozialkonstruktivistisches Verständnis deutlich durchscheint. Diese Zurückhaltung mag allerdings daran liegen, dass Stones Arbeiten in die späten 1980er Jahre hinein reichen und somit selbst erst die Grundlagen für die argumentative oder interpretative Wende gelegt haben. Während insbesondere die Arbeiten des *argumentative turn* sich kämpferisch gegen traditionelle Ansätze der Policy-Forschung gebärden, findet diese Auseinandersetzung in Stones Texten weitaus subtiler statt. In den 1990er Jahren hat Stone ihren Ansatz der narrativen Policy-Analyse überwiegend in kürzeren Artikeln weiterentwickelt, aber auch hier stehen ihre eigenen Überlegungen – so anregend sie auch sind – stets losgelöst von den weiteren Debatten innerhalb der Disziplin. Deborah Stone sensibilisiert dafür, wie in der Definition eines Problems bereits die entsprechenden Lösungsmöglichkeiten angelegt sind. Zudem machen ihre Überlegungen bewusst, wie in den Erzählungen von sozialen Problemen gleich eine Zuweisung von Schuld, aber auch Verantwortung mitschwingt (Münch 2010, S. 82).

3.7 Die Rekonstruktion von Problematisierungen

Mit ihrer narrativen Policy-Analyse hat Deborah Stone (1989) einen wichtigen Beitrag zu einem weiteren Untersuchungsobjekt interpretativer Policy-Forschung geliefert, der Konstruktion von Problemen oder Problematisierung. Die Definition eines Sachverhaltes als Problem wurde von der Mainstream Policy-Analyse lange vernachlässigt und blieb in den meisten Fällen in einer *black box* vor dem *Agenda Setting*-Prozess (Stone 1989, S. 281).

Dies hängt unter anderem mit der „Problemlösungsbias" der Policy-Analyse zusammen, die im Rahmen des „technokratischen Projektes" (Fischer 1990) Politik als Lösen objektiver Probleme idealisierte (Mayntz 2001, für das Folgende ausgiebig Barbehön et al. 2015b). Während sich die Soziologie sozialer Probleme bereits in den 1960er Jahren sozialkonstruktivistischen Ansätzen zuwandte, also

3.7 Die Rekonstruktion von Problematisierungen

die Frage stellte, wie Sachverhalte zum Problem werden, bezog sich die frühe politikwissenschaftliche Kritik an der Vorstellung eines linearen Problemlösungsprozesses vor allem auf die Prägkraft von Akteuren und Strukturen für das *Agenda Setting* (Peters 2005, S. 353). *Agenda Setting* wurde als Auswahl von und Einsatz für unterschiedliche objektiv gegebene Probleme gefasst, anstatt die Problemdefinitionen und -interpretationen selbst zum Gegenstand der Untersuchung zu machen (Jann und Wegrich 2007, S. 46). Für Cobb und Elder (1971, S. 903) spiegelte die formale Agenda den Widerstreit pluralistischer Interessen wider und war damit ein Ausdruck unterschiedlicher Machtverhältnisse. Anthony Downs kritisierte mit seinem *issue-attention cycle* von 1972 ebenfalls die Vorstellung, die Intensität eines Problems führe dieses früher oder später auf die Agenda. Er beleuchtete die politische und öffentliche Aufmerksamkeit, die vor allem durch außerordentliche Ereignisse erregt werde und im Laufe der Debatte wieder abebbe.

Eine weitere Absage an *policy-making* als Problemlösung stammt von John W. Kingdon (2003), der die These aufstellt, dass nicht objektive Probleme nach Lösungen suchten, sondern dass Lösungen ihrerseits nach Problemen suchten, an die sie sich hefteten, oder nach politischen Ereignissen, die die Wahrscheinlichkeit ihrer Implementation erhöhten. In seinem *multiple streams* Ansatz differenziert er drei Ströme, den Problem-Strom („Was passiert?"), den Policy-Strom („Was können wir tun?") und einen *Politics*-Strom, der nach der Stimmung im Land und den Aussichten auf Unterstützung fragt. Gelingt es einem *Policy Entrepreneur*, einem politischen Unternehmer, diese drei Ströme zu koppeln, gelangt ein Thema auf die Agenda. Kingdon bricht damit mit der Vorstellung rationaler Problemlösung und unterstreicht Anarchie und Ambiguität im *policy-making*. Probleme und Policy-Optionen sind nicht kausal, sondern willkürlich miteinander verbunden (Rüb 2008, S. 99). Letztlich bleibt aber auch dieser Zugriff einer objektivistischen Vorstellung verhaftet, denn Probleme werden nicht konstruiert, sondern sind real vorhanden.

Von gänzlich anderen Prämissen geht die interpretative Policy-Analyse aus, deren Überzeugung nach Hajer (2002, S. 63) lautet: „[W]hether or not a situation is perceived as a political problem depends on the narrative in which it is discussed." Die Bedeutung von Problemerzählungen wird auch von David A. Rochefort und Roger W. Cobb (1993) hervorgehoben. Ähnlich dem Stone'schen Ansatz richten auch sie ihren Fokus auf die Versprachlichung von Kausalitätsannahmen, die als problematisch portraitierte Zustände mit Ursachen und Handlungspotenzialen in Verbindung bringen. Hinzu treten bei Rochefort und Cobb weitere Aspekte, die im Rahmen von Problematisierungen konstruiert werden, wie die Intensität eines Problems, seine Neuartigkeit, die Nähe (im Sinne eines individuellen oder allgemeinen gesellschaftlichen Problems) oder die Darstellung eines Problems als außergewöhnliche Krise oder als Teil politischer Routine.

Eine interpretative politikwissenschaftliche Analyse beschränkt sich aber nicht nur auf Problemdefinitionen vor dem eigentlichen *Agenda Setting*, sondern liest auch bestehende Policies und Programme als geronnene Problemdefinitionen. Dery[12] (1984, S. 92 f.) ist einer der ersten Autoren, die beleuchten, inwiefern die Institutionalisierung von Lösungen die Institutionalisierung von Problemdefinitionen impliziert: Bestimmte Interpretationen und Deutungen, die für eine bestimmte Zeit und einen bestimmten Ort charakteristisch seien, begünstigten die Entstehung entsprechender Institutionen, die wiederum für ein bestimmtes Problemverständnis stünden, welches sie dann im institutionellen Eigeninteresse verteidigten. Selbst wenn die ursprünglichen Problematisierer ihre Aktivitäten einstellen, reflektieren Policies und Programme spezifische Interpretationen der sozialen Welt und stellen Gelegenheitsstrukturen bereit, wie neue Probleme konstruiert werden und durch welche Gruppe von Akteuren (vgl. Groenemeyer 2003, S. 12; zur Kontrastierung interpretativer und poststrukturalistischer Ansätze zu Problematisierungen siehe Bacchi 2015). Dominante weil institutionalisierte Interpretationen stellen eine moralische Infrastruktur bereit, an die neue Problematisierungen anknüpfen müssen, um sich Gehör zu verschaffen. Insbesondere internationale Vergleiche können dabei erhellen, wie bestimmte Problemdefinitionen kulturell eingebettet werden können, während andere dies nicht vermögen (Lepperhoff 2006, S. 259).

Forschungsbeispiel
Der Rekonstruktion von Problematisierungen, hier gefasst als lokale „Problemdiskurse", haben sich Barbehön et al. 2015a, Barbehön und Münch 2014 und Zimmermann et al. 2014 gewidmet. Das Vorhaben geht von der Annahme aus, dass sich in Städten jeweils lokalspezifische Perzeptionen und Deutungen politischer Realität ausbilden, die als kollektiver Möglichkeitsraum das Handeln und Sprechen organisieren. Ein solches Forschungsinteresse verlangt somit nach einer städtevergleichenden Anlage, um die Spezifika von Städten im Kontrast erkennen zu können (vgl. Gehring 2008). Untersucht wurden die diskursiven Konstruktionen und Aushandlungen jener Phänomene, die in Frankfurt am Main, Dortmund, Birmingham und Glasgow als „Probleme dieser Stadt" gelten.

Der „Problemdiskurs" einer Stadt wurde hier als die Gesamtheit der ausdrücklich in dieser Stadt politischen Handlungsbedarf erzeugenden Thematisierungen gefasst. Dabei wurde im Gegensatz zu vielen anderen

---

[12] Dery selbst gilt laut Carol Lee Bacchi (2015, S. 7) jedoch nicht als interpretativer Autor, sondern als „political rationalist".

3.7 Die Rekonstruktion von Problematisierungen

interpretativen Arbeiten die Analyse nicht auf vorab bestimmte Policy-Argumente oder a priori gesetzte Themen begrenzt, sondern die Gesamtheit des öffentlichen Redens über Probleme innerhalb bestimmter Zeiträume in den Blick genommen. Bei der Systematisierung des Materials wurde in Anlehnung an Deborah Stone (1989) gefragt, was thematisch problematisiert wurde, wer dabei als „Problematisierer" auftrat, welche Problemursache benannt und wer mit der Problemlösung beauftragt wurde. Dabei zeigte sich zum einen, dass die vier Städte nicht nur Unterschiedliches als „ihre" Probleme wahrnehmen. Auch scheinbar gleichlautende Probleme, wie etwa „die Krise der Stadt", bedeuten etwas Verschiedenes vor Ort (Zimmermann et al. 2014). Zum anderen wurde herausgearbeitet, dass sich über thematische Grenzen hinweg innerhalb einer Stadt spezifische Strukturmuster ausbilden, die das „Wie" des Redens über Probleme strukturieren. Dabei zeigte sich, dass im Rahmen der Zuweisung von Ursachen, Verantwortlichkeiten und Handlungspotenzialen die Rollen und Interaktionsmuster von „Politik", „Verwaltung" und „Bürgern" in je stadtspezifischer Weise entworfen werden (Barbehön 2014). Neben dieser spezifischen Konstruktion von lokalpolitischen Handlungssphären hat sich darüber hinaus gezeigt, dass sich die vier Städte nicht nur darin unterscheiden, welche sozialen Gruppen typischerweise als Problembetroffene, -verursacher oder -lösende benannt werden, sondern auch dahingehend, welche sozialen Gruppen überhaupt voneinander unterschieden werden (Münch 2014). Schließlich gehen mit diskursiven Problemkonstruktionen vielfach Wendungen der Dringlichkeit einher, wenn „Krisen", „Katastrophen" oder „Miseren" ein schnelles Handeln einfordern (Großmann 2014).

3.7.1 „What's the problem represented to be?" (WPR)

Einen anders gelagerten Beitrag zur Analyse von Problemdefinitionen, der von der Untersuchung von Narrativen abweicht, hat Carol Bacchi (1999, 2009, 2012a, 2012b, 2015) geleistet. In Anlehnung an Foucault spricht die Autorin (Bacchi 2012b, S. 2) nicht von Problemen, sondern von Problematisierungen, um mit diesem prozesshaften Begriff zu unterstreichen, wie Dinge, die als offensichtliche Herausforderung erscheinen, tatsächlich fragil und auf historische Umstände zurückzuführen sind, die nichts Notwendiges oder Definitives an sich haben. Zu diesem Zweck entwickelt Bacchi (2009, 2012a) den *„What's the problem represented to be"*-Ansatz (WPR), der einzelne Programmentwürfe danach befragt, welche Darstellung dessen, was als „das Problem" begriffen wird, in ihnen impliziert wird. Zu diesem Zweck führt Bacchi (2012a, S. 21) einen Satz von sechs Fragen ein, mit deren Hilfe die Forschung das Policy-Dokument darauf durchsuchen kann, welche Leerstellen und Lücken in der impliziten Problemdarstellung anzutreffen und welche Alternativen potenziell möglich sind. Ihre Fragen lauten:

1. Was wird als das „Problem" (beispielsweise „Spielsucht", „häusliche Gewalt", „Klimawandel") dargestellt in einer spezifischen Maßnahme, einem Gesetzesentwurf oder einem Policy-Vorschlag?
2. Welche Voraussetzungen oder Vorannahmen untermauern diese Darstellung des „Problems"?
3. Wie ist diese Darstellung des „Problems" zustande gekommen?
4. Was wird nicht problematisiert in dieser Darstellung? Was wird verschwiegen? Könnte über das „Problem" anders gedacht werden?
5. Welche Effekte zieht eine solche Darstellung des „Problems" nach sich?
6. Wie und wo wurde diese Darstellung des „Problems" produziert, verbreitet und verteidigt? Wie und wo wurde es in Frage gestellt, gestört, ersetzt oder könnte dies werden?

Bacchi (2012b, S. 7) versteht ihren Zugang als Aufruf zur „kritischen Reflexivität", die den Blick nicht nur auf die verschiedenen Ausprägungen von Macht richtet und darauf, wie sie in dominanten Problemdefinitionen eingebettet sind, sondern die Forschenden anhält, die eigenen Vorannahmen zu hinterfragen. Wie bei Deborah Stone (1989; 2002) wird der Prozess der Problemdefinition als ein essentieller Teil des Policy-Prozesses betrachtet, der die Formulierung von Programmen beeinflusst. Im Gegensatz zu Stone betont Bacchi (2012a, S. 22; 2015) indes nicht dessen strategischen, von politischen Akteuren gezielt eingesetzten Charakter, sondern geht in der Tradition Foucaults von Macht-Wissens-Ordnungen aus, die den Subjekten vorgängig sind (siehe ausführlich 4.1). Diese Muster, die sie in Policy-Dokumenten aufdeckt, begreift sie mit Rose als Ausdruck von „governmentalities" (Bacchi 2015, S. 6), eine englische Variante von Foucaults Konzept der Gouvernementalität als Konnex von Regieren und Denken. Die Analyse zielt darauf ab, Policies besser zu verstehen als die politisch Verantwortlichen es tun, indem die unreflektierten, tief verankerten Annahmen, die in bestimmten Problemdefinitionen mitschwingen, transparent gemacht werden.

3.7.2 Exkurs: Soziologie sozialer Probleme

Anregungen für post-positivistische Forschungsfragen zu Problematisierungen können prinzipiell auch aus dem Forschungsgegenstand der sozialkonstruktivis-

3.7 Die Rekonstruktion von Problematisierungen

tischen Soziologie sozialer Probleme gewonnen werden, wie sie in Abschn. 1.4 bereits vorgestellt wurde. Die sozialkonstruktivistische Forschung interessiert sich für drei Beobachtungsfelder: die Beanstandungen (*claims*), die Beschwerdeführer (*claims-maker*) und den Prozess der politischen Auseinandersetzung (*claims-making process*; für das Folgende siehe Münch 2010, S. 56–57). Zentrale Fragen können lauten:

- **Inhalte**: Was wird über das Problem ausgesagt? Wie wird das Problem versinnbildlicht? Wie ist die Rhetorik? Wie wird das Problem präsentiert, um Unterstützung zu mobilisieren? Dies erfolgt beispielsweise durch *piggybacking* (Huckepacknehmen), wenn ein Problem als Teilaspekt einer bereits etablierten Problemdeutung konstruiert wird oder der Inhalt einer sozial akzeptierten Problemkategorie erweitert wird (Loseke 2003, S. 61–62). Auf der inhaltlichen Ebene sind zudem Ursache- und Folgenzuschreibungen von besonderer Bedeutung, ebenso die Zuschreibung von Verantwortung, wer für die Lösung oder Nichtbearbeitung eines Problems gefeiert oder beschuldigt wird (Hoppe 2002, S. 306). Die inhaltliche Ebene ist bedeutsam, da ein Problem in gänzlich unterschiedlichen Formen gefasst werden kann, beispielsweise das überproportionale Schulversagen von Jugendlichen mit Migrationshintergrund als strukturelles Problem des Bildungssystems oder als individuelles Problem der Bildungsferne der Eltern (vgl. Loseke 2003, S. 60).
- **Akteure**: Wer stellt die Forderungen? Wen wollen sie (angeblich) repräsentieren? Vertreten sie bestimmte Gruppen? Mit wem sind sie verbunden? Was sind ihre Interessen? Für wenig sinnvoll erachten die „Väter" der wissenssoziologischen Problemsoziologie die Frage, warum Personen zu ihrem Handeln veranlasst werden, denn die Suche nach individuellen und sozialen Eigenschaften, die die Partizipation erklären könnten, lenke ab von der Art, wie das *claims-making* organisiert ist. Die Fragen sollten eher lauten, warum eine Beschwerde in dieser spezifischen Form organisiert wurde, und nicht, warum Teilnehmer involviert sind. Wie wird entschieden, an wen die Beschwerde gerichtet wird; wer ist Nutznießer des Zustandes (Spector und Kitsuse 2006, S. 82–83)?
- **Prozesse**: An wen richten sich die Forderungen? Gibt es Rivalen? Welche Interessen hat das Publikum und wie beeinflussen diese Interessen ihrerseits die Forderungen (Best 1989, S. 250–251)? Loseke (2003, S. 28) unterstellt eine Hierarchie der Bedeutung des Publikums. Dabei ist die Behauptung, die Wissenschaft stehe an der Spitze der Hierarchie in Fragen des *claims-making* (Loseke 2003, S. 36), für den Einzelfall empirisch zu überprüfen. Wissenschaftliche Ergebnisse werden durchaus als wirklichkeitsfremd gebrandmarkt und ihr Entstehen in den Bereich des Elfenbeinturms verwiesen.

3.8 Policy-Analyse als Metaphern-Analyse

Neben der an die Vernunft appellierenden Argumentation und dem Modus der Erzählung zählt die Metapher zu einer weiteren Form sprachlicher Legitimation von Politik (Gronau und Nonhoff 2011, S. 3) und damit die Metaphern-Analyse zu einem Instrument der interpretativen Policy-Analyse.

Seit der Antike bezeichnet der Begriff Metapher die Übertragung eines Konzeptes samt seiner Bedeutung, die aus einem bestimmten Kontext entsteht, auf einen anderen Kontext, wo es seine übertragene Bedeutung entfaltet (Maasen und Weingart 2000, S. 19). Metaphern schaffen Wirklichkeit, indem sie abstrakte Phänomene im Lichte alltäglicher, lebensweltlicher Konzepte deuten (Hülsse 2003, S. 211). Die Metapher kann daher als einzelnes Element innerhalb eines diskursiven Kontexts gelten, das durch einen relativen Mangel an Vertrautheit gekennzeichnet ist (Maasen und Weingart 2000, S. 36). Während die Erzählung einen Verlauf abbildet, arbeiten Metaphern im Prinzip synchron, indem sie zur Erhellung eines abstrakten Konzeptes ein anderes, vertrauteres Konzept verwenden und somit einen bekannten Wissenskomplex mobilisieren (Gronau und Nonhoff 2011, S. 4). Nach konstruktivistischem Verständnis gelten Metaphern im Gegensatz zur antiken Vorstellung nicht bloß als rhetorisch-stilistisches Mittel oder zierendes Ornat, sondern als zentral für die Konstruktion sozialer und politischer Realität (Hülsse 2003, S. 217). Metaphern kondensieren oder simplifizieren eine komplexe Realität, indem sie einige Eigenschaften verschweigen und andere hervorheben. Je nachdem, wie sehr der Gebrauch einer Metapher zur Routine geworden und der bildhafte Ursprung nicht mehr bewusst ist, wird zwischen konventionellen und toten Metaphern unterschieden. Zu diesen „toten" Metaphern gehören etwa Begriffe wie Wolkenkratzer oder Flaschenhals etc. (Hülsse 2003, S. 219). Metaphorisches Sprechen kann als impliziter Legitimationsmodus gelten, der ein affektuelles Verständnis erleichtert, ohne fachliche Diskussionen im Einzelnen nachvollziehen zu müssen (Gronau und Schneider 2009, S. 4). Für Stone (2002, S. 148) stellen Metaphern ebenso wie die Synekdoche (ein Teil wird genutzt, um das Ganze zu repräsentieren) vor allem weitere Strategien der Problemdefinition auf Begriffsebene dar.

Metaphern sind nomadisch, das heißt, sie werden aufgegriffen von und interagieren mit verschiedenen Diskursen und produzieren dort unterschiedliche Bedeutungen (Maasen und Weingart 2000, S. 4). Die Metapher verändert den Kontext, in dem sie auftaucht, und wird selbst dadurch verändert (Maasen und Weingart 2000, S. 20). Metaphern verweisen stets auf andere Verwendungen und fungieren als textübergreifender Referenzpunkt. Neben dieser Scharnierfunktion zur Verknüpfung von Texten verweisen sie auch auf andere Diskurse und ermöglichen so Verständigung: „Ausdifferenzierte Spezialdiskurse werden durch Metaphern

3.8 Policy-Analyse als Metaphern-Analyse

ebenso wie durch Kollektivsymbole, Analogien und Mythen re-integriert" (Hülsse 2003, S. 222).

Die Linguistik hält metaphorisches Sprechen, also eine analogische Übertragung von der Alltags- auf die abstrakte Welt, für einen Ausdruck metaphorischen Denkens, da wir auch bei Kognitionsprozessen uns bekannte Rahmen auf Neues und Unbekanntes übertragen. Dieser Metaphernansatz wird auch als „kognitiv" bezeichnet, da der Metapherngebrauch als Ergebnis individueller Wahrnehmungsprozesse gefasst wird (Hülsse 2003, S. 219). Politikwissenschaftliche Arbeiten setzen hingegen meist auf einen konstruktivistischen oder diskursiven Metaphernansatz. Es ist nämlich nicht nur schwierig, den „Erfinder" einer Metapher und seine Motivation zu benennen. Das Studium der Metaphern zeigt auch, wie wenig Spielraum ein Sprecher hat, denn es gibt eine feste Verknüpfung zwischen bestimmten Metaphern mit Phänomenen innerhalb eines Diskurses (Hülsse 2003, S. 220). Anstatt zu untersuchen, wie eine Metapher entstanden ist, wird in der Policy-Analyse beispielsweise rekonstruiert, wie und was für eine Wirklichkeit aus dem Gebrauch von bestimmten Metaphern hervorgeht (vgl. Hülsse 2003). Dies wurde beispielsweise von Heinelt und Weck (1998) für die Debatte um die deutsche Arbeitsmarktpolitik am Beispiel der Aufschwung-/Abschwung-Metapher dargelegt. Hajer (1995, S. 167, 195) liest beispielsweise die Rede vom „sauren Regen" (*acid rain*) im Kontext des Waldsterbens als Metapher.

Themenbereiche, die Vorlagen für Metaphern in Policy-Diskursen liefern, sind vielfältig. Verschiedene Arbeiten (Gronau und Nonhoff 2011; Schneider 2008) haben sich beispielsweise mit dem Ausdruck der „Krise" beschäftigt, der ursprünglich ein medizinischer Terminus ist und Vorstellungen von Rettern, Patienten und Erregern aufruft. Das in der angelsächsischen Stadtentwicklungspolitik verbreitete Bild des *urban decay*, das eine geringe Wohnqualität und schlechte Ausstattung von Nachbarschaften sowie einen gesellschaftlichen Verfall bezeichnet, ruft beispielsweise für Englisch sprechende Leserinnen und Leser Erinnerungen an den *tooth decay*, also Karies oder Zahnverfall, hervor (Glynos et al. 2009, S. 24). Für Yanow (2008) wird damit zugleich eine entsprechende Lösung impliziert, die auf Abriss oder das Entfernen des betroffenen Ensembles abzielt. Die Übertragung eines lebensweltlichen Begriffs auf ein abstraktes Phänomen in Form einer Metapher fungiert damit wie eine kurze Erzählung, in der gleichermaßen Ursache und Lösung angelegt sind.

In Problemdiagnosen sind zudem Bilder aus der Natur verbreitet, wenn vom Umkippen eines Stadtteils wie bei einem belasteten Gewässer die Rede ist oder Wirtschaft als Naturgeschehen gefasst wird in Bezeichnungen wie „Finanz-Hurrikan", einem „dramatischem Beben" an den Finanzmärkten oder dem finanziellen „Weltenbrand" (Gronau und Nonhoff 2011, S. 11). Oftmals finden Metaphern von Krieg (Stone 2002, S. 154) und Kampf Verwendung, wenn von „Attacken" von Spekulanten auf den Euro und dessen „Verteidigung" gesprochen wird (Gronau und Nonhoff 2011, S. 13). Zur Charakterisierung von gewaltsamen Konflikten sind Begriffe wie „Pulverfass" oder „Flächenbrand" verbreitet. Ein anderes Feld ist das Schauspiel, wenn Staaten als Akteure auf der „Weltbühne" erscheinen (Ringmar 2007, S. 120). Metaphern aus dem Bereich der Technik sind ebenso geläufig, etwa in der Rede von der „Verwaltungsmaschinerie", im Bild der „Integrationsmaschine Stadt" sowie dem verbreiteten Motiv des „Staatsschiffs" (Ringmar 2007, S. 125–126).

Forschungsbeispiel
Der Kontextbruch, auf dem Metaphern beruhen, bedeutet forschungspragmatisch, dass nicht ein Wort, sondern „die Stelle" die Metapher ausmacht (Gehring 2009, S. 204). Hülsse (2003) verwendet hierfür den Begriff des Ko-Textes, der die Umgebung der Metapher, den Satz oder Absatz bezeichnet. Zur Analyse der Metapher wird den Forschenden geraten, sich „dumm zu stellen", also in eine Person hineinzuversetzen, die eine Metapher zum ersten Mal hört (Hülsse 2003, S. 228). Für eine Metaphernanalyse der EU-Erweiterung schlägt Hülsse (2003) folgende Schritte vor:
- Zunächst erfolgt eine Sichtung des gesamten Korpus, um die verwendeten Metaphern zu inventarisieren und zu Gruppen zusammenzufassen (Hülsse 2003, S. 230). In seiner Untersuchung des Erweiterungsdiskurses konnte der Autor im Wesentlichen vier Arten von Metaphern aufdecken, nämlich Haus-, Weg-, Beziehungs- und organische Metaphern.
- In einem weiteren Schritt erfolgt die Untersuchung der Mikro-Ebene, also der Metaphern in ihrem Ko-Text. Ergebnis ist eine Zusammenschau der verschiedenen Arten von Metaphern und ihrer Konstruktionen.
- Schließlich erfolgt eine Untersuchung der intertextuellen Bezüge: Gibt es Gemeinsamkeiten der einzelnen Metaphern? Hier ließ sich zeigen, dass mit allen Metaphern die EU-Erweiterung als langwieriger und asymmetrischer Prozess, aber auch als Identitätsfrage gezeichnet wird.
- In einem abschließenden Analyseschritt wird gefragt, an welche Diskurse angeknüpft wird, wobei es in diesem Fall deutliche Bezüge zum Diskurs über die europäische Identität insgesamt gab (Hülsse 2003, S. 231). Staaten wurden regelmäßig als Menschen gefasst und über Heimkehrmetaphern anthropomorphisiert. Die Rede vom „Zusammenwachsen" deutete die Osterweiterung als Heilungsprozess. Europa wird damit als natürliche Identität konstruiert, die Zugehörigkeit ist naturgegeben und jedweder sozialen Handlung vorgängig (Hülsse 2003, S. 233).

Kritik

Angesichts der Allgegenwart von Metaphern besteht die Gefahr, dass sich unerfahrene Forschende auf ihr Auffinden beschränken. Das Ergebnis ist eine Art von Analyse, die Czarniaswka mit Solow ironisierend als „Look, Ma, there is a metaphor!" zusammenfasst (in Wagenaar 2011, S. 209). Forschung dürfe sich nicht hierauf beschränken, sondern müsse die Konsequenzen ihrer Verwendung aufzeigen.

3.9 Rhetorik in der Policy-Analyse: Rhetorical Political Analysis (RPA)

Rhetorik galt in der Politikwissenschaft lange als belanglos oder schlimmstenfalls anrüchig (Hülsse 2003, S. 212). Dahinter steht eine gängige Unterscheidung zwischen sprachlichem Vordergrund und kognitivem Hintergrund und die Unterstellung, was ein Akteur äußere, könne sich erheblich von seinen „tatsächlichen" Überzeugungen unterscheiden, also „nur Rhetorik" sein (vgl. Hülsse 2003, S. 237). Ganz anders nähern sich interpretative Arbeiten dem Thema. Die vielfältigen Interaktionen und Vernetzungen in Prozessen der verbindlichen Handlungskoordination erforderten es, Beziehungen und Einvernehmen zwischen verschiedenen Akteuren herzustellen. Diese Art der auf Überzeugung angelegten Kommunikation in kontingenten und konflikthaften Kontexten verstehen sie als Rhetorik (Finlayson 2007, S. 545). Die Unlösbarkeit vieler Policy-Probleme, die Krise wissenschaftlicher Rationalität, eine neue Religiosität und eine Kultur der Unsicherheit vergrößern die Notwendigkeit für die Policy-Forschung, dieser Komplexität Rechnung zu tragen (Gottweis 2007, S. 238). Dabei ist die politische Kommunikation durch bestimmte Konventionen geprägt, etwa durch ein bestimmtes Format in einer präsidialen *State of the Union* Ansprache oder in einem *Green Paper* mit seiner besonders förmlichen und sachlichen Sprache (Finlayson 2007, S. 556).

Policy-Analyse als Untersuchung von Rhetorik – ihre Vertreter nutzen die Abkürzung RPA – ist insbesondere auch vom Wiener Politikwissenschaftler Herbert Gottweis (2006, 2007) betrieben worden. Ihm zufolge kann *policy-making* nicht auf kommunikatives Handeln im rationalen Habermasschen Sinne reduziert werden, denn es geht auch um andere Formen der Überzeugung, wie Manipulation, die Mobilisierung von Angst, Vertrauen und Hoffnung: Logos, Ethos und Pathos können unterschiedlich stark gewichtet sein. Deliberative Demokratiemodelle gingen von der Annahme aus, es gebe ein dialogisches Modell, um zu einem Wahrheitskonsens zu gelangen. Dies sei nicht falsch, aber ein Blick auf die Rhetorik sensibilisiere für weitere wichtige Elemente des Politischen. Die Zuschreibung von Wahrheit hänge auch vom Gefühlszustand, der Glaubwürdigkeit des Sprechers und der Überzeugung seiner persönlichen Qualitäten ab. Es gehe auch um die performativen Dimensionen der Überzeugung (Gottweis 2006, S. 476–477).

Ausgehend von der Sprechakttheorie analysiert die RPA die rhetorische Situation, in der eine Auseinandersetzung stattfindet, und wie verschiedene Sprechersituationen sowie die Adressaten eines Arguments konstituiert werden (Glynos et al. 2009, S. 14). Gegen ein essentialistisches Verständnis von Bedeutung und der Natur von politischer Identität betont eine poststrukturalistische Rhetorikanalyse den konstitutiven Charakter von Rhetorik und Diskurs. Dementsprechend wird nicht nur dem Inhalt und Stil der Argumentation Aufmerksamkeit zuteil, sondern auch den verschiedenen Arten, wie Subjektpositionen in genau diesem Prozess der politischen Argumentation konstituiert werden. Dies gilt sowohl für die Sprechenden als auch die Adressaten (Glynos et al. 2009, S. 17).

Dabei werden drei verschiedene Formen der rhetorischen Zugkraft unterschieden: die ethos-bezogene, die pathos-bezogene und die logos-bezogene. Der Begriff „Ethos" bezeichnet dabei die bestimmte Qualität eines Sprechenden in der Perzeption des Publikums, seine Glaubwürdigkeit, Autorität und Ehrlichkeit. Ethosbezogene Argumente verbinden Selbstbilder des verantwortungsvollen, guten Lebens mit Formen politischen Entscheidens. Ebenso wie Ethos ist auch Pathos an bestimmte Situationen und vor allem Personen gebunden. Pathos unterstreicht die Relevanz von Emotionen für die Mobilisierung von Überzeugungen. Ein pathosbezogener Stil betont Gefühle, wenn etwa Patientengruppen bei einer öffentlichen Anhörung mit der Schilderung ihrer Krankheit und Betroffenheit für eine liberale Auslegung von Stammzellforschung eintreten (Gottweis 2007, S. 247). In der logos-zentrierten Argumentation werden zentrale Argumente nicht von einer persönlichen, sondern einer „faktenbezogenen" Perspektive betont, abgewogen und bewertet (Gottweis 2006, S. 246). In Streitfragen der Reproduktionsmedizin können beispielsweise religiöse Motive christliche Gruppen mobilisieren, sachliche Argumente begünstigen hingegen ein Modell, das durch Expertentum dominiert ist. Ein ethos-zentrierter Stil der Argumentation bezieht sich und beruht auf dem Charakter des Sprechers oder seiner Autorität, wenn etwa jemand Erfahrung, Expertentum oder Qualifikationen für sich in Anspruch nimmt, um sich einem bestimmten Thema zu widmen oder auf Vertrauen, Respekt, Ehrlichkeit und Glaubwürdigkeit abzielt (Gottweis 2006, S. 243).

Finlayson (2007, S. 554), der ebenfalls diese drei Dimensionen aufgreift, knüpft zudem an die Römische Argumentationstheorie an. Er unterscheidet damit vier Dimensionen eines Disputs: ob etwas ist (Vermutung), was etwas ist (Definition), wie es ist (Qualität) und ob es sich um etwas handelt, worüber man überhaupt streiten sollte, also die Frage der Grenzen der politischen Auseinandersetzung.

3.10 Deliberative Policy-Analyse

Wie bereits erwähnt, berufen sich post-empirizistische Ansätze auf sehr unterschiedliche theoretische Entwicklungen außerhalb der Policy-Analyse. Neben denjenigen mit interpretativ-hermeneutischen und solchen mit poststrukturalistischen Wurzeln berufen sich wiederum andere auf die Kritische Theorie (vgl. Fischer 2003, S. 21). Bezüge zu Jürgen Habermas als einem ihrer prominenten jüngeren Vertreter ergeben sich zum einen über dessen frühe Kritik am Positivismus, zum anderen aus dem partizipatorischen Impuls seiner Demokratietheorie (Buchstein und Jörke 2012, S. 272–273). Zudem knüpft die interpretative Policy-Analyse mit dem Begriff Deliberation an Habermas an, der

> in der Sprache basale Koordinations- und Verständigungsprozesse angelegt [sieht], die die Gesellschaft trotz aller real existierender sozialer Ungleichheiten und funktionaler Wirkungszusammenhänge auf Potenziale für einen herrschaftsfreien Austausch festlegen und rationale Geltungsansprüche für legitime Formen der Machtausübung in Demokratien erheben. (Blatter et al. 2007, S. 51)

Für das Aushandeln gemeinsamer Situationsdefinitionen können die Akteure auf die Rationalitätspotenziale sprachlicher Kommunikation vertrauen (Habermas 2011 [1981]). Dementsprechend groß sind in diesem Feld die Überschneidungen zwischen Policy-Analyse und politischer Theorie und ihren stark normativen Arbeiten zu deliberativer Demokratie.[13] Der Diskursbegriff ist hier weniger Werkzeug, um Politik verstehend zu lesen, sondern Mittel, um sie dialogisch zu machen (Braun 2014, S. 89). Doug Torgerson (2007, S. 5) kontrastiert diesen Habermasschen Diskursbegriff mit demjenigen Foucaults, der bis heute insbesondere im Poststrukturalismus fortwirkt. Während er den ersten auf das Bild der „Utopie" bringt, da er Freiheit und Gleichheit und eine Sphäre rationaler Kommunikation verspricht, bezeichnet er den zweiten Diskursbegriff als „Gefängnis", da Diskurs den Akteuren hier vorgeordnet ist.

Die Frage, wann Kommunikation als Deliberation gelten könne, wird unterschiedlich beantwortet. Dryzek und Hendriks (2012, S. 33) legen eine weite

---

[13] Die komplexe Theoriedebatte kann an dieser Stelle nicht nachgezeichnet werden. Im folgenden Abschnitt kommen vor allem diejenigen Autorinnen und Autoren zu Wort, die sich in ihrer Auseinandersetzung explizit in einer policy-analytischen Debatte verorten. Sie vertreten überwiegend einen *empirical turn* innerhalb deliberativer Demokratietheorien, da sie nach den institutionellen Voraussetzungen für Deliberation fragen. Damit bewegen sie sich auf einer Mikro-Ebene, da sie ideale deliberative Prozeduren im Zuge von konkreten Entscheidungen untersuchen und sich weniger für die Makro-Ebene der öffentlichen, informellen und spontanen Kommunikation interessieren (Elstub und McLaverty 2014, S. 2, 6).

Definition zugrunde: Deliberative Kommunikation gilt als solche, die gewaltfrei ist, bestimmte Partikularinteressen mit allgemeineren Prinzipien verbindet und das Bemühen zeigt, auf eine Art zu kommunizieren, die Akzeptanz und Gegenseitigkeit ermöglicht. Frühere Arbeiten betonten vor allem den Inhalt der Kommunikation, der vernunftbasiert, rational, gleichberechtigt und inklusiv sein sollte. Ausgeschlossen werden sollten Befehle, Manipulation, Täuschung und gewaltförmiges Verhandeln samt Drohungen. In Bezug auf den Einsatz von Rhetorik wird deliberative Rhetorik, die die Zuhörer zum Nachdenken bewegen soll, von plebiszitärer Rhetorik unterschieden. Dryzek und Hendriks (2012, S. 35) sprechen von *bridging* oder *bonding rhetoric*. Während „brückenbauende" Rhetorik bemüht ist, andere Standpunkte zu erreichen, soll die verbindende Rhetorik die Solidarität innerhalb der eigenen Gruppe erhöhen.

Zwei weitere Konzepte, die eine Unterscheidung zwischen „wirklich deliberativer" von strategischer Kommunikation einfangen sollen, diskutiert Thomas Saretzki (2009) mit der Unterscheidung zwischen *arguing* und *bargaining* nach Jon Elster sowie Habermas Distinktion zwischen kommunikativem und strategischem Handeln. Dabei macht er zum einen die unterschiedlichen Theorietraditionen – *Rational Choice* beziehungsweise Kritische Theorie – deutlich, vor deren Hintergrund die beiden Konzepte nicht synonym verwendet werden sollten. Zum anderen illustriert er die methodologischen Schwierigkeiten, die mit dem Versuch einhergehen, auf Grundlage dieser Konzepte tatsächlich stattfindende deliberative Prozesse einzuordnen.

Unter den Autorinnen und Autoren der argumentativen Wende setzen sich insbesondere Dryzek (1993; Dryzek und Hendriks 2012) sowie Hajer und Wagenaar (2003) für eine kommunikative oder deliberative Policy-Analyse ein. Diese Variante der Policy-Analyse geht mit einem Interesse an einer Verbesserung der demokratisch-rechtsstaatlichen Prozeduren einher. Hajer und Wagenaar (2003) sprechen von deliberativer Policy-Analyse, um der zeitgenössischen *Governance* in Netzwerken Rechnung zu tragen. Es geht den verschiedenen Zugängen um die Frage, welche Formen der Kommunikation als deliberativ gelten, wie bestimmte Praxen und Institutionen an diesem Ideal bewertet werden und wie Foren im Sinne einer solchen Kommunikation entworfen werden können. Weiterführende Fragen lauten, wer in diesem Rahmen teilhaben sollte, welche Verfahrensregeln erfolgversprechend sind und welche Rolle diese Foren im weiteren Governance-Gefüge spielen sollten (Dryzek und Hendriks 2012, S. 32). Deliberation dient nicht nur zu einer Demokratisierung der Prozesse, sondern soll auch Zugriff auf Wissen und Ressourcen von Laien erlauben und eine effiziente Implementation erleichtern (Hendriks 2005, S. 1). Iris Marion Young (2000) hat indes kritisiert, dass in Partizipationsprozessen häufig eine Form der Deliberation zur Norm erhoben werde, die temperamentslos, geordnet und artikuliert sei und damit diejenigen ausschließe,

3.10 Deliberative Policy-Analyse

die diesem Standard nicht entsprechen. Buchstein und Jörke (2012, S. 278) gehen noch weiter und sehen in der Wertschätzung rationaler, vernunftbasierter Ergebnisse die Gefahr, dass aus der eigentlich partizipationsorientierten Deliberation über die Einbeziehung epistemischer *Communities* eine exklusive und intransparente Expertokratie werden könne.

Interpretative Arbeiten untersuchen nicht allein die verschiedenen kommunikativen Praktiken selbst, sondern auch die Settings, Arenen und Institutionen, in denen diese deliberative Kommunikation stattfinden kann. Dabei handelt es sich um Parlamente, Verwaltungen, Gerichtsverhandlungen und öffentliche Anhörungen bis hin zur Öffentlichkeit insgesamt. Diese Arenen haben einen Einfluss darauf, wie kommuniziert wird, wenn beispielsweise in einer Gerichtsverhandlung strenge Regeln dafür gelten, wer zu welchem Zeitpunkt und in welcher Form sprechen darf (Dryzek und Hendriks 2012, S. 31).

Durch den starken Einfluss der Planungstheorie – das Grundlagenwerk der argumentativen Wende bezieht sich explizit auf Policy-Analyse und (Stadt-)Planung – wurde von einigen Protagonistinnen und Protagonisten ein Fokus auf kommunikative Partizipation und Deliberation gelegt. Während die für Planungsfragen relevante lokale Ebene für direkte Bürgerpartizipation vergleichsweise gut geeignet ist, so vermutet Gottweis (2006, S. 475), habe es indes für politische Prozesse auf der nationalen, europäischen oder globalen Ebene neuere oder zusätzliche normative Orientierungen geben müssen. Bei diesen Foren handelt es sich zum Beispiel um Dialogveranstaltungen mit Betroffenen, Streitschlichtungsverfahren, kollaborative Mechanismen und ganz unterschiedliche Designs, die die Einbeziehung von Laien und einfachen Bürgerinnen und Bürgern vorsehen (Dryzek und Hendriks 2012, S. 31)

Dryzek und Hendriks (2012) fragen beispielsweise danach, wie die Qualität der Deliberation durch unterschiedliche Eigenschaften des Forum-Designs beeinflusst werden kann, wie die Authentizität, Inklusivität und Effektivität durch die Struktur des Forums, seine Teilnehmenden und die Autorität und Legitimität des Forums geprägt werden (vgl. Fischer und Gottweis 2012b, S. 18). Bestimmte Settings sind derart angelegt, dass sie eine bestimmte Art der Kommunikation ermöglichen sollen, wenn beispielsweise in den Parlamenten des Westminster-Systems die Debatte befeuert werden soll: Durch die räumliche Trennung der sich gegenüber sitzenden Parlamentsmehrheit und der Opposition sowie durch alle Regeln und informellen Praktiken soll die Infragestellung, der Wettbewerb, das Punkten auf Kosten der Gegenseite, nicht aber die Vermittlung und Zusammenarbeit begünstigt werden. Dies legt die Annahme nahe, dass jede deliberative Arena einer eigenen Logik folgt, die aus informellen Regeln und formalen Übereinkünften darüber besteht, wie die Interaktion stattzufinden habe. So unterscheiden sich beispielsweise die

Debatten in parlamentarischen oder in präsidentiellen Systemen, in Konsensdemokratien oder in Mehrheitssystemen.

Jenseits von Parlamentsdebatten sind die Regeln und Strukturen viel schwerer zu klären, wenn es sich um einmalige Veranstaltungen mit Betroffenen oder Bürgern handelt. Ein Grund liegt in ihrer sehr heterogenen Ausgestaltung, selbst wenn das entsprechende Forum einer bestimmten Art von Design entsprechen soll. Eine offene Agenda bei Beteiligungsprozessen läuft beispielsweise Gefahr, zu viele Optionen und einen zu hohen zeitlichen Aufwand nach sich zu ziehen (Dryzek und Hendriks 2012, S. 40), während eine strenge Kontrolle des Diskussionsgegenstandes den Verdacht wecken könnte, dass die Ergebnisse bereits vorbestimmt seien. Transparente Regeln und eine gute Moderation können die Chancen auf gleichberechtigte Teilhabe an der Diskussion erhöhen.

Die Öffentlichkeit der Diskussion kann sehr unterschiedliche Folgen zeitigen: Einerseits kann ein hohes Maß an Transparenz zu einer sachlicheren Auseinandersetzung führen, andererseits kann eine gewisse Diskretion die Bereitschaft der Teilnehmenden erhöhen, sich auf die Positionen des Gegenübers einzulassen, ohne dadurch die Kritik der „eigenen Seite" auf sich zu ziehen (Dryzek und Hendriks 2012, S. 41).

Neben der Strukturierung durch Regeln spielt die Auswahl der Teilnehmenden eine weitere Rolle für die Qualität der Debatte. Zu den drei am weitesten verbreiteten Auswahlmöglichkeiten gehört 1) die prinzipielle Offenheit eines Forums, 2) die Rekrutierung von Teilnehmenden, um möglichst viele Interessen abzudecken, sowie 3) eine gezielte Auswahl mit dem Ziel eines repräsentativen Samples. Auch wenn es sich bei Variante eins um die offenste handelt, kann sie dazu führen, dass sich nur besonders kompetente, gut ausgebildete Personen für die Teilnahme bewerben und sozioökonomisch schwächere Personen ausgeschlossen werden. Variante zwei kann insbesondere dann angezeigt sein, wenn die Deliberation der Konfliktschlichtung dienen soll (Dryzek und Hendriks 2012, S. 43).

Eine weitere Dimension zur Bewertung der Deliberation ist die Frage der Autorität und Legitimität des jeweiligen Forums. Der Umstand, dass ein Beteiligungsformat durch eine Regierung initiiert wurde, bedeutet dabei längst nicht, dass seine Ergebnisse in der Praxis wahrgenommen werden. Zuweilen scheint es nur um den symbolischen Wert zu gehen, darum Zeit zu kaufen oder Kritiker zu kooptieren (Dryzek und Hendriks 2012, S. 46). Legitimität und Vertrauen können durch Regelmäßigkeit und Vertrautheit eines Verfahrens zunehmen. In Dänemark beispielsweise gehören Konsens-Konferenzen zum festen Inventar des politischen Systems und werden von allen politischen Parteien akzeptiert. Wo dies nicht selbstverständlich ist, kann die Legitimation durch die Beauftragung externer Beraterinnen und Berater erhöht werden (Dryzek und Hendriks 2012, S. 48).

Forschungsbeispiele
Carolyn M. Hendriks (2005) untersucht, wie die Funktion und die Legitimation eines Forums durch das geprägt ist, was sie als *participatory storylines* bezeichnet, also die umgebenden Narrative zur öffentlichen Teilhabe. Diese geben vor, wer die Öffentlichkeit ist und inwiefern die Öffentlichkeit am Policy-Prozess teilnehmen sollte. *Participatory storylines* sind insofern kein Narrativ im eigentlichen Sinne, als sie keinen *Plot* mit Anfang, Mitte und Ende aufweisen müssen, sondern eher ein Set zusammenhängender Ideen, die unterschiedlichen Sektoren der Zivilgesellschaft verschiedene aktive und passive Rollen zuschreiben (Hendriks 2005, S. 4).

Während in anderen Feldern das lokale Wissen von Laien wertgeschätzt werde, transportierten beispielsweise die *storylines* um Beteiligungsverfahren zu genveränderten Lebensmitteln, dass die ablehnende Bevölkerung einfach nur schlecht informiert sei und lediglich ausreichend über die Vorteile in Kenntnis gesetzt werden müsse:

> In this vain, public participation was approached either through a public relations or science communication narrative. Under both narratives, ‚participation' served a dual function. First, it was a means to measure public attitudes on the technology and second, it served to communicate the scientific ‚facts' to the public. (Hendriks 2005, S. 10)

Svea Luise Herrmann (2009) kommt ebenfalls zu dem Ergebnis, dass die Initiierung einer öffentlichen Deliberation Machtkonfigurationen sogar verstärken könne, anstatt sie zu destabilisieren. In ihrer Analyse der Problematisierung neuer bio-medizinischer Entwicklungen in Deutschland und Großbritannien betrachtet Herrmann (2009) den Umgang mit einem *wicked problem*, also einem Problem, bei dem nicht nur die Lösung unklar ist, sondern aufgrund der Neuartigkeit des Themenfeldes Unsicherheit herrscht, worin das Problem selbst eigentlich besteht. Nicht nur sei die Sprache, mit der bio-medizinische Entwicklungen allgemein verständlich erfasst werden können, begrenzt, auch die normativen Grundlagen des Fortschritts seien hochgradig umstritten. Herrmann (2009, S. 15) untersucht, wie das Thema von unterschiedlichen Akteuren problematisiert wurde, wie sich diese Problematisierungen im Laufe der Debatte verändert haben und zu welchen Policy-Ergebnissen dies geführt hat.

Policy-Debatten sind eingebettet in den sozio-politischen Kontext, in dem sie stattfinden, und somit in Machtkonstellationen. Für Herrmann hat Diskurs mit Foucault nicht nur eine inhaltlich-semantische Dimension im Sinne der

Produktion von Bedeutung, sondern eine praktische, nämlich die Integration der Akteure in einen Macht-Konnex (Herrmann 2009, S. 17). Unter Rückgriff auf ethnographische *science, technology and society (ST&S) studies* untersucht sie Prozesse des *framing*, insbesondere die Effekte der Dominanz von wissenschaftlichen *frames* in der Wissenschaftspolitik, wonach wissenschaftliches Wissen dekontextualisiert und als „objektiv" und „neutral" dargestellt wird (Herrmann 2009, S. 18).

3.11 Policy-Ethnographie

Sowohl die interpretativ-hermeneutische Policy-Analyse (Yanow 2003) mit ihrem Interesse an bedeutungstragenden Praktiken und Artefakten als auch die poststrukturalistische Policy-Analyse betonen, dass Diskurs nicht in Text aufgeht. Insbesondere dann, wenn es nicht mehr um Diskurse, sondern um Dispositive geht, bedient sich auch die Diskursanalyse praxeologischer Methoden (Reckwitz 2008, S. 201).

Verschiedene Autorinnen und Autoren (van Hulst 2008; Yanow 2009; Nullmeier et al. 2003) verlassen daher die Analyse von (Policy-)Texten oder flankieren diese: Da Praktiken nur unmittelbar zugänglich vorkommen und Wissen oft implizit ist, begeben sie sich als Ethnograph(inn)en ins Feld. Der teilnehmenden Beobachtung kommt hier das Primat zu, denn Interviews über Praktiken wären eben nicht die Praktiken selbst (Reckwitz 2008, S. 195–196). Der übergeordneten Frage, wie Forschende aus den Erlebnissen während der Feldforschung analytische Kategorien der Bedeutung gewinnen, ist Durnova (2011) nachgegangen.

Vincent Dubois (2015) unterscheidet eine personenzentrierte von einer policyzentrierten politischen Ethnographie. Für die erste Kategorie charakteristisch sind anthropologische Zugänge, bei denen etwa die Sichtweisen derjenigen von politischen Maßnahmen Betroffenen beleuchtet werden, deren Erfahrungen sonst durch die abstrakteren Erzählungen der Bürokratie übersehen und verschleiert würden. Dabei geht es beispielsweise darum, die Konsequenzen von Sozialstaatsreformen für bestimmte Zielgruppen wie isoliert lebende Alleinerziehende zu beleuchten.

Die policy-zentrierte Ethnographie beobachtet dagegen Verwaltungsmitarbeiter(innen), Bürokraten, Beamte, meistens innerhalb policy-implementierender Einrichtungen. Bei dieser *street-level bureaucracy* handelt es sich um diejenigen, die Policies durch ihre Routinen und Handlungsspielräume interpretierend umsetzen. Dabei kann ebenso das Schreiben, Zirkulieren, die Interpretation und Nutzung von Dokumenten Gegenstand der Beobachtung sein, als auch die Beobachtung von Führungskultur, Machtverhältnissen und Verhandlungen.

In der deutschsprachigen Politikwissenschaft haben insbesondere Frank Nullmeier, Tanja Pritzlaff und Achim Wiesner (2003) eine solche „Mikro-Policy-Analyse" betrieben, bei der Politik in ihrem Alltag untersucht wird. Durch teilnehmende Beobachtung an alltäglichen Prozessen und Routinen der Problembearbeitung wurden Wissen, Praktiken und Positionierungen in der Hochschulpolitik herausgearbeitet.

Performance
Während es den Policy-Ethnographinnen und -Ethnographen oftmals darum geht, die unterstellte Rationalität im *policy-making* als Mythos zu entlarven oder die Folgen von Policies für die Betroffenen sichtbar zu machen, wird unter dem Schlagwort *Performance* ein etwas anderer Weg eingeschlagen, der aber ebenso untersucht, wie Bedeutung durch Handlungen transportiert wird. In Anlehnung an Murray Edelman (1990), der Politik als Ritual analysiert (Hajer 2005, S. 629), werden die Handlungen als Inszenierungen gedeutet.

Wie bereits im Abschnitt zur Wirkung deliberativer Foren diskutiert, hängt die Überzeugungskraft im *policy-making* nämlich nicht allein von der Stärke der vorgebrachten Argumente ab. Für die Frage, welche Aussagen tatsächlich den politischen Entscheidungsprozess beeinflussen, spielt nicht nur die Qualität der Argumentation eine Rolle, sondern auch die physischen, technischen und theatralischen Bedingungen, unter denen die Standpunkte vorgebracht werden. Zuweilen wird die Policy-Analyse daher erweitert um eine Untersuchung von Praktiken und dramaturgischen Techniken, die als *Performance* bezeichnet werden (Alexander 2004, S. 529). So beleuchtet beispielsweise Berit Bliesemann de Guevara (2014) die Praktiken von Feld- und Truppenbesuchen hochrangiger Politiker und Politikerinnen und stellt dabei heraus, wie verschiedene Akteure in unterschiedlichen sozialen Rollen und mit verschiedenen institutionellen Interessen und normativen Zielsetzungen diese Reisen für unterschiedliche politische Arenen und unterschiedliches Publikum inszenieren.

Auch Maarten Hajer (2005, S. 625) schlägt vor, politische Partizipation und ihre Kulissen und Inszenierung zu betrachten: Wie beeinflusst das Setting was gesagt wird, was gesagt werden kann und was tatsächlich Einfluss haben wird? Daher fügt Hajer (2005, S. 626) seiner Analyse die Untersuchung dramaturgischer Elemente hinzu. Einen solchen Zugang hält er insofern für besonders geeignet zur Analyse zeitgenössischer Politik, als diese häufig in neue Foren vorstoße oder außerhalb etablierter Institutionen mit ihren festgefügten Handlungsroutinen stattfinde (Hajer 2005, S. 630). Dabei untersucht er das Bemühen, absichtsvoll Interaktionen zu organisieren, die sich auf existierende Symbole beziehen oder neue erfinden und aktive Darsteller von (vermutlich) passiven Zuschauern unterscheiden. Die Kulisse (*setting*) bezeichnet die physische Situation, in der die Interaktion stattfindet, einschließlich der Artefakte, die in dieser Situation verwendet werden, und wie diese auf die Partizipation zurückwirken. „Performanz" bezeichnet dann die Art, in der die kontextualisierte Interaktion selbst soziale Realitäten produziert und zwar in Form eines Verständnisses eines Problems, von Wissen und neuen Machtverhältnissen. So wie auch verbale Problematisierungen mit dem Kontext im Einklang stehen müssen, zeigt Hajer (2005, S. 637) am Beispiel eines Regionalplanungsprozesses, dass eine künstlerische Intervention von den Bewohnerinnen und Bewohnern als auswärtiger Imperialismus abgelehnt wurde.

3.12 Zusammenfassung

Die interpretative Policy-Forschung liefert keine geschlossene Theorie oder Methode, sondern einen sehr heterogenen Analyserahmen, der den Kampf um Ideen und Deutungen im Zuge des *policy-making* fokussiert. In der Analyse von (diskursiver) Praxis kommen sehr unterschiedliche Zugänge zum Einsatz, die zuweilen auf unterschiedliche ideengeschichtliche Vorläufer verweisen. Die Autorinnen und Autoren können sich in der Regel auf einen sozialkonstruktivistischen Grundkonsens verständigen und stellen die Vorstellung von Politik als rationalen Prozess zur Lösung objektiver Probleme in Frage. Ein wesentliches Ziel der meisten Arbeiten besteht darin, die Kontingenz dominanter Diskurse und Deutungen herauszustellen und zu zeigen, dass das, was ist, auch anders sein könnte.

Literaturtipps

Englischsprachige Veröffentlichungen, die einen Überblick über verschiedene interpretative Ansätze liefern:
- Wagenaar, Hendrik (2011): Meaning in action: interpretation and dialogue in policy analysis. Armonk, N.Y./London: M.E. Sharpe.
- Fischer, Frank (2003): Reframing public policy. Discursive politics and deliberative practices. Oxford et al.: Oxford Univ. Press.
- Glynos, Jason/Howarth, David/Norval, Aletta/Speed, Ewen (2009): Discourse analysis: Varieties and methods. ESRC National Centre for Research Methods Review paper. NCRM/014.

3.12 Zusammenfassung

Deutschsprachige Veröffentlichungen zu einzelnen Schlüsselbegriffen oder -autoren
- Hajer, Maarten (2008): Diskursanalyse in der Praxis: Koalitionen, Praktiken und Bedeutung, In: Janning, Frank/Toens, Katrin (Hrsg.), Die Zukunft der Policy-Forschung. Wiesbaden: VS Verlag, 211–222.
- Nonhoff, Martin (2007, Hrsg.), Diskurs – radikale Demokratie – Hegemonie. Zum politischen Denken von Ernesto Laclau und Chantal Mouffe. Bielefeld: transcript.
- Kerchner, Brigitte (2006): Diskursanalyse in der Politikwissenschaft. Ein Forschungsüberblick, In: Kerchner, Brigitte/Schneider, Silke (Hrsg.), Foucault: Diskursanalyse der Politik. Wiesbaden: VS Verlag für Sozialwissenschaften, 33–67.

Deutschsprachige Überblicke zu verschiedenen interpretativen Ansätzen
- Gadinger, Frank/Jarzebski, Sebastian/Yildiz, Taylan (2014): Politische Narrative. Konturen einer politikwissenschaftlichen Erzähltheorie, In: Gadinger, Frank/Jarzebski, Sebastian/Yildiz, Taylan (Hrsg.), Politische Narrative. Konzepte – Analysen – Forschungspraxis. Wiesbaden: Springer VS, 3–38.
- Braun, Kathrin (2014): Im Kampf um Bedeutung. Diskurstheorie und Diskursanalyse in der interpretativen Policy Analyse, In: Zeitschrift für Diskursforschung, H. 1/2014, S. 77–101.
- Keller, Reiner (2005b): Wissenssoziologische Diskursanalyse. Grundlegung eines Forschungsprogramms. Wiesbaden: VS Verlag.

Besonders anschauliche „Einstiegsarbeiten" zu Beispielen interpretativer Forschung
- Stone, Deborah A. (2002): Policy paradox: the art of political decision making. New York: Norton.
- Bacchi, Carol Lee (2012a): Introducing the „What's the Problem Represented to be?" approach, In: Bletsas, Angelique/Beasley, Chris (Hrsg.), Engaging with Carol Bacchi. Strategic Interventions and Exchanges. Adelaide: University of Adelaide Press, 21–24.
- Bacchi, Carol Lee (2012b): Why Study Problematizations? Making Politics Visible, In: Open Journal of Political Science, Jg. 02, H. 01, S. 1–8.

Akteure und ihre Spielräume: Kontexte, Zielgruppen, Koalitionen 4

Überblick

Policy-Diskurse sind nicht nur für die Definition politisch zu lösender Probleme zentral, sie weisen auch Personen oder kollektiven Akteuren eine bestimmte Rolle zu, sei es, dass diese überhaupt erst in eine Sprecherposition gebracht werden, dass ihnen Schuld oder Verantwortung zugeschrieben und/oder sie als Zielgruppe politischer Programme konstruiert werden. Das folgende Kapitel rekapituliert erstens die bereits aus den vorangegangenen Abschnitten bekannten Differenzen innerhalb post-positivistischer Arbeiten dahingehend, ob sie ihren Fokus auf handelnde und wissende Akteure richten, die dem Diskurs vorgängig sind, oder ob sie eine stärkere Betonung auf die Subjektwerdung durch den Diskurs legen (4.1). Unter 4.2 wird mit dem Konzept der „Tradition" ein zwischen beiden Strömungen vermittelnder Zugriff eingeführt. Des Weiteren wird unter 4.3 die Rolle des (diskursiven) Kontextes als diskursiver Möglichkeitsraum beleuchtet.

Ein etwas anders gelagerter Ansatz, der unter 4.4 vorgestellt wird, begibt sich von der Ebene des Diskurses fort zur konkreten Analyse einzelner Policies und untersucht, welche Konstruktion von Zielgruppen mit ihnen verbunden ist. Die Arbeiten beleuchten, inwiefern Policies eine Botschaft darüber aussenden, was Regierungen tun sollten, welche Bürgerinnen und Bürger berechtigte Ansprüche haben und welche Art von politischer Beteiligung bei den verschiedenen Gruppen angemessen ist.

Für diskursspezifische Akteurskonstellationen interessiert sich Hajer (1995), der für eine Analyse von Diskurskoalitionen plädiert. Das Kapitel schließt mit einer Unterscheidung zwischen diesen Diskurskoalitionen und Paul Sabatiers Advokaten-Koalitionen, die die divergierenden Grundannahmen zur Handlungskoordination sowie zwischen interpretativen und neo-positivistischen Ansätzen erhellt (4.5).

4.1 Einleitung

Die unter dem Dach interpretativer Policy-Forschung vereinten heterogenen Zugänge weisen unterschiedliche und sich teils widersprechende Vorstellungen von der Rolle des Subjektes auf. Dabei interessiert sich die interpretativ-hermeneutische Tradition für an Akteure gebundene Interpretationen, Überzeugungen und Deutungsmuster. In Anlehnung an Berger und Luckmann geht sie von einer von Menschen selbstproduzierten sozialen Ordnung aus, die über Institutionalisierung, Objektivierung und Legitimation als objektiv, äußerlich und quasi naturgegeben erfahren wird (Knorr-Cetina 1989, S. 87). Für andere wiederum sind Ideen und ihre Kommunikation eine von bewusst handelnden Akteuren verwendete Ressource. Der Diskurs ist damit den Akteuren nachgeordnet, diese können strategisch ihre Sicht der Dinge zur Überzeugung einsetzen. Beiden Strömungen gemein ist die Wichtigkeit von Handlungsfähigkeit und Handlungsträgerschaft (Keller 2012, S. 7). Das Forschungsinteresse ist damit auf Verständnisse und Deutungen sozialer Akteure gerichtet, auf die *claims-maker* und Problematisierer: „For interpretivists political subjects are seen as ‚agentic‘, that is, as sovereign or foundational subjects, who stand outside of and shape ‚reality'" (Bacchi 2015, S. 3).

Am entgegengesetzten Ende des Spektrums stehen die poststrukturalistischen, anti-essentialistischen Zugänge, die auch die Subjekte selbst als diskursiv konstruiert betrachten. Der Poststrukturalismus gibt das Subjekt als Substanz oder vorgängige Bedeutungseinheit zugunsten einer Vorstellung vom Subjekt als Effekt von Differenzen (Derrida) oder Wissens-Macht-Strukturen (Foucault) auf (Allolio-Näcke 2010, Abs. 13). Eng mit diesen grundsätzlichen Überlegungen verbunden sind unterschiedliche Annäherungen an politische Handlungs- und Gestaltungsfähigkeit und damit die Möglichkeit des Wandels (zum unterschiedlichen Verständnis siehe auch 1.5). Insbesondere Carol Bacchi (2015, S. 3), die sich in der Tradition Foucaults verortet, betont die antiessentialistische, prekäre, widersprüchliche und prozesshafte Subjektivität. Objekte und Subjekte werden für sie in Verordnungen und Dekreten, also in Policies, produziert. Sie grenzt sich deutlich stärker von einem interpretativ-hermeneutischen Verständnis ab, als dies die Vertreter der *Essex School* tun:

4.1 Einleitung

Soziale Bedeutung ist auch für die poststrukturalistischen Arbeiten der *Essex School* (siehe 3.4.3) weder natürlich noch basiert sie auf einer gesellschaftlichen Realität oder einer bestimmten menschlichen Essenz (Torfing 2002, S. 54). Selbst die sedimentiertesten Praktiken, Objekte und Kategorien des *policy-making* gelten der poststrukturalistischen Policy-Analyse als ambivalent und zufällig. Dies gilt auch für die Subjekte selbst: Die poststrukturalistische Policy-Analyse untersucht, wie Subjekte formiert werden durch den politischen Prozess, in dem sie zugleich handeln. Es geht dabei um die Frage nach der Einbindung der Subjekte in Diskurse einerseits und die Subjektkonstitution durch Diskurse andererseits (Keller 2005b, S. 159). Die Arbeiten lehnen jegliche Vorstellung von Essentialismus ab, der unterstellt, dass Objekte, soziale Formationen, aber auch menschliche Subjekte selbst eine zugrundeliegende, fixierte Essenz hätten. Insbesondere problematisieren sie „the idea that a society, human subject or the objects that we encounter in social life, have fixed essences that exhaust what these entities are" (Laclau und Mouffe 1985). Demgegenüber unterstreichen sie die Nichtnotwendigkeit und Historizität der vermeintlichen Objektivität sowie den Vorrang von Politik und Macht in deren Formierung (Howarth und Stavrakakis 2000, S. 6).

Obgleich sowohl Carol Bacchis Zugang als auch der Ansatz der *Essex School* als poststrukturalistisch zu bezeichnen wären, kennen die Autorinnen und Autoren der *Essex School* aber dennoch eine Form der politischen, handlungsfähigen Subjektivität (Bacchi 2015, S. 4): Denn obschon Subjekte nach poststrukturalistischem Verständnis mit ihren Intentionen, Identitäten, Interessen nicht der Produktion von Bedeutung vorausgehen wie in einem interpretativ-hermeneutischen Verständnis, sind Diskurse selbst immer historisch, veränderlich und umkämpft: „Diskurse sind genauso Produkte politischer Kämpfe und Auseinandersetzungen wie Identitäten Produkte von Diskursen" (Braun 2014, S. 95). Die Diskurstheorie der *Essex School* differenziert nämlich zwischen Subjektpositionen auf der einen und politischer Subjektivität auf der anderen Seite, um deren Positionierung in einer diskursiven Struktur einerseits und deren Handlungen andererseits Rechnung zu tragen. Damit teilen Laclau und Mouffe Althussers Kritik an der Vorstellung eines geschlossenen Subjekts, das die Quelle seiner eigenen Ideen und Handlungen sei. Anstelle eines homogenen Subjektes mit bestimmten Interessen steht bei ihnen die Möglichkeit jedes „konkreten Individuums", eine Reihe verschiedener Subjektpositionen einzunehmen. Ein bestimmter empirisch auffindbarer Akteur kann zu jedem Zeitpunkt beispielsweise positioniert sein oder sich identifizieren als „schwarz", „Mittelschicht", „Christ" und „Frau". Während also das Konzept der Subjektposition der vielfältigen Arten Rechnung trägt, auf denen Handelnde als soziale Akteure produziert werden, wird unter dem Schlagwort der politischen Subjektivität danach gefragt, wie soziale Akteure handeln. Dabei ist das politische

Subjekt weder determiniert durch die Struktur, noch konstituiert es die Struktur. Vielmehr ist das politische Subjekt gezwungen, Entscheidungen zu treffen oder sich mit bestimmten politischen Projekten und den mit ihnen einhergehenden Diskursen zu identifizieren, wenn soziale Identitäten in die Krise geraten und Strukturen neu etabliert werden müssen. Die Herausbildung politischer Subjektivität ist das Ergebnis der Unvollständigkeit der Struktur (Howarth und Stavrakakis 2000, S. 13–14).

4.2 Das Konzept der Tradition nach Bevir und Rhodes

Die insbesondere von britischen Arbeiten rezipierten Autoren Mark Bevir und Rod Rhodes (2003) beschreiben in „Interpreting British Governance" einen Weg zwischen interpretativ-hermeneutischen und poststrukturalistischen Ansätzen. Zu ihren Grundannahmen zählt, dass Akteure auf Grundlage ihrer Überzeugungen und Präferenzen handeln, auf die nicht durch „objektive" Indikatoren wie Schichtzugehörigkeit oder Einkommen geschlossen werden kann (Wagenaar 2007, S. 435). Sie teilen dabei den dezentrierten Zugang der Poststrukturalisten, die Bedeutung als Ergebnis von beinahe zufällig zusammengewürfelten Anhäufungen von Praktiken, Überzeugungen und Bedeutungen begreifen, die die Existenz bestimmter Kategorien ermöglichen, sprechen sich aber andererseits gegen die poststrukturalistische Vernachlässigung menschlichen Handelns aus. Zugleich lehnen sie aber auch die hermeneutische Vorstellung von Subjektivität und Essentialismus ab und damit das Bild eines autonomen Subjektes als rein und universell. Um dieses Verhältnis zwischen Handlungsfähigkeit und Determinismus auszubalancieren, führen sie das Konzept der „Tradition" ein: „We define a tradition as a set of understandings someone receives during socialization. So, a governmental tradition is a set of inherited beliefs about the institutions and history of government" (Bevir et al. 2003, S. 6). „Tradition" impliziert, dass die Akteure in einen bestimmten sozialen Kontext geboren werden, der dann als Hintergrund für ihre Überzeugungen und Handlungen fungiert, ohne sie festzulegen. „Traditions allow for the possibility of subjects adapting, developing and even rejecting much of their heritage" (Bevir und Rhodes 2003, S. 32). Es handelt sich also nicht um kulturelle Gefängnisse, sondern vielmehr um einen ersten Einfluss, der späteren Handlungen eine Färbung verleiht (Wagenaar 2007, S. 436). Traditionen sind bei ihnen definiert als „geerbte Überzeugungen", diese sind kontingent, produziert durch die Akteure und sollten nicht hypostasiert, also vergegenständlicht werden. Individuen passen Traditionen kreativ an (Finlayson 2007, S. 548).

4.2 Das Konzept der Tradition nach Bevir und Rhodes

Die Fragestellung von Bevir (2005, 2010) und Bevir und Rhodes (2003, 2006) lautet, wann, wie und in Auseinandersetzung mit welchen Herausforderungen sich neue Vorstellungen von Staat, Politik oder Demokratie entwickeln und gegenüber welchen anderen Vorstellungen sie sich durchsetzen (Braun 2014, S. 87). Der *Third Way* der britischen Labour-Regierung wurde beispielsweise zu einem Logo für ein neues Master-Narrativ, das die Rekonfiguration der Beziehung zwischen Wirtschaft und Staat, Öffentlichem und Privatem, Regierung und Volk bezeichnete (Wagenaar 2011, S. 96). In „Interpreting British Governance" von 2003 führen sie Veränderungen in der britischen Politik auf eine Reihe von Reaktionen auf unterschiedlich konstruierte Dilemmata zurück. Dabei untersuchen sie, wie Traditionen und *beliefs* dazu führen, dass Situationen unterschiedlich konstruiert werden (Finlayson 2007, S. 547). Bevir (2005) untersucht, wie institutionalistische Ideen und Netzwerk-Theorien in das Denken von *New Labour* Politikern eingeflossen sind, die ihre sozialdemokratische Tradition angesichts von Dilemmata wie die Krise des Wohlfahrtstaates oder die Herausforderung durch die Neue Rechte überarbeiteten (Finlayson 2007, S. 548).

Kritik
Bevirs und Rhodes' schlussfolgerndes und denkendes Individuum, kritisiert Finlayson (2007, S. 549–552), vernachlässigt die Besonderheit des Politischen. Für ihn ist die Unentscheidbarkeit zentral, denn Menschen verstehen unterschiedliche Dinge unter Freiheit, Wahlen, Demokratie. Konzepte könnten daher nicht unabhängig von diesen widerstrebenden und konflikthaften Deutungen etabliert werden. Es gehe beim *policy-making* nicht um die Entdeckung gemeinsamer Ziele, sondern deren diskursive Herstellung. Politische Akteure müssen nicht nur ihre eigene Tradition ansprechen, sondern auch die des Gegenübers. Das Besondere an der Politik sei nicht die Anwesenheit von Überzeugungen, sondern die Anwesenheit von Überzeugungen, die einander widersprechen. Finlayson (2007, S. 552) rückt daher die Argumentation und Prozesse des Überzeugens in den Mittelpunkt.

Wagenaar (2011, S. 99) kritisiert zudem die Unbestimmtheit des zentralen Konzeptes der Tradition sowie die Rolle der Praxis bei Bevir und Rhodes. Diese betonen, dass sich Traditionen aus Überzeugungen und Handlungen der Akteure ergeben. Ihr theoretisch hergeleiteter Akzent auf Mikro-Praktiken finde in der empirischen Umsetzung jedoch keinen Widerhall. Ihre Untersuchung des Thatcherismus beispielsweise ruhe allein auf der Auswertung von wissenschaftlicher Literatur. Wie die sie betreffenden Reformen etwa von Sozialwohnungsmieterinnen und -mietern oder der Verwaltung wahrgenommen worden seien, blendeten Bevir und Rhodes hingegen aus. Dies gelte auch für ihre Untersuchung anderer politischer Narrative:

How important is political doctrine, or a political doctrine such as New Public Management, to the actors in inner-city Birmingham or in the National Health Service who struggle to get services delivered against a background of financial constraints and conflicting rules from the central office? (Wagenaar 2011, S. 100)

Dies wiege umso schwerer, als politische Doktrin und tatsächliche Umsetzung in der Praxis häufig auseinanderlaufen, wenn *New Labour* etwa Vertrauen und Dezentralisierung predigte, im Alltag aber oft dirigistisch und zentralistisch gehandelt habe (Wagenaar 2011, S. 102). Ein ergänzendes ethnographisches Forschungsdesign könnte Abhilfe schaffen.

4.3 Die Rolle des (diskursiven) Kontexts

In anderen interpretativen Arbeiten wird mit Begriffen wie Kontext, Resonanz und Einbettung darauf abgehoben, dass Problemdefinitionen und Argumente nicht im luftleeren Raum Gehör finden, sondern an kulturelle oder politikfeldspezifische Interpretationsrepertoires anknüpfen müssen. Eine wesentliche Forschungsaufgabe besteht dann darin, Problematisierungen in ihrem historischen, politischen und kulturellen Kontext zu untersuchen (vgl. Schmidt 2000, S. 165; Loseke 2003, S. 168; Hajer und Versteeg 2005, S. 176). Auch bei Foucault, auf den sich viele Diskursanalysen implizit oder explizit berufen, geht es weder um die Wahrheit, noch um die Bedeutung tatsächlicher Aussagen, sondern um die diskursiven Möglichkeiten: „Hence, he draws our attention to the ‚rules of formation' that regulate what can be said, how it can be said, who can speak and in which name, and what kind of strategies can be realized at the level of discourse" (Torfing 2005, S. 7). Allerdings unterscheiden sich die unter dem Dach der interpretativen Policy-Analyse vereinten Zugänge dahingehend, ob sie diesen Kontext theoretisch konsistent selbst als konstruiert betrachten oder doch, wie beispielsweise Norman Fairclough oder Schneider und Ingram (siehe unten), auf eine Realität außerhalb des Diskurses zurückfallen. Herrmann (2009, S. 35) dagegen betont die Notwendigkeit, Diskurs nicht nur als Sprache zu verstehen, sondern auch nach den materiellen Bedingungen des Sozialen zu fragen. Die Fähigkeit, an Debatten teilhaben zu können, sei möglicherweise durch soziale Faktoren eingeschränkt. Nicht alle Akteure hätten beispielsweise dieselben Ressourcen, eine Policy-Debatte zu initiieren, oder hätten nicht denselben Zugang zu den Medien.

In der sozialkonstruktivistischen Problemsoziologie, die in ihren Fragestellungen eine deutliche Nähe zu interpretativen Ansätzen der Policy-Analyse aufweist (siehe 1.4), hat sich insbesondere der kontextuelle Konstruktivismus von Joel Best (1989) mit der Rolle des Kontextes beschäftigt. Warum einige Phänomene problematisiert werden und andere nicht, kann nach diesem Verständnis nur mit Blick

4.3 Die Rolle des (diskursiven) Kontexts

auf den Kontext verstanden werden (Loseke 2003, S. 168). Als Kontext kommen auch die problematisierten Phänomene selbst in Betracht, aber ihr Einfluss auf die Problemkonstituierung wird als vergleichsweise gering veranschlagt. Der kontextuelle Konstruktionismus geht nicht davon aus, dass der konstruierte Charakter objektivistischer Annahmen und Behauptungen ihrer Evaluierung entgegen stehe (Schmidt 2000, S. 165). Problematisch bleibt allerdings der Zusammenhang von „objektiven Bedingungen" und „gemachter" Wirklichkeit. Von strikt relativistisch arbeitenden Konstruktionisten wird am kontextuellen Konstruktivismus kritisiert, dass die Konstruktionspraktiken aus dem Blick gerieten, wenn das Augenmerk auf die Gegenüberstellung und Überprüfung von Definitionsleistungen gerichtet ist. Sie sehen in der Berücksichtigung „objektiver Bedingungen" für die Definition eines sozialen Problems die Gefahr, dass die Problemdefinition zu einer einfachen mechanischen Reaktion auf externe Ereignisse verkommt, und verzichten daher gänzlich auf eine Berücksichtigung der problematisierten Phänomene selbst. Andere begreifen die selektive Berücksichtigung objektiver Bedingungen als theoretisches Problem und praktische Lösung zugleich (vgl. Schmidt 2000, S. 167). Problematisch hieran ist jedoch, dass es schwierig ist, den kontextuellen Konstruktivismus theoretisch zu rechtfertigen: „[I]f we allow analysts to compare claims and assess their truth value, what guidelines can be used to judge truthfulness" (Loseke 2003, S. 199)? Dies gilt insbesondere dann, wenn wissenschaftliche oder offizielle statistische Quellen gleichermaßen als Konstruktionen begriffen werden und sich wissenschaftliches Wissen lediglich durch den Ort seiner Produktion sowie die spezifischen Regeln seiner Systematisierung und Konfirmierung unterscheidet (s. o.).

Dementsprechend wird in der interpretativen Policy-Analyse keine einseitige Erklärung von Ideen und Diskursen durch den Kontext angestrebt (vgl. Ulbert 1997, S. 11) oder der Kontext als unabhängige Variable gefasst. Stattdessen wird danach gefragt, „*wie* spezifische Sichtweisen in einer Gesellschaft strukturiert oder eingebettet werden können, während sie zugleich die Gesellschaft selbst strukturieren" (Hajer 2010, S. 289, Hervorhebung im Original). Damit Ideen, Narrative, Paradigmen bestehen können, müssen sie eine gewisse Resonanz mit den direkten und vermittelten Erfahrungen der Akteure haben. Somit übt der Kontext einen selektiven Effekt auf die Ideen aus, aber die Ideen haben wiederum einen eigenen Einfluss auf den Kontext, durch die Handlungen, die sie informieren (Hay 2002, S. 214).

Auch Institutionen werden im Sinne des interpretativen Paradigmas als umstrittene, vorübergehend kristallisierte symbolische Strukturen der Ordnung verstanden, die Handlungen ermöglichen und beschränken (Keller 2005b, S. 9). Die Wirksamkeit dieser Zwänge und Ressourcen erfolgt jedoch nicht als Automatismus, sondern wird durch die kollektive Wahrnehmung und Anerkennung realisiert. „To say that the context determines the selection and performance of instruments, from this perspective is to claim that instrument and problem share the same context of meaning, or, in other words, their connection rests in the eye of the beholder" (Linder und Peters 1989, S. 48). Im Gegensatz zu objektivistischen Ansätzen wird damit ein Kontingenzraum unterstellt, den die politischen Akteure selbst mit ihren Interpretationen füllen müssen (Nullmeier 1993, S. 176).

Die prägende Kraft des Kontextes ist also in den interpretativen Arbeiten nicht als quasi-kausale Determinierung zu verstehen, sondern Menschen reagieren auf Grundlage ihrer Interpretation von externen Bedingungen. Vor diesem Hintergrund sind einige Handlungen akzeptabel oder inakzeptabel. Ein Argument ergibt Sinn im Rahmen der politischen Kultur und ihrer dominanten Diskurse oder eben auch nicht (Fischer 2003, S. 159): „There are people and interests behind narratives who bring narratives into the world. But these individuals give birth to narratives only within the confinements of the available discursive possibilities" (Fischer 2003, S. viii). Von Rein und Schön (1993, S. 154–155) werden vier verschiedene Kontexte voneinander unterschieden: Themen tauchten auf a) im Zusammenhang bestimmter Regierungsprogramme, die es b) in einem bestimmten politischen Umfeld gebe, das wiederum c) Teil einer weiteren politischen und ökonomischen Lage sei, die d) in einer historischen Ära liegt. Julia Lepperhoff (2006, S. 259) spricht etwa von einer „wohlfahrtskulturellen Resonanz", die die Dominanz bestimmter Thematisierungen erhellen könne. Cornelia Ulbert (1997) untersucht beispielsweise den Einfluss von Ideen im Verhandlungsprozess zur Klimarahmenkonvention. Ideen, die als Umweltparadigmen definiert werden, sind nach ihrem Verständnis für die Problemdefinition und die Wahl der Lösungen verantwortlich und können bei scheinbar identischer Interessenlage für unterschiedliche Handlungsoptionen sorgen. Ideen sind ihrerseits anschlussfähig an spezifische institutionelle Kontexte und kulturelle Handlungsrepertoires (Ulbert 1997, S. 9).

Die Betonung des Kontextes durch die interpretative Policy-Analyse ist aber nicht nur auf die „Sagbarkeit" und die Anschlussfähigkeit bestimmter Deutungen gerichtet. Sie bezieht sich auch auf die Reichweite wissenschaftlicher Aussagen selbst. Anstatt wie die neo-positivistische Forschung auf allgemeingültige Gesetzmäßigkeiten und Generalisierungen zu zielen, wird die Kontingenz und Kontextabhängigkeit der eigenen Ergebnisse betont (vgl. Fischer 2003, S. viii, siehe Kap. 1.6).

Ein Beispiel dafür, wie in der interpretativen Policy-Analyse der Kontext nicht als „unabhängige Variable" genutzt, sondern selbst als diskursiv konstituierter Bedingungszusammenhang verstanden wird, liefert Christopher Bosso (1994) in seinem Artikel zur kontextuellen Grundlage von Problemdefinitionen. Der Kontext, an den Problematisierungen rückgekoppelt sein müssen, um Gehör zu finden, sind bei ihm kulturell tief verwurzelte Meta-Narrative oder Gründungsmythen. „If problem definition is contextual, then policy elites, interest groups, and even the mass media are not free to act in any way they want" (Bosso 1994, S. 198). Eine ähnliche Überlegung findet sich auch bei Hajer und Versteeg (2005, S. 177): „The analysis of discourse can help to illuminate why certain definitions do or do not catch on at a particular place and time and to explain the mechanisms by which a policy does or does not come about." An einer Reihe von Beispielen aus den USA verdeutlicht Bosso, wie das *framing* von Problemen an bestimmte, langlebige Ideale anknüpfen muss, um Erfolg zu haben. So hätten in den USA zur Zeit des Kalten Kriegs angesichts der beharrlichen Präferenz für einen „schlanken" Minimal-Staat selbst der Bau von Highways oder Ausgaben für Bildung im Gewand der „nationalen Verteidigung" oder im Dienste der Systemkonkurrenz daherkommen müssen (Bosso 1994, S. 185). Policy-Debatten im Bereich der Landwirtschaft dagegen seien dann erfolgreich, wenn sie mit dem Mythos des typischen Familienbauernhofs arbeiteten, obgleich es sich um großes Agrobusiness handele (Bosso 1994, S. 186). Mit seinen Überlegungen nimmt Bosso (1994) auch Bezug auf das Konzept unterschiedlich konstruierter Zielgruppen von Policies, das im Folgenden vorgestellt wird.

4.4 Zur Konstruktion von Zielgruppen durch Policies

Mit ihrer Arbeit zur sozialen Konstruktion von Zielpopulationen haben die Autorinnen Helen Ingram und Anne Schneider (1993, 2005) einen weiteren wichtigen Baustein zur konstruktivistischen Policy-Analyse geliefert (für das Folgende siehe auch Münch 2010, S. 103–106). Während Paul Sabatier in seinem Sammelband *Theories of the Policy Process* (1999) noch explizit darauf verzichtete, konstruktivistische Autorinnen und Autoren aufzunehmen, erging 2007 bei seiner zweiten Auflage eine Einladung an Schneider und Ingram und Peter deLeon, etwas beizutragen. Von Pierce et al. (2014, S. 2) wird dies jedoch nur als Minimalkonzession an den Konstruktivismus gedeutet, da die Autorinnen deutlich weniger relativistisch als andere seien und eine Variante der *bounded relativity* vertreten, bei der Bedeutung zwar vom Kontext abhängt, dies aber in einer systematischen und verallgemeinerbaren Art. Der Kontext, der auf das *policy-making* einwirkt, ist bei diesen Autorinnen durch die Images bestimmter gesellschaftlicher Gruppen konstituiert, die dann ihrerseits durch konkrete Policies konstruiert werden.

Die Autorinnen gehen davon aus, dass politische Akteure, die eine Policy vorantreiben wollen, eine Logik entwickeln müssen, die Problemdefinition, Zielgruppen und Policy-Design miteinander verbindet. „The rationale must explain how a particular policy design allocates benefits and burdens in a way congruent with target group images and in a way that will mitigate a particular social problem" (Sidney 2005, S. 118). Die soziale Konstruktion der Zielgruppen bezeichnet die kulturelle Charakterisierung oder das verbreitete Image von Personen oder Gruppen, deren Verhalten oder Wohlbefinden durch Policies beeinflusst werden. Diese Charakterisierungen sind normativ und bewertend und porträtieren Gruppen als positiv oder negativ durch symbolische Sprache, Metaphern und Geschichten. Dabei sind es nicht nur Policies allein, durch die Gruppen konstruiert werden:

> The role of governance in social construction is probably smaller than the combined influence of market advertisements, music, film, and other aspects of historical custom and popular culture. Yet, policy is the dynamic element through which governments anchor, legitimize, or change social constructions. (Ingram und Schneider 2005, S. 5)

In den Augen der beiden Autorinnen senden Policies eine Botschaft darüber aus, was Regierungen tun sollten, welche Bürger berechtigte Ansprüche haben und welche Art von politischer Beteiligung bei den verschiedenen Gruppen angemessen ist (Schneider und Ingram 1993, S. 334). In welcher Kategorie eine Zielgruppe verortet wird, beeinflusst Ausmaß und Art des öffentlichen Interesses, die Instrumente, mit denen Regierungen intervenieren (Subventionen, Bestrafung, Anreize, Dienstleistungen), und die Formen der Rhetorik, mit denen entsprechende Policies gerechtfertigt werden (Rochefort und Cobb 1994, S. 23). Das Verständnis für diese sozialen Konstruktionen könne zu einem Verständnis von Policy-Wandel beitragen und die nach Harold Lasswell zentrale Frage der Politik beantworten „Who gets what, when and how?" (Schneider und Ingram 1993, S. 334).

Laut Schneider und Ingram werden die Handlungen gewählter Volksvertreter durch zwei Beweggründe bestimmt, nämlich das von ihnen wahrgenommene Problem zu lösen und zudem wieder gewählt zu werden.

> Thus, the electoral implication of a policy proposal depends partly on the power of the target population itself (construed as votes, wealth, and propensity of the group to mobilize for action) but also on the extent to which others will approve or disapprove of the policy's (sic!) being directed toward a particular target. (Schneider und Ingram 1993, S. 335)

Schneider und Ingram (1993, S. 337–338) definieren dabei vier Typen von Zielgruppen, die hinsichtlich der Kategorien mächtig/machtlos und positives/negatives Image geordnet sind.

Die „begünstigten Gruppen" (*Advantaged*) sind sowohl mächtig als auch positiv konstruiert, wie bei Bosso (1994) etwa die Vertreter der US-Landwirtschaft.

4.4 Zur Konstruktion von Zielgruppen durch Policies

Ihnen gelingt es, das *Agenda Setting* und die Konstruktion ihrer eigenen Gruppe zu ihren Gunsten zu beeinflussen. (Re-)Distributive Policies werden für diese Gruppe für gewöhnlich ohne Notwendigkeitsnachweis implementiert, so dass die Betroffenen sich nicht als Bittsteller wahrnehmen. Sie sind normalerweise in allen Sphären politisch aktiv, sind aber in der Lage, private Alternativen zu öffentlichen Gütern zu organisieren oder ihre Unterstützung für die Bereitstellung öffentlicher Leistungen für die Allgemeinheit zurückzuziehen. Müssen dieser Gruppe Lasten auferlegt werden, wird auf Selbstregulierung und positive Anreize gesetzt, die darauf bauen, dass die Gruppe freiwillig reagiert und nicht stigmatisiert wird.

Die „Herausforderer" (*Contenders*), beispielsweise Lobbygruppen, sind mächtig, aber negativ konnotiert. Während bei Maßnahmen zugunsten der „begünstigten Gruppe" der funktionale Nutzen dieser Akteure für die Allgemeinheit unterstrichen wird, beispielsweise für die nationale Sicherheit oder das Wirtschaftswachstum, ist bei den „Herausforderern" dagegen zu unterscheiden, ob sie von einer Policy profitieren (in der Regel nicht vor den Augen der Öffentlichkeit) oder Lasten auferlegt bekommen, wobei letztere vor allem als Korrektur für zu viel Macht oder Gier konstruiert werden.

Die dritte Gruppe der „Abhängigen" ist politisch schwach, aber positiv besetzt. Ingram und Schneider führen als Beispiel für diese Gruppe allein erziehende Mütter an, wobei aber gerade von der Standardfamilie abweichende Lebensformen in ihrer Bewertung besonders umkämpft sein dürften. Nach Ingram und Schneider wollen Politikerinnen und Politiker im Sinne ihrer Wiederwahl mit den Interessen dieser Gruppe in Verbindung gebracht werden, aber deren geringer Einfluss macht es schwierig, ihr Ressourcen zuzuleiten. Die gegenüber dieser Gruppe vor allem anzutreffende symbolische Politik zeigt zwar große Anteilnahme, die eigentlichen Policies werden aber den unteren Regierungsebenen oder dem privaten Sektor überlassen. (Re-)Distributive Policies, die sich auf diese schwache Gruppe richten, funktionieren anders als diejenigen, die sich auf die mächtigen Gruppen beziehen: Die Gruppe erhält zwar Unterstützung, aber der Berechtigungsnachweis ist häufig stigmatisierend.

„Deviante Gruppen", wie beispielsweise Kriminelle, sind sowohl schwach als auch negativ konstruiert. Es ist für Politiker attraktiv, die Politik in strafender Weise auf diese Gruppe zu richten. „The negative social constructions make it likely that these groups will often receive burdens even when it is illogical from the perspective of policy effectiveness" (Schneider und Ingram 1993, S. 338). Policies, von denen die „Devianten" profitieren, werden als unvermeidbar dargestellt, da es gelte, konstitutionelle Rechte zu wahren.

Schneider und Ingram (1993, S. 335) verstehen sich nicht als strikte Konstruktivisten, denn Zielgruppen haben in ihrem Verständnis empirisch feststellbare, durch

Policies kreierte Grenzen und existieren innerhalb objektiver Bedingungen, auch wenn diese einer Vielzahl unterschiedlicher Bewertungen unterliegen. Eine zentrale Aufgabe für die Analyse besteht darin zu verstehen, wie soziale Konstruktionen aus objektiven Bedingungen entstehen und wie sich beide verändern. Der Hinweis auf die Konstruiertheit impliziert im Falle der beiden Autorinnen also nicht, dass es keine wirklichen Differenzen zwischen den Gruppen gäbe: „The facts of group characteristics may be real, but the evaluative component that makes them positive or negative is the product of social and political processes" (Ingram und Schneider 2005, S. 3). In älteren Arbeiten von Schneider und Ingram blieben Aspekte der Gruppenbildung noch unterentwickelt, wie Peter deLeon (2005, S. 635) in einer Rezension kritisiert: „[T]he nagging question – what moves a person or a group from dependent cell to the contender cell (or the more troublesome transition from deviant to dependent or, even more problematic, retrograde movements, such as from advantaged to contender) – is not as explicitly addressed."

Ebenso blieb die Frage unbeantwortet, ob externe Ereignisse für Veränderungen der Gruppendefinitionen wesentlich sind. Diese Themen werden von den Autorinnen, wenn auch nur oberflächlich, in einer jüngeren Publikation (Ingram und Schneider 2005) thematisiert: Einige Konstruktionen bleiben über Jahrzehnte gleich, andere ändern sich, unterliegen der Debatte und Manipulation. Ingram und Schneider (2005, S. 6) gehen dabei von einer Pfadabhängigkeit aus, wonach eine Veränderung in der Konstruktion einer Gruppe mit der Zeit schwieriger werde. Es gebe aber auch dramatische externe Ereignisse, die Konstruktionen verändern können. Als Beispiel nennen die Autorinnen die Anschläge vom 11. September 2001, die in der amerikanischen Politik zu einer negativen Konstruktion der arabischen Bevölkerung und in der Folge zu einer negativen Charakterisierung nahezu aller Immigranten geführt hätten (Ingram und Schneider 2005, S. 9). Änderungen der sozialen Konstruktionen können zudem durch den demographischen Wandel bedingt sein. So seien die allein erziehenden, von Transferleistungen abhängigen *welfare mothers* positiv konstruiert gewesen, solange es sich nach dem Zweiten Weltkrieg überwiegend um junge weiße Kriegerwitwen gehandelt habe. Seit vor allem ethnische Minderheiten zu dieser Gruppe zählten, würden die betroffenen Frauen als unverantwortliche, promiske *Jezebels* oder parasitäre *welfare queens* konstruiert (Ingram und Schneider 2005, S. 16). Änderungen können ebenfalls durch die Beeinflussung durch ökonomische, politische, soziale und moralische Akteure eintreten, die durch Koalitionsbildung ihre Definitionen durchsetzen können (Ingram und Schneider 2005, S. 10).

Der Ansatz von Schneider und Ingram schärft den Blick dafür, wie Probleme als Folgen menschlichen Handelns konstruiert werden: „Too often, target-group thinking generates causal stories that blame people for problems. Politics and policy shift their focus from reforming infrastructures and institutions to reforming people and their behavior" (Stone 2005, S. xii). Insbesondere in den angelsächsischen Wohlfahrtsstaaten ist dieses Deutungsmuster verbreitet: Die gängige Erzählung, die Armen seien für ihre soziale Lage selbst verantwortlich, kann in England historisch an die viktorianische Unterscheidung zwischen *deserving* und *undeserving poor* anknüpfen, also an die Differenzierung zwischen denjenigen, die unverschuldet arm und damit unterstützungsbedürftig (*deserving*) sind, und denjenigen, die keine Hilfe verdienen (Harrison 1998, S. 796). In England ist zudem seit den 1990er Jahren eine starke Rezeption von *urban-underclass*-Theorien zu beobachten (Burnett 2007, S. 354). Diese erheben das abweichende Verhalten der Innenstadtbevölkerung zur Ursache und zum definierenden Merkmal ihrer Armut. Mit dem devianten Verhalten in Form von Drogenkonsum, Gewalt und außerehelichen Geburten gehe eine Abhängigkeit vom Wohlfahrtsstaat einher, der damit eine Mitschuld an den Lebensverhältnissen trage (Murray 1990; vgl. Münch 2014, S. 189). Ingram und Schneider (2005, S. 2) stellen heraus, dass sich solche Konstruktionen als dauerhafte soziale, ökonomische und politische *cleavages* verfestigen können: „Unless challenged by social movements and countervailing public policies, social constructions of deservedness and entitlement result in an ‚other' – an underclass of marginalized and disadvantaged people who are widely viewed as undeserving and incapable."

Kategorisierung durch Zahlen und Zuschreibungen

Oftmals werden soziale Probleme in hohem Maße durch die Zahlen definiert, die mit ihnen verbunden werden. Stone (2002) zeigt, dass Zahlen in gewisser Weise wie Metaphern funktionieren, denn das Zählen setzt eine Kategorisierung und damit Grenzziehung voraus. „To categorize in counting or to analogize in metaphors is to select one feature of something, assert a likeness on the basis of that feature, and ignore all the other features" (Stone 2002, S. 165). Wer wird zu einer Gruppe zusammengefasst und wem wird damit eine Gemeinsamkeit unterstellt? Dabei wird häufig eine bestimmte Zahl zur Norm erhoben, um zu verdeutlichen, dass ein Problem größer oder schlimmer geworden sei, um zukünftige Trends zu antizipieren oder zu demonstrieren, dass eine Verringerung bevorstehe (Stone 2002, S. 168, 172).

Der entscheidende Unterschied zwischen quantitativer und interpretativ-qualitativer Forschung besteht daher nicht so sehr darin, dass erstere „mit Zahlen" arbeitet und zweite vor allem „mit Text", sondern dass die interpretativen Ansätze danach fragen, was zu einer Einheit zusammengefasst wird, um dann gezählt zu werden. Insbesondere in Bevölkerungsstatistiken werden demographische Kategorien festgeschrieben und somit naturalisiert (vgl. auch Foucault 2009, S. 354). Unterscheidungen, die Zugehörigkeiten und Positionierungen innerhalb eines sozialen Kollektivs differenzieren, prägen die Subjektbildung und sedimentieren sich in gesellschaftlichen Strukturen. Insbesondere solche Differenzpostulate, die sich auf körperliche Merkmale beziehen, genießen häufig Anspruch auf dauerhafte Gültigkeit (Kerner 2009, S. 9).

Interpretative Policy-Forscherinnen wie Yanow (2002; Yanow und van der Haar 2013) und Stone (2006) haben sich daher insbesondere der Konstruktion von Kategorien wie Ethnizität und Rasse zugewandt, die durch Bevölkerungsstatistiken reproduziert und fortgeschrieben werden. In „Constructing ‚Race' and ‚Ethnicity' in America: Category-Making in Public Policy and Administration" kontrastiert Yanow (2002, S. 207–210) eine wachsende Sensibilität für die wandelbare und hinterfragbare Natur dieser Kategorien mit deren davon unbeeindruckten Verwendung in der US-amerikanischen Verwaltung. Yanow versucht die Logik des *naming* und der Konstruktion von Kategorien zu beleuchten und gleichzeitig zu untersuchen, wie diese ihren Einfluss daraus ziehen, wissenschaftlich, neutral und legitim zu erscheinen und ihre eigene Kontingenz zu verschleiern (vgl. Glynos et al. 2009, S. 24). Die verschiedenen Gruppenkonstruktionen gehen mit unterschiedlichen Erwartungen an das Verhalten der politisch Verantwortlichen ihnen gegenüber einher, legitimieren bzw. delegitimieren Ansprüche und transportieren, welche Art von Teilhabe angemessen ist (vgl. Schneider und Ingram 1993, S. 334).

Wenn zählbare Differenzen also zunächst über die Vergabe eines Namens für eine Kategorie von Personen konstruiert werden, stellt sich die Frage, ob eine Gruppe die Macht besitzt, den für sich selbst gesetzten Namen durchzusetzen, oder sich einer Benennung „von außen" unterwerfen muss (Rosenblum und Travis 1995, S. 7). Ina Kerner (2009, S. 139) unterstreicht diesbezüglich Hannah Arendts Argument, dass Diskriminierte sich nur als das wehren können, als das sie angegriffen wurden, sie also affirmativ auf jene Kategorien Bezug nehmen müssen, die Grundlage dieser diskriminierenden Zuschreibungen sind. Wie das von außen Benanntwerden kann auch das Verschwiegenwerden ein Ausdruck von Machtlosigkeit sein: So haben etwa feministische Arbeiten den Horizont um diejenigen erweitert, die beispielsweise durch die gängige Geschlechterdualität gar nicht erst zählbar werden und somit unsichtbar bleiben, wie beispielsweise Intersexuelle oder Transgender (Purtschert 2007, S. 94). Andererseits kann durch das Unbenanntbleiben auch gerade eine Hegemonie gesichert werden: Insbesondere von angelsächsischen Autorinnen und Autoren wird betont, wie „Weiße" als „nondefined definers of others' differentness" fungieren. „Weiße Kultur" würde zur unausgesprochenen Norm und sei machtvoll genug, um andere als „verschieden" zu definieren, aber selbst unsichtbar und unbenannt zu bleiben (Rosenblum und Travis 1995, S. 16). „Die Differenz, die ja eigentlich für ein Verhältnis zwischen zwei Einheiten steht, wird auf diese Weise allein den Opfern zugeschrieben", postuliert auch Kerner (2009, S. 48) als Charakteristikum von Rassismus. Analog wird soziale Polarisierung verschleiert, indem im amerikanischen Diskurs verbreitet zwischen „poor" und „middle class", nicht aber zwischen arm und reich differenziert wird, was impliziert, dass diejenigen in den höchsten Einkommensschichten „just like the rest of us" seien (Rosenblum und Travis 1995, S. 25; zur lokalen Konstruktion von Differenz siehe Münch 2014).

4.5 Policy-Analyse auf der Suche nach Diskurskoalitionen

Während Schneider und Ingram empirisch untersuchen, wie Akteure durch Policies konstituiert werden, soll es im Folgenden abschließend um verschiedene Ansätze zur Darstellung strategischer Koalitionsbildungen durch Akteure gehen. Hajer (1995) hat mit seinen Diskurskoalitionen eine weitere Konzeptualisierung von Akteuren und Kontexten vorgelegt. Wie in Abschn. 3.4.2 dargestellt, geht es Maarten Hajer (1995, S. 58–59) im Sinne einer Dualität der Strukturen um die konstitutive Rolle von Diskursen im *policy-making* sowie gleichermaßen um die „discoursing subjects", also die kreativen, intelligenten Menschen, die aber dennoch sich innerhalb eines Kontextes bewegen müssen, der ihre Handlungen gleichermaßen ermöglicht und begrenzt. Soziale Konstrukte sind somit keine Funktion der Interessen von Akteuren; Interessen sind nicht gegeben, sondern durch den Diskurs konstituiert. Durch kommunikative Interaktion können sich kognitive Muster ändern. Im Kampf um diskursive Hegemonie schließen sich Akteure zu Diskurskoalitionen zusammen. „A discourse coalition is thus the ensemble of a set of storylines, all organized around a discourse. The discourse coalition approach suggests that politics is a process in which different actors from various backgrounds form specific coalitions around specific storylines" (Hajer 1993, S. 47). Die Zusammensetzung einzelner Diskurskoalitionen entspricht dabei nicht immer den formalen Grenzen der Kollektivakteure (Keller 2004a, S. 223).

Fischer (2003, S. 100 f.) und Hajer selbst (1995, S. 68 ff.) setzen sich ausführlich mit den Gegensätzen zwischen dem durch Hajer geprägten Begriff der Diskurskoalitionen und den Advokaten-Koalitionen nach Sabatier (1993) auseinander, wobei sich die auf den ersten Blick nahe liegende Ähnlichkeit nicht nur auf die Begrifflichkeit bezieht, sondern auch darauf, dass beide Autoren ihre Ansätze im Themenfeld Umweltpolitik angewendet haben (für das Folgende siehe auch Münch 2010, S. 93–95). Während die Begrifflichkeiten aus Sabatiers (1993) *Advocacy Coalition Framework* (ACF) in der deutschen Politikwissenschaft durchaus komplementär zu diskurstheoretischen Ansätzen Verwendung finden (z. B. Lepperhoff 2006), ziehen Vertreter der englischsprachigen interpretativen Policy-Forschung eine scharfe Grenze zwischen ihren Arbeiten und Sabatiers Zugang: „Although the ACF importantly emphasizes a wider range of participants in policy subsystems engaged in policy debate and argumentation, its problems stem from the attempt to employ the model as the basis for a rigorous causal theory of policy change" (Fischer 2003, S. 112).

Laut Fischer, der eine Debatte im Rahmen des Jahrestreffens der *American Political Science Association* 1995 nachzeichnet, kritisiert Hajer den Advokaten-Koalitionsansatz (*ACF*), da er nicht erklären könne, warum und wie Policy-Wandel zustande komme. Sabatiers Versuch, empirische Hypothesen zu entwickeln, die universell anwendbar sind, wird von sozialkonstruktivistischen Forschern abgelehnt, da er den sozialen und historischen Kontext vernachlässigt, in dem die Änderungen eintreten. Sabatier (1993) entwickelte seinen Ansatz als kritische Reaktion auf die Phasenheuristik des Politik-Zyklus und versucht, Politikwandel durch die Interaktion von zueinander im Wettbewerb stehenden Akteursgruppen, den Advokaten-Koalitionen, zu erklären, die sich in ihren handlungsleitenden Orientierungen unterscheiden, „und die über längere Zeit einen durchschnittlichen Grad koordinierter Handlungen aufweisen" (Sabatier 1993, S. 127).[1] Wegen der großen Variationsbreite des individuellen Verhaltens widerspricht er einer institutionellen Aufschlüsselung der politischen Akteurskonstellation. Eine Advocacy-Koalition besteht daher aus Personen in unterschiedlichen Positionen (gewählte Beamte,

---

[1] Sabatiers (1993, S. 119 f.) Advocacy-Koalitionsansatz beruht dabei auf drei zentralen Annahmen: Erstens können die Rolle des policy-orientierten Lernens und der daraus resultierende Policy-Wandel nur in einem längeren Zeitraum von etwa einem Jahrzehnt verstanden werden. Zweitens besteht für Sabatier der sinnvollste Weg, Wandel zu erfassen, darin, die Interaktionen in Policy-Subsystemen zu betrachten. Drittens können staatliche Maßnahmen ebenso konzeptualisiert werden wie handlungsleitende Orientierungen oder *belief systems*. Als Methoden zur Untersuchung des Inhalts von handlungsleitenden Orientierungen gelten ihm die Elitenbefragung, Panels informierter Beobachter, die Inhaltsanalyse von politischen Programmen sowie parlamentarischen Anhörungen und Publikationen von Interessenverbänden (Sabatier 1993, S. 134).

4.5 Policy-Analyse auf der Suche nach Diskurskoalitionen

Vorsitzende von Interessengruppen, Wissenschaftler, Verwaltung), die ein spezielles *belief system* teilen. Diese Überzeugungen (*beliefs*) sind hierarchisch organisiert und bestehen aus drei Kategorien: aus einem Kern (*deep core*) fundamentaler Axiome, die die allgemeine politische Weltsicht eines Akteurs bestimmen, aus einem zweitrangigen Policy-Kern (*policy core*) von zentralen Kausalannahmen, um die Kernüberzeugungen in einem bestimmten Policy-Subsystem umzusetzen, sowie an dritter Stelle aus einer Vielzahl von instrumentellen Überlegungen, wie Überzeugungen angemessen umzusetzen seien. Während die Kernwerte nur durch ernsthafte Krisen erschüttert werden können, nimmt der Widerstand gegen Veränderungen zur letzten Ebene hin ab (Sabatier 1993, S. 133). Das Hauptargument dieses analytischen Ansatzes lautet, dass Lernen zwar ein wichtiger Aspekt des Wandels sei, da es die sekundären Aspekte eines *belief systems* verändern könne, dass aber Veränderungen in den Kernaspekten einer Policy vor allem extern und nicht kognitiv bedingt seien (Sabatier 1993, S. 123). Zu diesen externen Systemereignissen außerhalb der Kontrolle der Akteure des Subsystems zählt Sabatier beispielsweise Veränderungen in den sozioökonomischen Bedingungen, der öffentlichen Meinung sowie Veränderungen in der Regierungskoalition (Sabatier 1993, S. 125).

Hajers zentraler Kritikpunkt bezieht sich auf Struktur und Funktionsweise der Advokaten-Koalitionen. Nach Sabatier (1993, S. 121) handelt es sich bei Advokaten-Koalitionen um eine Gruppe von Akteuren mit denselben normativen und kausalen Überzeugungen (*beliefs*), die ihre Handlungen abstimmen, um ihre Ziele zu erreichen. Während Sabatier für den Zusammenhalt dieser Koalitionen ihre untereinander geteilten Überzeugungen betont, stehen bei Hajer die *storylines* im Mittelpunkt (Hajer 1995, S. 69): „Instead of being constructed around preconceived beliefs, policy coalitions are held together by narrative storylines that interpret events and courses of action in concrete social contexts" (Fischer 2003, S. 102). Damit soll nicht die Existenz von handlungsleitenden Überzeugungen abgestritten werden: „Rather, it is to argue that it is not the knowledge in belief systems per se that holds the members of such coalitions together, but the ‚storylines' that symbolically condense the facts and values basic to a belief system" (Fischer 2003, S. 102). Anstatt auf bestehende, fest verankerte Überzeugungen zu reagieren, sei es die Kunst des *policy-making*, halbartikulierten Ängsten und Hoffnungen eine Stimme zu geben, indem sie in überzeugende Narrative zu ihren Ursachen und Lösungsmöglichkeiten verpackt werden. Es gehe weniger um Fakten, policy-bezogene Ideen und Überzeugungen als um *storylines*, die auf sehr allgemeinem Wissen beruhen, aber soziale Orientierung geben, indem sie Ereignisse, Verantwortlichkeiten und Lösungsmöglichkeiten in ihrer wechselseitigen Bedingtheit vereinfacht darstellen.

> Thus, what people in [a] discourse coalition support is an interpretation of threat or crisis, not a core set of facts and values that can be teased out through content or factor analysis. Rather than a stable core of cognitive commitments and beliefs, they share storylines that often tend to be vague on particular points and, at times, contradictory on others. (Fischer 2003, S. 103)

Der Vorteil der Analyse von Diskurskoalitionen bestehe darin, dass bei einem individualisierenden Konzept wie den *beliefs* schwierig zu bestimmen sei, ob ein Akteur wirklich eine bestimmte Überzeugung hat oder lediglich aus professionellen Gründen eine bestimmte Meinung vertritt. Der Blick auf die konstitutive Rolle der Sprache trage außerdem der Tatsache Rechnung, dass Rollen vom jeweiligen Kontext abhängig sind (Hajer 1995, S. 70).

Des Weiteren unterscheiden sich interpretative Ansätze vom *ACF* durch ihr Verständnis der Koordination und Funktionsweise der Koalitionen. Während im *ACF* die Akteure ihre Handlungen abstimmen, werden für Diskursanalytiker Koalitionen durch *storylines* reproduziert, wobei sich die Akteure nicht unbedingt getroffen oder abgestimmt haben müssen. Dementsprechend können auch Personen mit leicht abweichenden Einstellungen zur selben Diskurs-Koalition gehören (Hajer 1995, S. 13; Fischer 2003, S. 103, 105). Zudem wird von den post-positivistischen Forschern Sabatiers rationalistisches Verständnis des Policy-Lernens hinterfragt, demzufolge Lernen durch informierte Debatte in einem „relativ apolitischen Forum" erleichtert werde:

> Unter solchen Voraussetzungen führen der Wunsch nach professioneller Glaubwürdigkeit und die Standards der wissenschaftlichen Debatte zu einer ernsthaften Analyse methodologischer Annahmen, der allmählichen Eliminierung der unwahrscheinlicheren Kausalannahmen und nicht haltbaren Daten und damit längerfristig zu einer größeren Konvergenz der Perspektiven über die Natur des Problems und die Konsequenzen verschiedener Policy-Alternativen. (Sabatier 1993, S. 140)

Aus einer sozialkonstruktivistischen Perspektive beruht diese Aussage auf einem überholten Verständnis dessen, wie Wissenschaft funktioniert. Wissenspolitologische Arbeiten widersprechen der Vorstellung, wissenschaftliche Debatten ließen sich „als Ausdruck einer rein an Geltungsfragen orientierten interessen- und machtfreien Sphäre verständlich machen" (Nullmeier und Rüb 1993, S. 26). Die Gegenstände, die der *ACF* für eine „objektive" Debatte unter Experten vorsieht, sind für die interpretative Forschung ebenfalls soziale Konstruktionen. „Moreover, the scientific process is governed by norms and principles that are grounded in the social consensus of the various scientific communities rather than anchored to an objective reality itself" (Fischer 2003, S. 109). Fischer (2003, S. 111) konstatiert, dass verschiedene Disziplinen durch unterschiedliche Denkweisen geprägt sind und somit die Unterstellung, dass alle Wissenschaftlerinnen und Wissenschaftler automatisch zu einem vertretbaren Konsens fänden, illusorisch sei. Dabei verweist er auf ein generelles Problem des Lernbegriffs, denn was für die einen ein (positiv konnotiertes) Lernen sei, könne von anderen durchaus nicht als solches empfunden werden. Bei Hajer (1995, S. 71) steht daher der soziale Wandel an Stelle des Lernbegriffs, da er Veränderungen durch das Aufkommen neuer Diskurse bedingt sieht.

4.6 Zusammenfassung

Die heterogenen Strömungen innerhalb der interpretativen Policy-Analyse verfügen über sehr unterschiedliche Vorstellungen von der Rolle von Akteuren und ihres Einflusses auf oder ihrer Prägung durch Diskurse. Allen gemein ist hingegen die Betonung des Kontextes für Interpretation und Bedeutungen, nicht nur für die beobachteten Problemdefinitionen, sondern auch für die Reichweite der eigenen Forschung. Allgemeingültige, vom jeweiligen Kontext losgelöste Generalisierungen werden abgelehnt. Trotz der Zentralstellung des Kontextes determiniert dieser nicht die Diskurse, sondern muss selbst durch die Deutungsleistungen der Akteure übersetzt werden. Während poststrukturalistische Arbeiten von der Prämisse ausgehen, dass Subjekte den Diskursen nachgeordnet sind, untersuchen Schneider und Ingram empirisch, wie *policy-making* mit der Konstruktion bestimmter Zielgruppen einhergeht. Maarten Hajer schließlich geht von einem wechselseitigen Ermöglichungszusammenhang von Struktur und Praxis aus und beleuchtet die prägende Kraft von *storylines* für die Bildung von Koalitionen zwischen verschiedenen Akteuren.

Literaturtipps
Zur Kontextgebundenheit von Problematisierungen
- Bosso, Christopher J. (1994): The Contextual Base of Problem Definition, In: Rochefort, David A./Cobb, Roger W. (Hrsg.), The Politics of Problem Definition. Shaping The Policy Agenda. Lawrence: University Press of Kansas, 182–203.

Zum Konzept der Tradition
- Bevir, Mark/Rhodes, Rod A. W. (2003): Interpreting British governance. London: Routledge.
- Bevir, Mark/Rhodes, Rod A. W. (2006): Governance stories. London: Routledge.

Zur Konstruktion von Zielgruppen durch Policies
- Schneider, Anne L/Ingram, Helen M (Hrsg.) (2005): Deserving and entitled: Social constructions and public policy. Albany: SUNY Press.

Eine vorläufige Bilanz interpretativer Forschung 5

Überblick

Ein interpretativer Zugang hat sich in der Politikfeldanalyse in den letzten zwei Jahrzehnten erst langsam etabliert. In seinem Resümee des interpretativen Paradigmas in der Soziologie hält Keller (2012, S. 315) fest, dass die vielfältigen Perspektiven „nicht zu einer einzigen gemeinsamen Grundlagentheorie geronnen [sind], obwohl sie doch in ihren unterschiedlichen Akzentsetzungen immer auch ineinander widerhallen und eine entsprechende Integration denkbar erschiene." Dies gilt gleichermaßen für die heterogenen Strömungen innerhalb der interpretativen Policy-Analyse, sodass ein Fazit stark abstrahieren muss. Im abschließenden Kapitel soll eine vorläufige Bilanz bisheriger interpretativer Policy-Forschung gezogen werden, ohne Leerstellen aus Binnensicht (5.1) und Kritikpunkte aus einer Außenperspektive (5.2) zu unterschlagen. Des Weiteren sollen die vielfältigen und für empirische Forschung fruchtbaren Anschlussmöglichkeiten an die Politikwissenschaft insgesamt und Debatten in ihren Nachbardisziplinen aufgezeigt werden (5.3). Das Kapitel schließt mit einem Blick auf Rolle und Selbstverständnis einer interpretativen Policy-Analyse (5.4).

5.1 Kritik aus der Binnensicht

Ein aus der Sicht prinzipieller Befürworter einer interpretativen Policy-Analyse regelmäßig geäußerter Vorwurf lautet, dass häufig unklar bleibe, wie die empirische Arbeit genau aussehen könne. Trotz der Dichte der theoretischen Konzepte sei es häufig schwer, daraus ein konkretes Vorgehen abzuleiten. Dies liegt erstens an der Theorielastigkeit einiger Zugänge, wie beispielsweise der poststrukturalistischen

Policy-Analyse, die dann in der konkreten Auswertung zuweilen doch auf das Repertoire anderer Ansätze wie der Kritischen Diskursanalyse zurückgreift. Zweitens betonen gerade die Autorinnen und Autoren der hermeneutisch-interpretativen Schiene, dass ihre Forschung nicht linear und iterativ sei und dass das Interesse an lokalem Wissen und *meaning-making in context* der Generalisierbarkeit eines starren Methodeneinsatzes entgegenstehe (Schwartz-Shea und Yanow 2012, S. 94). Zudem würde der Begriff der Methode mit seiner Konnotation von Finalität und intellektueller Kontrolle der chaotischen Qualität des *policy-making* nicht gerecht (Wagenaar 2011, S. 242).

Hendrik Wagenaar (2011, S. 79) kritisiert zudem die Neigung interpretativer Policy-Forschung, *Public Policy* überwiegend auf Text zu reduzieren und die beispielsweise von Dvora Yanow propagierte Ethnographie aus Bequemlichkeit zu meiden. Nur weil Handlungen „gelesen" werden könnten wie Text, bedeute dies nicht im Umkehrschluss, dass Texte als Handlungen verstanden werden können. Auch bezüglich der Datenerhebung in Form von qualitativen Interviews zögen sich die meisten Forscherinnen und Forscher auf eine sichere Auswahl an Expertinnen und Experten, gewählten Politikerinnen und Politikern oder Mitarbeiter(inne)n von Verwaltungen zurück, anstatt im Feld mit marginalisierten Gruppen zu arbeiten.

Blindstelle interpretativer Vergleich
Weiterhin wird von der post-positivistischen Policy-Forschung die Methode des Vergleichs ausgesprochen selten diskutiert; symptomatisch ist etwa die Abwesenheit des Themas im Grundlagenwerk zum interpretativen Forschungsdesign von Peregrine Schwartz-Shea und Dvora Yanow (2012, siehe indes Yanow 2014). Während qualitativ-interpretative Arbeiten dazu neigen, den Vergleich zu vernachlässigen, beruhen vergleichende Studien eher selten auf interpretativen Prämissen, sondern tendieren zu einer variablenorientierten, auf Generalisierbarkeit abzielenden Herangehensweise (Mangen 1999, S. 109). Eine Schwierigkeit für interpretative Forschung, vergleichend zu arbeiten, besteht in der relativen Flexibilität des Forschungsprozesses insbesondere in den stärker ethnographischen und fallstudienorientierten Arbeiten. Während neo-positivistische Vergleiche *ex ante* ein hohes Maß an Wissen voraussetzen, um etwa festlegen zu können, was abhängige und was unabhängige Variablen sind und welche Fälle *most similar* oder *most different*, geht gerade interpretativ-hermeneutische Forschung davon aus, dass sich Lernen durch den gesamten Forschungsprozess zieht (Yanow 2014). Andererseits zeigen interpretative vergleichende Arbeiten (vgl. Verloo 2007; Barbehön et al. 2015a; Münch 2010), dass bestimmte Besonderheiten von lokalen oder nationalen Deutungsmustern häufig erst über den Vergleich ins Auge stechen, sich also ein

Vergleich gerade bei interpretativen Fragestellungen lohnt. Was eine Policy bedeutet, bei Verloo (2007) etwa das Konzept *Gender Mainstreaming* in verschiedenen europäischen Ländern, kann sich erheblich unterscheiden. Die Eigenart lässt sich dann vor allem in der Kontrastierung zu anderen Fällen herausstellen.

Der qualitativ-interpretative Vergleich legt den Schwerpunkt nicht auf abstrakte Korrelationen, sondern bemüht sich, der Komplexität der Einzelfälle gerecht zu werden. Er kann dementsprechend kaum zu einer Verallgemeinerung herangezogen werden, die über die untersuchten Fälle hinausweist (vgl. Schneider und Janning 2006, S. 47; Pickel und Pickel 2003, S. 295). Wenn aus post-positivistischer Sicht Wissen nicht von einem extern verorteten Standpunkt gewonnen werden kann, sondern es darum geht, den Forschenden „zurück ins Feld" zu holen (vgl. Torgerson 1986, S. 40), ist gerade der länderübergreifende Vergleich zu reflektieren: Interpretativ arbeitende Forscher testen nicht die Angemessenheit von Theorien, sondern wollen verstehen, wie sich Bedeutung „im Feld" ergibt, wie diese also zeitlich und räumlich kontextabhängig ist (Schwartz-Shea und Yanow 2012, S. 18). Semantische Grenzen werden von interpretativer Forschung daher selbst dann überschritten, wenn der Vergleich keine nationalen Grenzen überschreitet: „Armut" kann beispielsweise schon im Vergleich einer Stadt zu einer anderen etwas völlig anderes bedeuten (vgl. Münch 2014). Da bei einem internationalen Vergleich davon auszugehen ist, dass das Interpretationsrepertoire des Herkunftslandes der Forscherin oder dem Forscher vertrauter ist, müssen eigene kulturelle Traditionen reflektiert werden. In einem sozialkonstruktivistischen Verständnis organisiert und formt Sprache die Erfahrungswelt des Sprechenden. Es ist eine spezifische Sicht auf die Welt, sodass Übersetzung ein Vorgang ist, der sowohl linguistische als auch kulturelle Faktoren zu berücksichtigen hat (Eyraud 2001, S. 279). Insbesondere in legalen und quasilegalen Begriffen hat sich Geschichte niedergeschlagen (Eyraud 2001, S. 282), die möglicherweise von einer Nicht-Muttersprachlerin nicht eingefangen werden. Dementsprechend spielt die „kommunikative Validierung", also die Rückkopplung von Ergebnissen mit Experten vor Ort, eine wichtige Rolle (Mangen 1999, S. 118).

5.2 Kritik aus Sicht traditioneller Policy-Forschung

Deutlich verbreiteter als eine konkrete kritische Auseinandersetzung mit interpretativen Ansätzen scheint es innerhalb der traditionellen Policy-Analyse zu sein, die eigenen neo-positivistischen epistemologischen und methodologischen Grundlagen als natürlich zu begreifen:

[S]o pervasive are empiricist commitments within the profession that few practitioners are aware that there might be anything contestable about them. That empiricism provides contentious accounts of the nature of reality, the senses, rationality, science, and the possibilities for human knowledge, is not typically noted in methodology courses in policy analysis. (Hawkesworth 1988, S. 2–3)

Der damit verbundene Glaube an die eigene Neutralität und das Ausblenden der Tatsache, dass ein solches Verständnis von Wissenschaftlichkeit selbst eine historische Genese hat, führen dazu, dass das eigene Vorgehen als wertfrei begriffen wird. Auf interpretative *approaches* wird dann eher mit einem diffusen Unverständnis als mit konkreter Kritik reagiert.

Eine frühe Ausnahme stellt Rosabeth Kanters (1972) Kritik an Peter M. Halls (1972) Versuch einer symbolisch-interaktionistischen Politikanalyse dar. Beim Symbolischen Interaktionismus handelt es sich um die bereits in Kap. 1 vorgestellte und maßgeblich von Herbert Blumer geprägte Strömung, die sich in der Soziologie neben anderen Ansätzen unter dem etwas vereinfachenden Sammelbegriff des interpretativen Paradigmas zusammenfindet (Keller 2012, S. 17).

- Der Ansatz sei nur für die Analyse der Mikro-Ebene geeignet und besitze kein Sensorium für Politikabläufe im Ganzen.
- Der Zugang entwickele kein kohärentes Konzept kollektiver Interessen.
- Die Prozessperspektive führe dazu, dass Theorie ohne Inhalt bleibe, da nicht bestimmt werden könne, wer die Akteure sind und was die Natur der Auseinandersetzung sei.
- Das Ausmaß sozialen Wandels werde durch die Betonung kurzfristiger Interaktionen überbewertet.
- Es fehle die Gesamtsicht auf das politische System. Daher könnten Relationen nicht identifiziert werden.
- Vor allem aber würden bei der Betrachtung von Macht Gewalt und Zwang zugunsten der Manipulation von Symbolen unterschätzt: Ein Polizist, der mit seiner Waffe auf einen *Black-Panther*-Aktivisten ziele, „takes precedence over any other ‚definition of the situation'"[1] (Kanter 1972, S. 86). Dieser erzwungene Verzicht auf die Makro-Ebene und die Rolle von Strukturen wecke den Eindruck, Politik bestehe im Wesentlichen aus Verhandlungen zwischen einer Vielzahl konkurrierender Interessengruppen: Wer den besten Eindruck hinterlasse, habe die besten Chancen, Politik zu gestalten (Nullmeier 1997, S. 128).

---

[1] Die „Definition der Situation" ist ein Schlüsselkonzept des interpretativen Paradigmas, das im Thomas-Theorem pointiert zusammengefasst lautet, dass wenn Menschen Situationen als real definieren, auch deren Folgen real sein werden.

5.2 Kritik aus Sicht traditioneller Policy-Forschung

Der Vorwurf eines makrotheoretischen Defizits ist lange eine weit verbreitete Kritik gewesen (Nullmeier 1997, S. 129). Die konstruktivistische Forschung zu den Internationalen Beziehungen hat jedoch gezeigt, dass es keine prinzipiellen Barrieren geben muss. Der Unterstellung eines makrotheoretischen Defizits hält Nullmeier (1997, S. 129) entgegen, dass es auch an einer Mikropolitologie der alltäglichen Prozesse in Gremien unterhalb des Parlaments mangele sowie an einer Rekonstruktion des im alltäglichen und professionalisierten politischen Handeln wirksamen Wissens, das über Fach- oder Policy-Wissen hinausreicht. Diese Forschungslücke ist durch ethnographische Analysen in den vergangenen Jahren allmählich gefüllt worden (siehe 3.11).

Der Vorwurf des Kulturalismus besagt, dass die Zurückdrängung strukturalistischer Ansätze mit einer Vernachlässigung der Rolle von Ökonomie und Sozialstruktur einhergehe. Politikanalyse bleibe dann lediglich eine „Kulturkritik der politischen Inszenierung" (Nullmeier 1997, S. 131). Insgesamt ist hier einzuräumen, dass sich die interpretative Policy-Analyse seit den 1990er Jahren stark ausdifferenziert und weiterentwickelt hat. Gerade im Kontrast zu früheren Arbeiten, die sich oft auf Murray Edelmans (1990) Vorstellung von Politik als inszeniertem Ritual bezogen, geht es heute meist nicht darum, die Erscheinung als Fassade zu entlarven, sondern darum, die Nutzung von Kontingenzen herauszuarbeiten. Gerade für die poststrukturalistischen Arbeiten innerhalb der interpretativen Policy-Forschung gilt, dass sie insbesondere auf die machtförmigen Prozesse abheben. Auch Dvora Yanow (2014) hält der Kritik an interpretativen Ansätzen entgegen, dass der Vorwurf der Vernachlässigung von Machtstrukturen möglicherweise für die philosophisch-soziologische Tradition, nicht aber für die interpretative Policy-Analyse gelte. Diese könne die Frage von Macht nicht ausklammern, gerade auch wenn es um die Stimmen derer gehe, die schweigen oder zum Schweigen gebracht werden.

Nullmeier (1997, S. 132) gesteht ein, dass frühe interpretative Ansätze nicht über ein klar umrissenes Handlungsmodell verfügten, obgleich sie als Gegenentwurf zu utilitaristischen Handlungskonzepten entstanden sind. Von Nullmeier (1993, 1997) selbst ist jedoch ein „rhetorisch-dialektisches Handlungsmodell" als Perspektive und Konzeptualisierung kreativen oder rhetorischen Handelns aufgezeigt worden. Das Konzept des kreativen Handelns versucht, die Dichotomie zwischen strategischem und norm- oder prinzipienorientiertem Handeln, also zwischen egoistischem und altruistischem Handeln, zu überwinden. Vor dem Hintergrund dessen, dass soziale Realität nach interpretativem Verständnis konstruiert und eine Handlungsorientierung per Kalkulation somit gar nicht möglich ist, lautet die Entscheidungsregel nicht, diejenige Handlungsalternative mit dem größten subjektiven Nutzen zu wählen. An ihre Stelle tritt eine persuasive Handlungsorientierung. Die

Entscheidung fällt also für diejenige Handlungsalternative, für die sich innerhalb des Wissenssystems des Akteurs die größte argumentativ-rhetorische Stützungsleistung mobilisieren lässt (ausführlich hierzu siehe Haus 2008, S. 96–97).

Eine nur auf den ersten Blick theoretische Inkonsistenz des interpretativen Ansatzes ist mit dem ihm potenziell innewohnenden moralischen Relativismus verbunden. Das Ziel besteht in einer Denaturalisierung und Erschütterung des für selbstverständlich Gehaltenen durch den Nachweis, dass es sich „nur" um eine Realitätsdeutung handelt. Weltsichten dürften also nicht durch die kontrastierende Interpretation der Autorin direkt infrage gestellt, sondern allein metatheoretisch als Deutung sichtbar und damit variierbar gemacht werden (Nullmeier 1997, S. 134). Insbesondere bei den Autorinnen und Autoren des *argumentative turn* zeigt sich indes, dass sie ihren Zugang als normative Kritik an den bestehenden Verhältnissen begreifen. Der Ansatz wird gerade nicht auf eine akzeptierende Beschreibung rhetorischer Strategien reduziert. Das „Schweigegelöbnis der Postmodernisten" (Hay 2002, S. 246) legen sich die Autorinnen und Autoren der interpretativen Policy-Analyse ausdrücklich nicht auf.

Interpretative Forschung in Erklärungsnot?
Die verschiedenen Ansätze interpretativer Forschung sind als Linse oder als Scheinwerfer auf neues, empirisches Terrain zu verstehen und nicht als erklärende Modelle oder als Theorie, aus der Hypothesen abgeleitet werden. Ihr Mehrwert besteht also nicht in einer besseren generalisierbaren Erklärung von Politikergebnissen, wie es beispielsweise die ideenorientierte Komparatistik anstrebt, sondern in einem Perspektivenwechsel. Qualitativ-Interpretative Arbeiten haben ihren Schwerpunkt häufig in der Beschreibung des „was" und „wie", können – und wollen – aber eher selten die Frage eines kausalen „warum" beantworten (Schwartz-Shea 2006, S. 95) – zumindest nicht im Sinne einer nomothetischen, also auf das Aufdecken allgemeingültiger Gesetze zielenden Forschungsrichtung. Andreas Gofas und Colin Hay (2010, S. 16; 39) unterscheiden eine konstitutive Logik von der kausalen Logik. Die konstitutive Logik beschreibt ein Verhältnis von logischer Ermöglichung. Ihr widerstrebt die Prämisse der kausalen Logik, dass es unabhängig voneinander existierende und temporär asymmetrische Faktoren der Ursache und Wirkung gebe. Die kausale Logik frage „warum", die konstitutive „wie" oder „wodurch".

Indem sie sich auf das Beschreiben und die Kritik bestehender Verhältnisse konzentriert, das Erklären aber meist der variablenbasierten Forschung überlässt, macht sich die interpretative Policy-Analyse jedoch angreifbar (Nullmeier 2012, S. 37). Der Wunsch, Sachverhalte erklären zu können, ist in der Wissenschaft, aber auch im Alltag so stark verankert, dass ein Verzicht auf Erklärungen gerechtfertigt

5.2 Kritik aus Sicht traditioneller Policy-Forschung

werden muss. Empirisch arbeitende interpretative Policy-Forscherinnen, die diesen Anspruch antizipieren, ziehen sich zuweilen auf die Begründung zurück, *zunächst* explorativ zu arbeiten. Ihre Forschung in einem bis dahin wenig beachteten Feld lege erst die Grundlage für spätere, möglicherweise dann erklärende Arbeiten. Der Druck, zumindest vorläufige Überlegungen preiszugeben, warum etwas ist, wie es ist, bleibt jedoch auch dann weiterhin groß. Andere betonen, das Verstehen sei dem Sozialen angemessener als das Erklären oder schon die Unterscheidung zwischen Erklären und Verstehen entstamme einer positivistischen Forschungslogik; oder die Analyse solle vor allem zeigen, dass das, was ist, auch anders sein könnte (vgl. Nullmeier 2012, S. 38).

Nullmeier (2012, 2013) schlägt ein weiteres Vorgehen vor, wie eine genuin interpretative Erklärung, nämlich die Erklärung von Diskurswandel, aussehen könnte. Eine solche *idiographische*[2] (den Fall in seiner Ganzheit erfassen wollende) Erklärung ziele darauf ab, ein Geschehen immer weiter transparent zu machen, indem nachvollziehbar gemacht werde, „wie sich Handlungen und Handlungsfolgen als Ergebnis der Überlegungen der beteiligten Akteure und ihrer Wahrnehmung intervenierender Ereignisse ergeben haben" (Nullmeier 2013, S. 35). Dafür unterscheidet Nullmeier zunächst drei Zugänge zum Erklären. An erster Stelle steht die universale Logik der Kausalanalyse, die von genuin interpretativen Arbeiten immer abgelehnt worden ist. Sie wird von denjenigen ideenbezogenen Ansätzen bedient, die danach fragen, welche kausale Kraft Ideen gegenüber Interessen, Institutionen oder der Macht sozialer Akteure besitzen (Nullmeier 2012, S. 39). In die zweite Gruppe fallen Ansätze mit einem wesentlich weiter gefassten Kausalitätsverständnis, wie es sich die fortgeschrittene qualitative Forschung zu eigen macht. Die Konfigurationsanalyse unterscheidet notwendige („immer gegeben, wenn *outcome* auftritt") von hinreichenden Bedingungen („*Outcome* tritt immer auf, wenn Bedingung gegeben ist"), berücksichtigt dabei die Verbindung von Faktoren und lässt heterogene und nichtlineare Wirkungen von Faktoren zu.

Drittens nennt Nullmeier intentionale Erklärungen auf dem Feld der Handlungserklärungen. Eine intentionale Erklärung versucht menschliches Verhalten, seine Produkte und Beziehungen durch eine Rekonstruktion des Selbstverständnisses derjenigen zu erhellen, die sie kreieren oder ausführen. Intentionen sind jedoch nicht auf einen mentalen Zustand zu beschränken, sondern bezeichnen eine (vorgesehene) Handlung. Doch wie wichtig ist das Verstehen subjektiver Gründe, um beispielsweise bestimmte Praktiken wie etwa bestimmte Rituale zu erklären? Beteiligte an einem balinesischen Hahnenkampf – ein von Clifford Geertz

---

[2] Eine solche Forschung wird von der nomothetischen, auf allgemeine Gesetzmäßigkeiten abzielenden Forschung unterschieden.

in ethnographischer Feldforschung untersuchtes Ritual, das gesellschaftliche Kohärenz schafft – können sehr unterschiedliche Gründe für ihre Teilnahme nennen (Wagenaar 2011, S. 16–17). Nullmeier selbst plädiert dafür, Handlungen *interpretativ zu erklären*, gerade auch um Dynamik und Wandel im *policy-making* erklären zu können. Die Frage laute, wie diskursiver Wandel erklärt werden könne, der dann einen politischen Wandel bedinge (Nullmeier und Pritzlaff 2011, S. 2), wann und warum sich bestimmte Ideen gegenüber anderen durchsetzen (Nullmeier 2013, S. 37).

Eine solche Diskursänderung als diskursintern sinnvolle Restrukturierung zeichnet er am Beispiel des Atomausstiegs infolge der Debatten nach den tsunamibedingten Störfällen im Kraftwerk von Fukushima 2011 nach. Dabei geht es um einen schwach rationalen Abwägungsprozess und nicht um den Nachweis eines kausalen Aufeinanderwirkens von schwachen und starken Gründen: „Eine Handlung ist interpretativ erklärt, wenn ein Grund als guter Grund benannt wird, der aufgrund von Abwägung zu dem Grund geworden ist, der die Handlung bewirkt" (Nullmeier 2012, S. 43). Die Erklärung verbleibt im Rahmen interpretativer Forschung, wenn Diskurswandel durch gute Gründe verursacht wurde, die am Standard der innerhalb des Diskurses selbst für angemessen gehaltenen Wertmaßstäbe bemessen werden. Eine kausale Erklärung im neo-positivistischen Sinn dagegen würde den Wandel auf die Veränderung von Interessen, Macht und von ökonomischen wie sozialen Verhältnissen zurückführen (Nullmeier 2012, S. 48).

5.3 Anknüpfungspunkte interpretativer Policy-Analysen an weitere Debatten

Die verschiedenen Strömungen unter dem Dach der interpretativen Policy-Analyse ermöglichen neue Fragestellungen, die von positivistischen Ansätzen bislang vernachlässigt wurden. Ein besonderer Vorteil besteht in der Innovationen begünstigenden großen Offenheit und gemeinsamen Schnittmenge zu anderen Subdisziplinen innerhalb der Politikwissenschaft, aber auch zu Nachbardisziplinen, zu denen es in konventionelleren Arbeiten eher weniger Zugänge gibt. Anknüpfungsmöglichkeiten gibt es etwa durch das Methodenrepertoire der interpretativen Policy-Analyse, das sich zunehmend nicht nur textbasierter Methoden bedient, sondern ethnographische Untersuchungen aus den *Science, Technology and Society Studies* oder *Actor-Network*-Theorien unternimmt (vgl. Pohle 2013). Unter dem Schlagwort des *pictorial turn* wird zudem in jüngster Zeit der Fokus von der Sagbarkeit auf die Sichtbarkeit gelenkt (Gottweis und Steurer 2011), wie sie auch in der Soziologie diskutiert wird.

5.3 Anknüpfungspunkte interpretativer Policy-Analysen an weitere Debatten

Eine inhaltliche Schnittmenge besteht zudem mit den Debatten in der politischen Soziologie über die Verteilung von Macht und ihre verschiedenen Gesichter oder Dimensionen, die ihre Ursprünge in den *community power studies* hat. Dabei lässt sich eine Weiterentwicklung dahingehend feststellen, dass Macht zunächst als Einfluss auf politische Entscheidungen, später als Filterung von Themen als entscheidungsrelevant und schließlich als „produktive" Macht der Handlungsermöglichung durch die Strukturierung von Diskursen im Sinne eines „Macht, um zu" thematisiert wurde. Macht wird nicht mehr nur eindimensional als Fähigkeit der Akteure verstanden, Entscheidungen zu dominieren (Dahl 1957) oder zweidimensional als Fähigkeit, Entscheidungen zu vermeiden, sondern auch als Fähigkeit, eine Wahrnehmung als Problem zu vermeiden (Lukes 2005 [1974]). Als vierte Dimension rückt immer stärker die produktive, ermöglichende Qualität von Macht in den Mittelpunkt (Barbehön et al. 2015a, S. 11). Hier können interpretative Arbeiten einen empirischen Beitrag leisten.

Eine weitere Nähe ist zu Themen der Teildisziplin der Politischen Theorie gegeben, in der beispielsweise die Frage einer Gegenstandsbestimmung einer „verstehenden Politikwissenschaft" und der Rolle von Gesellschaften als den „plural verfassten Interpreten ihrer Selbst" diskutiert wird (Sigwart 2013, S. 163). Dabei sticht ins Auge, dass mit Charles Taylor ein Verfechter einer hermeneutischen Gegenstandbestimmung der Politikwissenschaft ins Feld geführt wird, der in der interpretativen Policy-Analyse eher selten Erwähnung findet. Eine weitere Schnittstelle besteht zudem für die interpretative Policy-Analyse im Themenfeld Rechtfertigung und Legitimitätspolitik durch das geteilte Interesse an Evidenzen (vgl. Rüb und Straßheim 2012) sowie über die Frage nach dem Verhältnis von Wissen und Politik (z. B. Saretzki 2005) zu den *Science and Technology Studies*. Eine besonders große Übereinstimmung ergibt sich zudem durch die Thematisierung deliberativer Demokratie durch die Politische Theorie. Hier ist John Dryzek (1993, 2000) zentraler Referenzautor für Theorie und Policy-Analyse gleichermaßen. Ebenso ergeben sich über die diskurstheoretischen Grundlegungen von Jürgen Habermas (1992) und Michel Foucault (1971, 1973b) sowie über die Diskurs- und Hegemonietheoretiker Laclau und Mouffe (1985) zahlreiche Berührungspunkte zwischen interpretativer Policy-Analyse und politischer Theorie.

Durch die konstruktivistischen Grundlagen treten zudem immer wieder Parallelen zu Debatten in der Teildisziplin der Internationalen Beziehungen (IB) zutage, die sich post-positivistischen Zugängen gegenüber insgesamt schon seit längerer Zeit offen gezeigt hat (Gadinger 2003). Aus interpretativer Perspektive hingegen kaum beforscht ist das Feld des europäischen *policy-making*, das sowohl von der interpretativen Policy-Analyse als auch von den konstruktivistischen Ansätzen innerhalb der IB kaum bearbeitet wird (Ausnahme Heinelt und Münch in Vorbereitung).

5.4 Rolle und Zukunft der interpretativen Policy-Analyse

Die interpretative und argumentative Wende ist mit einer intensiven Auseinandersetzung mit Rolle und Selbstverständnis der Policy-Analysten einhergegangen. Anstatt zu fragen, „was funktioniert", soll untersucht werden, wie und wieso etwas zu einem Problem geworden ist und wer Gewinner und Verlierer dieser Problemkonstruktionen sind. In diesem Sinne verstehen sich interpretative Policy-Forscherinnen und Forscher als kritisch – ein Umstand, der sich auch im Namen der von Frank Fischer herausgegebenen Zeitschrift „Critical Policy Studies" niederschlägt. Sie betonen die Kontingenz von Problemkonstruktionen und zweifeln die Vorstellung von Politik als rationalem Problemlösen an. Ihr Zugang stellt implizite *common sense*-Annahmen und Policy-Wahrheiten in Frage, sensibilisiert für alternative Deutungen und untersucht, warum und auf wessen Kosten sich bestimmte Interpretationen in bestimmten Kontexten durchsetzen können (Haworth et al. 2004, S. 18; Marston 2004, S. 89). Es geht darum, die Kontingenz der sozialen und politischen Realität herauszuarbeiten und zu einer Denaturalisierung scheinbarer Selbstverständlichkeiten beizutragen.

Es gebe keine moralisch neutrale konstruktivistische Forschung, proklamiert denn auch Hendrik Wagenaar (2011, S. 5). Insbesondere die Vertreterinnen und Vertreter einer poststrukturalistischen Policy-Analyse, aber auch diejenigen, die sich unter dem Schlagwort Deliberation auf Habermas beziehen, sowie nicht zuletzt die Vertreterinnen und Vertreter der *Critical Discourse Analysis* verstehen ihren jeweiligen Zugang als Kritische Theorie und wollen die Emanzipation von als natürlich konstruierten Machtverhältnissen ermöglichen. Es geht ihnen nicht darum, Deutungsmuster als Verzerrung einer gegebenen Realität offenzulegen, denn Realität ist nach interpretativem Verständnis immer konstruiert. Interpretationen sind aber dann verzerrend, wenn sie den kontingenten und prekären Charakter sozialer Identität und politischer Problematisierungen verdecken.

Zwar gestehen die Vertreterinnen und Vertreter der interpretativen Policy-Analyse ein, dass ihre Prognosefähigkeit gering ist. Insbesondere die Autorinnen und Autoren des *argumentative turn* sehen ihre Aufgabe aber darin, die politischen Prozesse der Deliberation zu stimulieren. Damit geht ein starkes Engagement für die Inklusion von Bürgerinteressen und eine stärkere Partizipation einher. Dabei stellt sich die Frage, wie eine solche emanzipatorische Rolle im Alltag gefüllt werden kann. Das Gros der akademisch-universitären Policy-Analyse (und damit auch der Forschungsförderung) ist weiterhin durch die Gütekriterien und Denkweisen neo-positivistischer Forschung geprägt. Viele interpretative Forscherinnen und Forscher werden schon einmal gefragt worden sein, wo denn eigentlich ihre abhängigen und unabhängigen Variablen seien.

5.4 Rolle und Zukunft der interpretativen Policy-Analyse

Die Selbstverständigungsdebatte im Zuge der argumentativen Wende in der US-amerikanischen Policy-Analyse bezog sich aber vor allem auch auf diejenigen, die mit ihren politischen Empfehlungen professionelle Politikberatung betreiben. Wie ist es um ihre Neuverortung bestimmt, wenn es auf Seiten öffentlicher Geldgeber immer häufiger darum geht, im Rahmen der Auftragsforschung dezidierte Wirkungsevaluationen einzufordern? Dabei handelt es sich um solche quantitativen Forschungsdesigns, die nicht nur prüfen, ob ein Ziel durch eine bestimmte Policy erreicht wurde (gibt es beispielsweise weniger Arbeitslose seit Beginn einer Maßnahme), sondern die den Nachweis antreten, dass dieser Effekt tatsächlich aufgrund der Maßnahme selbst eingetreten ist (*impact*). Welche praktische Rolle kann eine interpretative Policy-Analyse in Zeiten einer Begeisterung für „evidenzbasiertes" *policy-making* einnehmen, wie lassen sich kritisch-interpretativer Selbstanspruch und die Verwertbarkeit der eigenen Forschung vereinbaren?

Trotz ihrer konstruktivistischen Prämissen fällt es den meisten interpretativen Policy-Forschenden schwer, die Wahrheitsfrage zu suspendieren und nur nach Deutungsmacht zu fragen. Im Gegenteil betonen sie, dass Fakten und Werte nicht getrennt werden könnten. Frank Fischer (1995) hat beispielsweise Kriterien zur Evaluation von Policies entwickelt, die den Blick nicht nur auf den direkten Erfolg eines bestimmten politischen Programmes legen, sondern den Fokus darauf richten, ob eine Policy den akzeptierten Werten einer Gesellschaft dient. Die Evaluation umfasst dann vier Ebenen:

> Extending from the concrete questions concerning the efficiency of a program up through its situational context and the societal system to the abstract normative questions concerning the impact of a policy on a particular way of life, the scheme illustrates how empirical concerns can be brought to bear on the full range of normative questions. (Fischer 1998, S. 140)

Zunächst erweitert dieses deliberative Modell der Policy-Analyse das Interesse über die Effizienz der Institutionen hinaus und fragt nach den politischen Interessen und Bedürfnissen der größeren politischen Gemeinschaft: Eine zentrale Aufgabe bestehe darin, die versteckten normativen Konflikte aufzudecken, die sich hinter den gleichermaßen plausiblen Interpretationen verstecken (Fischer 1998, S. 141). Die erste Ebene bezieht sich auf diejenige des technisch-analytischen Diskurses und die Programmerreichung (*outcome*). Die zentrale Frage lautet hier: Hat die Maßnahme/das Programm seine selbst gesetzten Ziele erreicht? Die zweite Dimension ist der kontextuelle Diskurs und die situationsbezogene Validierung (*objectives*): Ist das Programmziel angemessen für die Problemlage? Schritt drei geht über den konkreten Kontext hinaus und fragt nach dem gesellschaftlichen System als Ganzem, nach der gesellschaftlichen Rechtfertigung (*goals*). Die Frage lautet hier, ob das Ziel der Policy einen Wert für die Gesellschaft als Ganze habe. Auf der Ebene der *values* lautet die evaluationsleitende Frage, ob sich die widerstreitenden Bewertungen auf der Basis grundlegender Ideale der sozialen Ordnung lösen lassen (Fischer 1995, S. 18). Interpretieren und zum Besseren verändern sollen auf diese Weise als komplementäre Schritte der Policy-Analyse verstanden werden (Fischer 1998, S. 142).

Was hat die interpretative Policy-Analyse also der Praxis zu bieten? Ihr hermeneutischer Strang, der die Bedeutungen einer Policy für die Entscheidungsträger und die Betroffenen analysiert, vermag beispielsweise Gründe für den Misserfolg einer Maßnahme durch fehlende Passung aufzudecken. Wenn etwa *policy-maker* Anreize für alleinerziehende, arbeitslose Mütter schaffen wollen, eine Erwerbstätigkeit aufzunehmen, erfolgt dies vor dem Hintergrund eines Sets von Annahmen über die Zielgruppe, zu dem die politische Elite kaum oder keinen Kontakt hat. Eine dichte Beschreibung der Lebenswelt und Deutungsmuster dieser Zielgruppe kann diese Annahmen grundlegend korrigieren. Eine weitere Leistung kann darin bestehen, die Komplexität von Bedeutungen und Problemen zu erhellen (Wagenaar 2011, S. 298).

Wenn sich die interpretativen Policy-Forscherinnen und -Forscher als Anwälte bestimmter Policy-Argumente verstehen, wirft dies Fragen nach ihrer Legitimität auf (Saretzki 2012, S. 67). Die partizipative Policy-Analyse ruft daher nach einem gewandelten Rollenverständnis weg vom *speaking truth to power* hin zu einem *making sense together.*

> Bürgerinnen und Bürger sollen danach nicht nur im Nachhinein über die Ergebnisse und Empfehlungen von Policy-Studien für das Handeln der Regierenden informiert werden, sie sollen vielmehr selbst an der Formulierung der Fragestellungen, der Auswahl der heranzuziehenden Experten und der Bewertung von Problemlösungsoptionen beteiligt werden. (Saretzki 2012, S. 68)

Den Policy-Analysten kommt dann die Aufgabe der Moderation und Strukturierung partizipativer Analyseverfahren und der Unterstützung der Beteiligten zu (Saretzki 2012, S. 69). Dabei kann es beispielsweise um Konsenskonferenzen oder Planungsprozesse gehen: „The policy analyst's role is to serve and bolster citizens' policy recommendations" (Hoppe 1999, S. 24). Angesichts vielfältiger, abnehmend hierarchischer Governance-Formen scheint es heute neue Arenen für eine partizipative oder deliberative Policy-Analyse zu geben. Der Leitgedanke Lasswells, eine „policy science of democracy" zu begründen, kann durch den deliberativen Impetus der interpretativen Policy-Analyse Wirklichkeit werden (Fischer 1995, S. 207).

5.5 Zusammenfassung

Die interpretative Policy-Analyse hat sich in den vergangenen zwanzig Jahren stark weiterentwickelt und ausdifferenziert und zudem Besonderheiten in Abgrenzung zum interpretativen Paradigma in der Soziologie ausgebildet. Dies wird zuweilen von ihren Kritikern übersehen. Verbreiteter als eine explizite kritische Auseinandersetzung mit interpretativer Forschung ist sicherlich eine Naturalisierung der eigenen neo-positivistischen Epistemologie. Variablenbasierte Forschungsdesigns und Bewertungsmaßstäbe sind gleichsam internalisiert worden und dermaßen selbstverständlich, dass interpretative Forschungsdesigns eher auf ein diffuses Unverständnis treffen, als auf eine dezidierte Auseinandersetzung mit den unterschiedlichen Prämissen oder Umsetzungen. Nichtsdestotrotz hat die interpretative Policy-Analyse gerade auch durch ihre Offenheit gegenüber neuen Theorien und Methoden eine ausgesprochene Integrationsfähigkeit und Dynamik an den Tag gelegt und durch die Erweiterung des eigenen Repertoires neue Blicke auf bislang unbeachtetes Terrain geworfen. Auch für die Praxis des *policy-making* in dezentralen Governance-Formen sind Vertreterinnen und Vertreter der interpretativen Policy-Analyse durch ihr Selbstverständnis als Moderatoren gut gerüstet, politische Praxis nicht nur kritisch zu hinterfragen, sondern in partizipativen Verfahren weiter zu entwickeln.

Literaturtipps

Deutschsprachige Auseinandersetzung mit der Kritik an interpretativen Arbeiten
- Nullmeier, Frank (1997): Interpretative Ansätze in der Politikwissenschaft, In: Benz, Arthur/Seibel, Wolfgang (Hrsg.), Theorieentwicklung in der Politikwissenschaft. Eine Zwischenbilanz. Baden-Baden: Nomos, 101–144.
- Nullmeier, Frank (2012): Interpretative Policy-Forschung und das Erklärungsproblem. Oder: Wie kann man diskursiven Wandel erklären?, In: Egner, Björn/Haus, Michael/Terizakis, Georgios (Hrsg.), Regieren. Festschrift für Hubert Heinelt. Wiesbaden: VS Verlag, 37–56.

Grundlagentexte zum neuen Selbstverständnis interpretativer Policy-Forscherinnen und -Forscher
- Hajer, Maarten/Wagenaar, Hendrik (Hrsg.) (2003): Deliberative Policy Analysis. Understanding Governance in the Network Society. Cambridge et al.: Cambridge University Press.
- Fischer, Frank (1993): Bürger, Experten und Politik nach dem „Nimby"-Prinzip. Ein Plädoyer für die partizipatorische Policy-Analyse, In: Héritier, Adrienne (Hrsg.), Policy-Analyse. Kritik und Neuorientierung. PVS-Sonderheft 24/1993. Opladen: Westdeutscher Verlag, 451–470.
- Fischer, Frank (1995): Evaluating Public Policy. Chicago: Nelson-Hall Publishers.

Glossar[1]

Abduktion ist der erste Schritt des Folgerns, ein kreatives Moment des Entdeckungszusammenhangs, an den Induktion oder Deduktion anknüpfen können, aber nicht müssen (Wrana et al. 2014, S. 16). Im Gegensatz zur neo-positivistischen Forschung, die nach Generalisierbarkeit strebt, bietet sich für interpretative Forschung weder die empirische Überprüfung von Hypothesen (Deduktion), noch eine Hypothesenbildung aus dem empirischen Material (Induktion) an, sondern eine Abduktion, die für die Vielfalt potenzieller Interpretationen von Handlungen, Ereignissen, Umständen sensibel ist.

Arguing versus bargaining Die Unterscheidung zwischen Argumentieren und Verhandeln als zwei unterschiedlichen Kommunikationsmodi geht auf Jon Elster zurück. Argumentieren hat dabei das Ziel, jemanden von der eigenen Position zu überzeugen, das Verhandeln zielt darauf ab, den Gegner zu zwingen oder dazu zu bewegen, eine Behauptung zu akzeptieren. Während erfolgreiches Argumentieren auf überzeugenden, validen, konsistenten Argumenten beruht, hängt der Erfolg des Verhandelns von Drohungen und Versprechen, also von materiellen Ressourcen ab. Die Unterscheidung zwischen *arguing* und *bargaining* wird zwar häufig als Schlagwort im Zusammenhang mit interpretativer Policy-Analyse genutzt, hat aber, wie Saretzki (2009) herausarbeitet, eigentlich andere theoretische Wurzeln im *rational choice approach*. Eine synonyme Verwendung zu Habermas Unterscheidung zwischen erfolgsorientiertem, strategischem und verständigungsorientiertem Handeln ist daher unpassend.

---

[1] Im Folgenden sollen zentrale Begrifflichkeiten einer kurzen Definition unterzogen werden. Das Glossar soll gerade Studierenden unterer Fachsemester die Lektüre erleichtern, ist allerdings mit Vorsicht zu genießen: Viele dieser Begriffe sind komplex und vielschichtig, sodass eine derartige Darstellung nicht die inhaltliche Auseinandersetzung, wie sie weiter oben erfolgt, ersetzen kann.

Argumentative Wende Die Bezeichnung „argumentative Policy-Analyse" wird zuweilen als Oberbegriff für post-positivistische, sprach- und ideenbezogene Arbeiten der Policy-Analyse genutzt und geht auf den Titel eines Sammelbandes von 1993 zurück. Seinerzeit erschien mit dem von Frank Fischer und John Forester herausgegebenen „The argumentative turn in policy analysis and planning" eine der zentralen Grundlegungen interpretativer Policy-Forschung. Grundsätzlich werden mit dem *argumentative turn* zwei neue Zielorientierungen für die Policy-Forschung angemahnt: Zum einen strebt der *argumentative turn* eine Neufassung der Inhalte der Policy-Forschung an, zum anderen eine Auseinandersetzung mit der Praxis der Policy-Forschung selbst, die mit ihren Analysen und Empfehlungen auf Politik einwirkt. In dieser Einführung werden die Bezeichnungen „post-positivistisch" oder „interpretativ" als Oberbegriffe genutzt, während der *argumentative turn* als Bezeichnung für diejenigen Arbeiten vorbehalten ist, die sich im Sammelband von 1993 wiederfinden. Dies scheint sich auch mit der Selbsteinschätzung oder zumindest forschungsstrategischen Ausrichtung vieler Autorinnen und Autoren zu decken, deren internationale Konferenzen die *Interpretive Policy Analysis* (IPA) im Titel tragen. Dieser Bezeichnung wurde daher auch beim Titel des vorliegenden Lehrbuchs gefolgt.

Argumentation ist ein sprachliches Verfahren, um strittige Geltungsansprüche zu verteidigen und das Gegenüber mittels plausibler und rationaler Argumente zu überzeugen. Damit ist bereits impliziert, dass Menschen im Allgemeinen und *policy-maker* im Speziellen aufeinander Bezug nehmen, wenn sie Äußerungen tätigen.

Causal Stories Auf Deborah Stone (1989) zurückgehender Terminus, der betont, dass Problematisierungen in der Regel mit Erzählungen einhergehen, die Ursache, Folgen und Lösungsansätze auf eine bestimmte Weise verknüpfen.

Claim Zentraler Begriff der sozialkonstruktivistischen Soziologie sozialer Probleme, die die Definition von Problemen und ihre Konstituierung in sozialen Prozessen ins Zentrum rückt. Die sozialkonstruktivistische Forschung interessiert sich für drei Beobachtungsfelder: die Beanstandungen (*claims*), die Beschwerdeführer (*claims-maker*) und den Prozess der politischen Auseinandersetzung (*claims-making process*).

Communities of meaning Der Begriff wurde von Dvora Yanow eingeführt. Sie geht davon aus, dass Policy-Dokumente keine eindeutigen Aussagen enthalten, und untersucht deren möglicherweise widersprüchliche Auslegung durch unterschiedliche policy-relevante Gruppen (Yanow 2000, S. 9 f.). Es gebe davon in jeder Policy-Situation mindestens drei, nämlich die Entscheidungsträger, die implementierenden Beamten sowie die betroffenen Bürgerinnen und Bürger, wobei aus Implementationsstudien bekannt sei, dass Institutionen eine Vielzahl innerer Gemeinschaften aufweisen können.

Critical Discourse Analysis (CDA) Die Kritische Diskursanalyse hat ihre Wurzeln eher in der Linguistik als in der Policy-Forschung und umfasst eine Vielzahl weiterer Unterströmungen. Zentrale Vertreter sind Norman Fairclough und Ruth Wodak. Die Arbeiten der CDA untersuchen die offenen und verdeckten strukturellen Beziehungen von Dominanz, Diskriminierung, Macht und Kontrolle, die sich in Sprache manifestieren. Ein besonderes Interesse gilt der Untersuchung sozialer Ungleichheit und wie sie sprachlich ausgedrückt, signalisiert, konstituiert und legitimiert wird. Die CDA zeichnet sich durch einen ideologiekritischen Anspruch aus.

Critical Frame Analysis Den Zugang einer kritischen Rahmen-Analyse führt Mieke Verloo (2007) ein. Diese Analyse zielt darauf ab, die ordnenden Prinzipien aufzudecken, mit denen Informationen strukturiert werden, um somit dafür zu sensibilisieren, wie *frames* ein bestimmtes Verständnis eines Policy-Problems prädeterminieren und wie dies zu Inkonsistenzen oder zum Ausschluss bestimmter Standpunkte vom Policy-Diskurs führen kann.

Diskurs Der Begriff Diskurs ist vielfältig. Während *discourse* im angelsächsischen Raum ein einfaches Alltagsgespräch bezeichnet, steht er in den romanischen Sprachen für gelehrte Rede und wird als Erscheinungs- und Zirkulationsform des Wissens analysiert (Keller 2005b, S. 95). Foucault (1973b, S. 74) fasst Diskurse als Praktiken, die „systematisch die Gegenstände bilden, von denen sie sprechen." Foucault-Anhänger nutzen den Diskurs-Begriff daher meist nicht in einem engen Sinne von Text, sondern beziehen ihn eher auf die Makro-Ordnung von strukturellen Diskursordnungen. Während „Diskurs" im deutschen Alltagsverständnis oft als thematisch bezogene öffentliche Auseinandersetzung gefasst wird, herrscht in der Politikwissenschaft ein Konzept vor, das an der inhaltlichen Einheit des durch den Diskursbegriff Bezeichneten festhält.

Diskurskoalition Der Begriff geht auf Maarten Hajer zurück, dessen Diskursanalyse neben der Sprach- und Textanalyse auch die diskursspezifischen Akteurskonstellationen, also Diskurskoalitionen, analysiert. Dabei geht es ihm um die konstitutive Rolle von Diskursen im *policy-making* sowie um die kreativen, intelligenten Akteure, die sich aber innerhalb eines Kontextes bewegen müssen, der ihre Handlungen gleichermaßen ermöglicht und begrenzt. Dermaßen eingebettet sind Akteure in Diskurskoalitionen vereint, die durch *storylines* zusammengehalten werden, die eine gemeinsame Sicht auf ein Problem transportieren.

Dispositiv Die Konstellation verschiedener Praxisformen bezeichnet Michel Foucault als Dispositiv. Dies bezeichnet das Geflecht der kombinierten Diskurs- und Machtstrukturen, die Strukturen des Sprechens, die mit institutionellen, politischen und ökonomischen Verhältnissen korrespondieren und eine kohärente Praxis ermöglichen (Sarasin 2010, S. 103).

Deliberative Policy-Analyse Diese Unterströmung der interpretativen Policy-Analyse ist durch den partizipatorischen Impuls der Demokratietheorie von Jürgen Habermas geprägt. Demnach sind in der Sprache grundsätzliche Verständigungsmöglichkeiten angelegt. Deliberative Kommunikation gilt als solche, die gewaltfrei ist, bestimmte Partikularinteressen mit allgemeineren Prinzipien verbindet und das Bemühen zeigt, auf eine Art zu kommunizieren, die Akzeptanz und Gegenseitigkeit ermöglicht. Der deliberativen Policy-Analyse geht es um die Frage, welche Formen der Kommunikation als deliberativ gelten können, wie bestimmte Praxen und Institutionen an diesem Ideal bewertet werden und wie Foren im Sinne einer solchen Kommunikation designt werden können.

Empirizismus Als empirizistisch werden von den Autorinnen und Autoren der interpretativen Wende diejenigen „theoriefernen" Arbeiten der traditionellen *Policy Studies* kritisiert, die auf einer neo-positivistischen Epistemologie beruhen.

Expertise-Forschung Die Expertise-Forschung interessiert sich für die Grenzziehung zwischen politisch relevantem und irrelevantem Wissen sowie die kontextabhängige Zuschreibung von politischer und epistemischer Autorität.

Essex School (PDT) Als *Essex School* wird die auch als *Political Discourse Theory* (PDT) bekannte von Laclau und Mouffe inspirierte Diskurs- und Hegemonietheorie bezeichnet, die sich in den vergangenen Jahren auch als poststrukturalistische Policy-Analyse positioniert hat.

Frame/Framing Hinter der Bezeichnung *frame*-Analyse verbergen sich nicht zuletzt durch die Adaption des Begriffs durch die Medienwissenschaft, die Forschung zu sozialen Bewegungen und Organisationsstudien zuweilen sehr unterschiedliche Zugänge. Für das Feld der Policy-Forschung werden *frames* oder Rahmen hier mit Goffman (1974) als „Interpretationsschemata" eingeführt. Unter den Arbeiten der argumentativen Wende werden insbesondere Rein und Schön (1993) mit dem Begriff *frame* in Verbindung gebracht.

Interpretatives Paradigma In den verschiedenen Ansätzen des interpretativen Paradigmas wird Soziologie als Kulturwissenschaft im Sinne Max Webers betrieben. Danach deuten Menschen die Welt – interpretieren sie – und die entsprechende Soziologie deutet (interpretiert) ihrerseits dieses Tun (Keller 2012, S. 4). Die interpretative Policy-Analyse geht insofern darüber hinaus, als sich unter ihrem Dach auch poststrukturalistische Zugänge finden, die sich in der Soziologie explizit von den Subjektannahmen des interpretativen Paradigmas abgrenzen.

IPA steht für *Interpretive Policy Analysis* und als Abkürzung für die jährlichen internationalen Konferenzen zur interpretativen Policy-Analyse.

Hermeneutik bezeichnet zunächst die theologische und philosophische Lehre vom „richtigen" Verstehen und Auslegen heiliger, philosophischer, poetischer, literarischer Texte. Es geht der Hermeneutik darum, allgemeine Regeln für die Organisation des Verstehensprozesses zu entwickeln (Keller 2012, S. 2). Im vorliegenden Lehrbuch werden interpretativ-hermeneutische von poststrukturalistischen Strömungen innerhalb der post-positivistischen Policy-Analyse unterschieden.

Kontingenz bezeichnet die Nichtnotwendigkeit, Offenheit und Ungewissheit menschlicher Lebenserfahrungen, die auf Konstruktionen beruhen, die so aber auch anders sein könnten.

Linguistische Wende Mit dem Begriff wird ein Paradigmenwechsel im 20. Jahrhundert bezeichnet. Die zentrale Annahme der linguistischen Wende besteht darin, dass Sprache die Welt nicht neutral abbildet, sondern sie selbst konstituiert. Denken und menschliche Erfahrung sind durch Sprache strukturiert.

Metapher Als Metapher wird die Übertragung eines Konzeptes samt seiner Bedeutung, die aus einem bestimmten Kontext entsteht, auf einen anderen Kontext verstanden, wo es seine übertragene Bedeutung entfaltet.

Narrativ In einem engeren Verständnis stellen Narrative ein Verhältnis zwischen verschiedenen Aussagen her. Dabei wird einerseits eine zeitliche Reihenfolge (Anfang, Mitte, Ende) einer Handlung hergestellt, zugleich geht mit diesem Ereignisverlauf implizit oder explizit auch die Unterstellung einer kausalen Verknüpfung (etwas passierte, weil...) einher. Statt von Narrativen ist auch von Erzählungen die Rede.

Plot bezeichnet die Verknüpfung von Handlungen und Ereignissen im Verlauf einer Erzählung. Der Historiker Hayden White bezeichnet die Transformation verstreuter Ereignisse in ein kohärentes Ganzes als *emplotment*. In der Policy-Analyse hat Deborah Stone typische *Plot*-Strukturen wie Romanze, Komödie, Tragödie auf Problemerzählungen übertragen.

Policy Science versus Policy Analysis Die Bezeichnungen Policy- oder Politikfeld-Analyse stehen im Deutschen sowohl für eine beschreibend-erklärende als auch für eine konkret politikberatende Variante der Policy-Forschung. Im Englischen hingegen findet der Begriff *Policy Science* für die präskriptiv-normative und der Begriff *Policy Analysis* für die beschreibend-erklärende Variante Verwendung (Héritier 1993: 9).

Post-Positivismus Post-positivistische Arbeiten unterscheiden sich von traditioneller Policy-Forschung durch unterschiedliche erkenntnistheoretische Überzeugungen und damit einhergehende andere Forschungsdesigns und Vorstellungen von der eigenen Rolle als Forscher. Positivistischen Arbeiten im weiteren

Sinne geht es um die Entdeckung von Gesetzmäßigkeiten, die nicht nur erkannt werden können, sondern auch universal gelten. Zu diesem Zweck ist eine Beobachtung aus der Vogelperspektive möglich und erstrebenswert. Aus interpretativer oder post-positivistischer Sicht ist die soziale Welt hingegen durch die Zentralität von Deutungen und Interpretationen geprägt. Diese sind wiederum stark kontextspezifisch, sodass ein Streben nach Objektivität und Erklärungen weder möglich noch gewünscht ist.

Problemlösungsbias Kritik an der traditionellen Policy-Analyse, die Politik als Lösen objektiver Probleme idealisierte (Mayntz 2001).

Rational Choice Die Theorie der rationalen Entscheidung erklärt gesellschaftliche Phänomene auf der Basis individueller rationaler Handlungen. Die interpretative Policy-Analyse richtet sich vor allem gegen die Annahme, dass soziale Handlungen direkt instrumentell und auf Interessenmaximierung ausgerichtet sind, sowie gegen die Annahme, dass Präferenzen als fest vorausgesetzt und individuellen Akteuren zugeschrieben werden könnten (Finlayson 2007, S. 546).

Rhetorik Eine auf Überzeugung angelegte Kommunikation in kontingenten und konflikthaften Kontexten versteht die interpretative Policy-Analyse als Rhetorik (Finlayson 2007, S. 545). Policy-Analyse als Untersuchung von Rhetorik – ihre Vertreter nutzen die Abkürzung RPA – ist insbesondere auch vom Wiener Politikwissenschaftler Herbert Gottweis (2006, 2007) betrieben worden. Ihm zufolge kann *policy-making* nicht auf kommunikatives Handeln im rationalen Habermasschen Sinne reduziert werden, denn es geht auch um andere Formen der Überzeugung, wie Manipulation, die Mobilisierung von Angst, Vertrauen und Hoffnung: Logos, Ethos und Pathos können unterschiedlich stark gewichtet sein.

Storyline bezeichnet nach Maarten Hajer eine generative und stark kondensierte Form eines Narrativs, das die Sicht auf ein Problem transportiert. *Storylines* stellen in der Policy-Debatte Verbindungen zwischen einzelnen Argumenten und Sachverhalten her und machen die Verdichtung einer komplexen Problemmaterie auf einzelne Schlagworte oder Leitsätze möglich (Schneider und Janning 2006, S. 181).

STS Die *Science, Technology and Society Studies* (STS) beleuchten die Wechselwirkungen zwischen Wissenschaft, Expertise und politisch-sozialen Ordnungsvorstellungen. Verschiedene Autorinnen und Autoren innerhalb der interpretativen Policy-Analyse, die sich beispielsweise empirisch für die Unterscheidung von Wissen und Nicht-Wissen, die Zuschreibung von epistemischer Autorität oder die diskursiven Problemkonstruktionen im Bereich der Bioethik interessieren, weisen daher eine Nähe zu diesem interdisziplinären Programm auf.

Struggle over ideas Diese auf Deborah Stone zurückgehende Formulierung wird aus Sicht der interpretativen Policy-Analyse zur Essenz des *policy-making* erklärt. Ideen und Wissen gehören damit zu den zentralen Untersuchungsgegenständen interpretativer Policy-Analyse.

Sozialkonstruktivismus/Konstruktionismus Die Grundlagen für eine sozialkonstruktivistische Wissenssoziologie wurden 1966 mit der „Gesellschaftlichen Konstruktion der Wirklichkeit" von Peter L. Berger und Thomas Luckmann (deutsche Auflage 1969) gelegt. Sie beschäftigen sich darin mit Prozessen der Generierung, Objektivierung und Institutionalisierung von Wissen als objektive Wahrheit (Keller 2005a: Abs. 6). Unter dem Sammelbegriff des *social constructionism* oder Sozialkonstruktivismus wird seither eine Vielzahl von sozialwissenschaftlichen Perspektiven miteinander verknüpft, die sich auf unterschiedliche Weise mit der Herstellung von Wissen durch soziales Handeln befassen. Der Begriff der „Konstruktion" steht dabei als Metapher für den Aspekt der Tätigkeit und das „Gemachtsein" durch Menschen, ohne diesen dabei einen entsprechenden Plan zu unterstellen (Keller 2005b, S. 36). Während in anderen Kontexten meist von Spielarten des Konstruktivismus die Rede ist, hat sich in der Soziologie sozialer Probleme der Begriff „Konstruktionismus" eingebürgert (Schmidt 2000, S. 153), der auch als Sozialkonstruktivismus bezeichnet wird.

Symbolischer Interaktionismus In der Soziologie wird der symbolische Interaktionismus als eine Ausprägung des interpretativen Paradigmas gefasst. Herbert Blumer (1971) formuliert die drei Grundprinzipien des symbolischen Interaktionismus, die besagen, dass Menschen Dingen gegenüber aufgrund der Bedeutung handelten, die diese Dinge für sie besitzen. Die Bedeutung der Dinge sei aus der sozialen Interaktion abgeleitet und diese Bedeutungen würden in einem interpretativen Prozess gehandhabt und geändert. Innerhalb des symbolischen Interaktionismus hat die Labeling- oder Etikettierungstradition seit den späten 1960er Jahren zur soziologischen Analyse abweichenden Verhaltens und sozialer Probleme beigetragen und gilt als Vorläufer einer sozialkonstruktivistischen Soziologie sozialer Probleme.

Tradition Die britischen Autoren Bevir und Rhodes versuchen mit dem Konzept der Tradition das Verhältnis zwischen Handlungsfähigkeit und Determinismus auszubalancieren. „Tradition" impliziert, dass die Akteure in einen bestimmten sozialen Kontext geboren werden, der dann als Hintergrund für ihre Überzeugungen und Handlungen fungiert, ohne sie festzulegen.

Wissenspolitologie Mit der Wissenspolitologie haben Frank Nullmeier (1993) und Friedbert Rüb (Nullmeier und Rüb 1993) den wohl bedeutendsten deutschen Beitrag zur interpretativen Policy-Forschung beigesteuert. Im Zentrum wissenspolitologischer Untersuchungen steht der Versuch, den Wandel von handlungsleitenden Wissensbeständen zu rekonstruieren und dadurch den Wandel einzelner Policies zu erhellen.

WPR Hinter der Abkürzung WPR verbirgt sich der „What's the problem represented to be?"-Ansatz, der von Carol Bacchi entwickelt wurde. Zu diesem Zweck führt Bacchi (2012a, S. 21) einen Satz von sechs Fragen ein, mit deren Hilfe die Forschung das Policy-Dokument darauf hin durchsuchen kann, welche Leerstellen und Lücken in der impliziten Problemdarstellung anzutreffen und welche Alternativen potenziell möglich sind.

Literatur

Albrecht, Günther (2001): *Konstruktion von Realität und Realität von Konstruktionen*, In: Soziale Probleme, Jg. 12, H. 1–2, S. 116–145.

Alexander, Jeffrey C. (2004): *Cultural Pragmatics: Social Performance Between Ritual and Strategy*, In: Sociological Theory, Jg. 22, H. 4, S. 527–573.

Allen, Chris (1997): *The policy and implementation of the housing role in community care—a constructionist theoretical perspective*, In: Housing Studies, Jg. 12, H. 1, S. 85–110.

Allolio-Näcke, Lars (2010): *Diskursanalyse – Bestandsaufnahme und interessierte Anfragen aus einer dichten Foucault-Lektüre*, In: Forum Qualitative Sozialforschung, Jg. 11, H. 3, Art. 26, http://nbn-resolving.de/urn:nbn:de:0114-fqs1003261.

Bacchi, Carol Lee (1999): *Women, policy and politics. The construction of policy problems*. London et al.: Sage.

Bacchi, Carol Lee (2009): *Analysing Policy: What's the Problem Represented to Be?* Frenchs Forest: Pearson Education Australia.

Bacchi, Carol Lee (2012a): Introducing the „What's the Problem Represented to be?" approach, In: Bletsas, Angelique/Beasley, Chris (Hrsg.), *Engaging with Carol Bacchi. Strategic Interventions and Exchanges*. Adelaide: University of Adelaide Press, 21–24.

Bacchi, Carol Lee (2012b): *Why Study Problematizations? Making Politics Visible*, In: Open Journal of Political Science, Jg. 2, H. 1, S. 1–8.

Bacchi, Carol Lee (2015): *The Turn to Problematization: Political Implications of Contrasting Interpretive and Poststructural Adaptations*, In: Open Journal of Political Science, Jg. 2015, H. 5, S. 1–12.

Barbehön, Marlon (2014): Leitvorstellungen politischer Handlungsträgerschaft, In: Frank, Sybille/Gehring, Petra/Griem, Julika/Haus, Michael (Hrsg.), *Städte unterscheiden lernen. Zur Analyse interurbaner Kontraste*. Frankfurt/New York: Campus, 207–246.

Barbehön, Marlon/Münch, Sybille (2014): Die Stadt als Sinnhorizont: Zur Kontextgebundenheit politischer Narrative, In: Gadinger, Frank/Jarzebski, Sebastian/Yildiz, Taylan (Hrsg.), *Politische Narrative. Konzepte, Analysen, Forschungspraxis*. Wiesbaden: VS Verlag, 149–171.

Barbehön, Marlon/Münch, Sybille/Haus, Michael/Heinelt, Hubert (2015a): *Städtische Problemdiskurse und die Bedeutung lokaler Sinnhorizonte*. Reihe Modernes Regieren, Schriften zu einer neuen Regierungslehre, Band 12, Baden-Baden: Nomos.

Barbehön, Marlon/Münch, Sybille/Lamping, Wolfram (2015b): Problem Definition and Agenda-Setting in Critical Perspective, In: Fischer, Frank/Torgerson, Douglas/Orsini, Michael/Durnova, Anna (Hrsg.), *Handbook of Critical Policy Studies*. Cheltenham: Edward Elgar Publishing.
Benford, Robert D./Snow, David A. (2000): *Framing processes and social movements: An overview and assessment*, In: Annual Review of Sociology, Jg. 26, H. 1, S. 611–639.
Benz, Arthur (1997): Von der Konfrontation zur Differenzierung und Integration. Zur neueren Theorieentwicklung in der Politikwissenschaft, In: Benz, Arthur/Seibel, Wolfgang (Hrsg.), *Theorieentwicklung in der Politikwissenschaft – eine Zwischenbilanz*. Baden-Baden: Nomos, 9–32.
Berger, Peter L./Luckmann, Thomas (1969): *Die gesellschaftliche Konstruktion der Wirklichkeit. Eine Theorie der Wissenssoziologie*. Frankfurt am Main: S. Fischer.
Best, Joel (1989): Afterword. Extending the Constructionist Perspective: A Conclusion – and an Introduction, In: Best, Joel (Hrsg.), *Images of Issues. Typifying Contemporary Social Problems*. New York: Aldine de Gruyter, 243–253.
Bevir, Mark (2005): *New Labour. A critique*. London: Routledge.
Bevir, Mark (2010): *Democratic governance*. New Jersey: Princeton University Press.
Bevir, Mark/Rhodes, Rod A. W. (2003): *Interpreting British governance*. London: Routledge.
Bevir, Mark/Rhodes, Rod A. W. (2006): *Governance stories*. London: Routledge.
Bevir, Mark/Rhodes, Rod A. W./Weller, Patrick (2003): *Traditions of governance: interpreting the changing role of the public sector*, In: Public Administration, Jg. 81, H. 1, S. 1–17.
Biegelbauer, Peter/Grießler, Erich/Loeber, Anne (2013): *Politik, öffentliche Verwaltung und Wissen: Wer prägt die Politikgestaltung ethisch und technisch komplexer Themen?*, In: dms – der moderne staat – Zeitschrift für Public Policy, Recht und Management, Sonderheft 2013, S. 223–240.
Blatter, Joachim/Janning, Frank/Wagemann, Claudius (2007): *Qualitative Politikanalyse, Eine Einführung in Forschungsansätze und Methoden*. 1. Aufl. Wiesbaden: VS Verlag.
Bleses, Peter/Offe, Claus/Peter, Edgar (1997): *Öffentliche Rechtfertigungen auf dem parlamentarischen „Wissensmarkt" – Argumentstypen und Rechtfertigungsstrategien in sozialpolitischen Bundestagsdebatten*, In: PVS, Jg. 38, H. 3, S. 498–529.
Bliesemann de Guevara, Berit (2014): InterventionsTheater: Der Heimatdiskurs und die Truppen- und Feldbesuche deutscher Politiker – eine Forschungsskizze, In: Daxner, Michael/Neumann, Hannah (Hrsg.), *Heimatdiskurs: Wie die Auslandseinsätze der Bundeswehr Deutschland verändern*. Bielefeld: transcript Verlag, 273–302.
Bliesemann de Guevara, Berit/Kühn, Florian P. (2015): *On Afghan footbaths and sacred cows in Kosovo: urban legends of intervention*, In: Peacebuilding, Jg. 3, H. 1, S. 17–35.
Blumer, Herbert (1971): *Social Problems as Collective Behavior*, In: Social Problems, Jg. 18, H. 3, S. 298–306.
Blyth, Mark M. (1997): *„Any More Bright Ideas?" The Ideational Turn of Comparative Political Economy*, In: Comparative Politics, Jg. 29, H. 2, S. 229–250.
Bogner, Alexander (2011): *Die Ethisierung von Technikkonflikten: Studien zum Geltungswandel des Dissenses*. Weilerswist: Velbrück.
Bornemann, Basil (2013): *Policy-Integration und Nachhaltigkeit. Integrative Politik in der Nachhaltigkeitsstrategie der deutschen Bundesregierung*. Wiesbaden: Springer VS.
Böschen, Stefan (2010): *Hybride Wissensregime: Dynamiken der Entgrenzung zwischen Wissenschaft und Gesellschaft*. Habilitationsschrift Universität Augsburg.

Literatur

Bosso, Christopher J. (1994): The Contextual Base of Problem Definition, In: Rochefort, David A./Cobb, Roger W. (Hrsg.), *The Politics of Problem Definition. Shaping The Policy Agenda*. Lawrence: University Press of Kansas, 182–203.

Braun, Kathrin (2014): *Im Kampf um Bedeutung. Diskurstheorie und Diskursanalyse in der interpretativen Policy Analyse*, In: Zeitschrift für Diskursforschung, H. 1/2014, S. 77–101.

Buchstein, Hubertus/Jörke, Dirk (2012): The Argumentative Turn toward Deliberative Democracy: Habermas' Contribution and the Foucauldian Critique, In: Fischer, Frank/Gottweis, Herbert (Hrsg.), *The Argumentative Turn Revisited: Public Policy as Communicative Practice*. Durham/London: Duke University Press, 271–304.

Burnett, Jonathan (2007): *Britain's ‚civilising project': community cohesion and core values*, In: Policy & Politics, Jg. 35, H. 2, S. 353–357.

Burr, Vivien (2003): *Social constructionism*. 2. Auflage. London: Routledge.

Cobb, Roger W./Elder, Charles D. (1971): *The Politics of Agenda-Building: An Alternative Perspective For Modern Democratic Theory*, In: The Journal of Politics, Jg. 33, H. 4, S. 892–915.

Colebatch, Hal K. (2005): *Policy analysis, policy practice and political science*, In: Australian Journal of Public Administration, Jg. 64, H. 3, S. 14–23.

Currie, Mark (2004): *Difference*. London: Routledge.

Dahl, Robert A. (1957): *The concept of power*, In: Behavioral Science, Jg. 2, H. 3, S. 201–215.

DeLeon, Peter (2005): *Social construction for public policy. Book review*, In: Public Administration Review, Jg. 65, H. 5, S. 635–637.

Dery, David (1984): *Problem definition in policy analysis*. Lawrence: University Press of Kansas.

Diaz-Bone, Rainer (2006): Die interpretative Analytik als methodologische Position, In: Kerchner, Brigitte/Schneider, Silke (Hrsg.), *Foucault: Diskursanalyse der Politik*. Wiesbaden: VS Verlag, 68–84.

Downs, Anthony (1972): *Up and down with ecology – the „issue-attention cycle"*, In: Public Interest, H. 28/1972, S. 38–50.

Dryzek, John S (1993): Policy analysis and planning: from science to argument, In: Fischer, Frank/Forester, John (Hrsg.), *The Argumentative Turn in Policy Analysis and Planning*. Durham/London: Duke University Press, 213–32.

Dryzek, John S (1997): *The Politics of the Earth*. Oxford: Oxford University Press.

Dryzek, John S (2000): *Deliberative democracy and beyond. Liberals, critics, contestations*. New York: Oxford University Press.

Dryzek, John S/Hendriks, Carolyn M. (2012): Fostering Deliberation in the Forum and Beyond, In: Fischer, Frank/Gottweis, Herbert (Hrsg.), *The Argumentative Turn Revisited*. Durham/London: Duke University Press, 31–57.

Dubois, Vincent (2015): Doing Critical Policy Ethnography, In: Fischer, Frank/Durnova, Anna/Orsini, Michael/Torgerson, Doug (Hrsg.), *Handbook of Critical Policy Studies*. Cheltenham: Edward Elgar Publishing (im Erscheinen)

Durning, Dan (1995): *Review von Fischer/Forester (1993)*, In: Policy Sciences, H 28/1995, S. 102–108.

Durnova, Anna (2011): *Feldforschung „intim". Von Erlebnissen, Bedeutungen und Interpretationspraxis in der Politikfeldanalyse*, In: ÖZP, Jg. 2011, H. 4, S. 417–432.

Dye, Thomas (1976): *Policy analysis. What governments do, why they do it, and what difference it makes*. Tuscaloosa: University of Alabama Press.

Edelman, Murray J. (1990): *Politik als Ritual. Die symbolische Funktion staatlicher Institutionen und politischen Handelns; mit einem Vorwort zur Neuausgabe*. Neuausg. Frankfurt (Main) et al.: Campus.

Elstub, Stephen/McLaverty, Peter (2014): Introduction: Issues and Cases in Deliberative Democracy, In: Elstub, Stephen/McLaverty, Peter (Hrsg.), *Deliberative Democracy. Issues and Cases*. Edinburgh: Edinburgh University Press, 1–16.

Eyraud, Corine (2001): *Social policies in Europe and the issue of translation: the social construction of concepts*, In: International Journal of Social Research Methodology, Jg. 4, H. 4, S. 279–285.

Fairclough, Norman (2001): *Language and Power*. 2. Auflage, London/New York: Routledge.

Fairclough, Norman (2005): Critical discourse analysis in transdisciplinary research, In: Wodak, Ruth/Chilton, Paul (Hrsg.), *A new agenda in (Critical) Discourse Analysis*. Amsterdam/Philadelphia: John Benjamins Publishing Company, 53–70.

Finlayson, Alan (2007): *From Beliefs to Arguments: Interpretive Methodology and Rhetorical Political Analysis*, In: The British Journal of Politics and International Relations, Jg. 9, H. 4, S. 545–563.

Fischer, Frank (1990): *Technocracy and the Politics of Expertise*. Newbury Park: Sage Publications.

Fischer, Frank (1993): Bürger, Experten und Politik nach dem „Nimby"-Prinzip. Ein Plädoyer für die partizipatorische Policy-Analyse, In: Héritier, Adrienne (Hrsg.), *Policy-Analyse. Kritik und Neuorientierung*. PVS-Sonderheft 24/1993. Opladen: Westdeutscher Verlag, 451–470.

Fischer, Frank (1995): *Evaluating Public Policy*. Chicago: Nelson-Hall Publishers.

Fischer, Frank (1998): *Beyond Empiricism: Policy Inquiry in Postpositivist Perspective*, In: Policy Studies Journal, Jg. 26, H. 1, S. 129–146.

Fischer, Frank (2003): *Reframing public policy. Discursive politics and deliberative practices*. Oxford: Oxford Univ. Press.

Fischer, Frank (2007): Deliberative Policy Analysis as Practical Reason: Integrating Empirical and Normative Arguments, In: Fischer, Frank/Miller, Gerald J./Sidney, Mara S. (Hrsg.), *Handbook of Public Policy Analysis. Theory, Politics and Methods*. Boca Raton: Taylor & Francis, 223–236.

Fischer, Frank/Forester, John (Hrsg.) (1993a): *The Argumentative Turn in Policy Analysis and Planning*. Durham/London: Duke University Press.

Fischer, Frank/Forester, John (1993b): Editors' Introduction, In: Fischer, Frank/Forester, John (Hrsg.), *The Argumentative Turn in Policy Analysis and Planning*. Durham/London: Duke University Press, 1–20.

Fischer, Frank/Gottweis, Herbert (Hrsg.) (2012a): *The Argumentative Turn Revisited. Public policy as communicative practice*. Durham/London: Duke University Press.

Fischer, Frank/Gottweis, Herbert (2012b): Introduction. The Argumentative Turn Revisited, In: Fischer, Frank/Gottweis, Herbert (Hrsg.), *The Argumentative Turn Revisited. Public Policy as Communicative Practice*. Durham/London: Duke University Press, 1–27.

Foucault, Michel (1971 [1966]): *Die Ordnung der Dinge. Eine Archäologie der Humanwissenschaften*. Frankfurt: Suhrkamp.

Foucault, Michel (1973a [1961]): *Wahnsinn und Gesellschaft. Eine Geschichte des Wahns im Zeitalter der Vernunft*. Frankfurt: Suhrkamp.

Foucault, Michel (1973b [1969]): *Archäologie des Wissens*. Frankfurt: Suhrkamp.
Foucault, Michel (1976 [1975]): *Überwachen und Strafen. Die Geburt des Gefängnisses*. Frankfurt: Suhrkamp.
Foucault, Michel (1986a [1984]): *Sexualität und Wahrheit. Band 2: Der Gebrauch der Lüste*. Frankfurt: Suhrkamp.
Foucault, Michel (1986b [1984]): *Sexualität und Wahrheit. Band 3: Die Sorge um sich*. Frankfurt: Suhrkamp.
Foucault, Michel (2009a): *Geometrie des Verfahrens. Schriften zur Methode*. Herausgegeben von Daniel Defert und François Ewald unter Mitarbeit von Jacques Lagrange. Ausgewählt und mit einem Nachwort von Petra Gehring. Frankfurt: Suhrkamp.
Foucault, Michel (2009b): *Security, territory, population: lectures at the Collège de France, 1977–78*. Basingstoke/New York: Palgrave Macmillan.
Gadinger, Frank (2003): *Internationale Beziehungen und Policy-Forschung: Ein produktiver Dialog?* Frankfurt am Main: J.W. Goethe-Universität, Workshop „Ideen, Wissen und Diskurse – Neuere Konzepte der Theorie Internationaler Beziehungen" im Rahmen der Jahreskonferenz des Internationalen Promotions Centrums Gesellschaftswissenschaften (IPC).
Gadinger, Frank/Jarzebski, Sebastian/Yildiz, Taylan (2014): Politische Narrative. Konturen einer politikwissenschaftlichen Erzähltheorie, In: Gadinger, Frank/Jarzebski, Sebastian/Yildiz, Taylan (Hrsg.), *Politische Narrative. Konzepte – Analysen – Forschungspraxis*. Wiesbaden: Springer VS, 3–38.
Gehring, Petra (2004): *Foucault – Die Philosophie im Archiv*. Frankfurt: Campus.
Gehring, Petra (2008): Was heißt Eigenlogik? Zu einem Paradigmenwechsel für die Stadtforschung, In: Berking, Helmuth/Löw, Martina (Hrsg.), *Die Eigenlogik der Städte. Neue Wege für die Stadtforschung*. Frankfurt/New York: Campus, 153–167.
Gehring, Petra (2009): Erkenntnis durch Metaphern? Methodologische Bemerkungen zur Metaphernforschung, In: Junge, Matthias (Hrsg.), *Metaphern in Wissenskulturen*. Wiesbaden: VS Verlag, 203–220.
Giddens, Anthony (1984): *The constitution of society*. Cambridge: Polity Press.
Glasze, Georg/Mattissek, Annika (2009): Diskursforschung in der Humangeographie: Konzeptionelle Grundlagen und empirische Operationalisierungen, In: Glasze, Georg/Mattissek, Annika (Hrsg.), *Handbuch Diskurs und Raum: Theorien und Methoden für die Humangeographie sowie die sozial- und kulturwissenschaftliche Raumforschung*. Bielefeld: Transcript, 11–59.
Glynos, Jason/Howarth, David/Norval, Aletta/Speed, Ewen (2009): *Discourse analysis: Varieties and methods*. ESRC National Centre for Research Methods Review paper. NCRM/014.
Glynos, Jason/Howarth, David R. (2007): *Logics of critical explanation in social and political theory*. London/New York: Routledge.
Gofas, Andreas/Hay, Colin (2010): Varieties of ideational explanation, In: Gofas, Andreas/Hay, Colin (Hrsg.), *The role of ideas in political analysis: A portrait of contemporary debates*. London/New York: Routledge, 13–55.
Goffman, Erving (1974): *Frame analysis: an essay on the organization of experience*. New York: Harper & Row.
Goldstein, Judith/Keohane, Robert O. (Hrsg.) (1993): *Ideas and Foreign Policy: Beliefs, Institutions and Political Change*. Ithaca/New York: Cornell University Press.
Gottweis, Herbert (2006): Argumentative policy analysis, In: Peters, B. Guy/Pierre, Jon (Hrsg.), *Handbook of public policy*. Los Angeles et al.: Sage, 461–479.

Gottweis, Herbert (2007): Rhetoric in Policy Making: Between Logos, Ethos, and Pathos, In: Fischer, Frank/Miller, Gerald J/Sidney, Mara S (Hrsg.), *Handbook of Public Policy Analysis. Theory, Politics, and Methods.* Boca Raton: Taylor & Francis, 237–250.

Gottweis, Herbert/Steurer, Walpurga (2011): *Images as Arguments: Towards a Pictorial Turn in Policy Study?* Präsentation im Rahmen der IPA Conference vom 22.–25. Juni 2011 in Cardiff.

Greven, Michael Th. (2007): „Politik" als Problemlösung — und als vernachlässigte Problemursache. Anmerkungen zur Policy-Forschung, In: Janning, Frank/Toens, Katrin (Hrsg.), *Die Zukunft der Policy-Forschung.* Wiesbaden: VS Verlag, 23–33.

Groenemeyer, Axel (2003): Einleitung – Soziologie sozialer Probleme als Mehrebenenanalyse: Ein pragmatischer Vorschlag zur Weiterentwicklung des Konstruktivismus, In: Groenemeyer, Axel (Hrsg.), *Soziale Probleme, Gesundheit und Sozialpolitik. Materialien und Forschungsberichte.* Bielefeld: Univ. Bielefeld, 3–15.

Gronau, Jennifer/Nonhoff, Martin (2011): *Von Schurken und Schlampern: Metaphorische Verdichtungen von Erzählungen internationaler Finanzkrisen.* Unveröffentlichtes Papier für die 3. Offene Sektionstagung der Sektion Internationale Politik der DVPW am 6. und 7. Oktober 2011 in München.

Gronau, Jennifer/Schneider, Steffen (2009): *Metaphorical Concepts in the Construction of International Legitimacy.* Working Paper Series of the Committee on Concepts and Methods 37/2009, International Political Science Association.

Großmann, Andreas (2014): Wendungen der Dringlichkeit, In: Frank, Sybille/Gehring, Petra/Griem, Julika/Haus, Michael (Hrsg.), *Städte unterscheiden lernen. Zur Analyse interurbaner Kontraste.* Frankfurt/New York: Campus, 43–68.

Habermas, Jürgen (1992): *Faktizität und Geltung. Beiträge zur Diskurstheorie des Rechts und des demokratischen Rechtsstaates.* Frankfurt: Suhrkamp.

Habermas, Jürgen (2011 [1981]): *Theorie des kommunikativen Handelns.* 8. Auflage. Frankfurt: Suhrkamp.

Hajer, Maarten (1993): Discourse Coalitions and the Institutionalization of Practice: The Case of Acid Rain in Britain, In: Fischer, Frank/Forester, John (Hrsg.), *The Argumentative Turn in Policy-Analysis and Planning.* Durham/London: Duke University Press, 43–76.

Hajer, Maarten (1995): *The politics of environmental discourse. Ecological modernization and the policy process.* Oxford: Oxford University Press.

Hajer, Maarten (2002): *Discourse Analysis and the Study of Policy Making,* In: Eur Polit Sci, Jg. 2, H. 1, S. 61–65.

Hajer, Maarten (2003): A frame in the fields: policymaking and the reinvention of politics, In: Hajer, Maarten/Wagenaar, Hendrik (Hrsg.), *Deliberative Policy Analysis. Understanding Governance in the Network Society.* Cambridge et al.: Cambridge University Press, 88–110.

Hajer, Maarten (2004): Argumentative Diskursanalyse. Auf der Suche nach Koalitionen, Praktiken und Bedeutung, In: Keller, Reiner/Hierseland, Andreas/Schneider, Werner/Viehöver, Willy (Hrsg.), *Handbuch Sozialwissenschaftliche Diskursanalyse.* Wiesbaden: VS Verlag, 271–298.

Hajer, Maarten (2005): *Setting the Stage: A Dramaturgy of Policy Deliberation,* In: Administration & Society, Jg. 36, H. 6, S. 624–647.

Hajer, Maarten (2008): Diskursanalyse in der Praxis: Koalitionen, Praktiken und Bedeutung, In: Janning, Frank/Toens, Katrin (Hrsg.), *Die Zukunft der Policy-Forschung.* Wiesbaden: VS Verlag, 211–222.

Hajer, Maarten/Versteeg, Wytske (2005): *A decade of discourse analysis of environmental politics: achievements, challenges, perspectives*, In: Journal of environmental policy & planning, Jg. 7, H. 3, S. 175–184.

Hajer, Maarten/Wagenaar, Hendrik (Hrsg.) (2003): *Deliberative Policy Analysis. Understanding Governance in the Network Society*. Cambridge et al.: Cambridge University Press.

Hall, Peter A. (1986): *Governing the Economy: The Politics of State Intervention in Britain and France*. New York: Oxford University Press.

Hall, Peter M. (1972): *A Symbolic Interactionist Analysis of Politics*, In: Sociological Inquiry, Jg. 42, H. 3–4, S. 35–75.

Hansen, Lene (2006): *Security as practice. Discourse analysis and the Bosnian war*. London/New York: Routledge.

Harrison, Malcolm (1998): *Theorising Exclusion and Difference: Specifity, Structure and Minority Ethnic Housing Issues*, In: Housing Studies, Jg. 13, H. 6, S. 793–806.

Hartwich, Hans-Hermann (Hrsg.) (1985): *Policy-Forschung in der Bundesrepublik Deutschland*. Wiesbaden: VS Verlag.

Hastings, Annette (1998): *Connecting Linguistic Structures and Social Practices: a Discursive Approach to Social Policy Analysis*, In: Journal of Social Policy, Jg. 27, H. 2, S. 191–211.

Hastings, Annette (2000): *Discourse Analysis: What Does it Offer Housing Studies?*, In: Housing, Theory and Society, Jg. 17, H. 3, S. 131–139.

Haus, Michael (2008): Governance-Rhetorik und Institutionenpolitik. Politisierung und Depolitisierung in der Konstruktion neuer Praktiken des Regierens, In: Schuppert, Gunnar Folke/Zürn, Michael (Hrsg.), *Governance in einer sich wandelnden Welt*. Wiesbaden: VS Verlag, 95–117.

Hawkesworth, Mary E. (1988): *Theoretical Issues in Policy Analysis*. Albany: State University of New York Press.

Haworth, Anna/Manzi, Tony/Kemeny, Jim (2004): Social Constructionism and International Comparative Housing Research, In: Jacobs, Keith/Kemeny, Jim/Manzi, Tony (Hrsg.), *Social Constructionism in Housing Research*. Aldershot: Ashgate, 159–177.

Hay, Colin (2002): *Political analysis: a critical introduction*. Basingstoke: Palgrave.

Healy, Paul (1986): *Interpretive policy inquiry: A response to the limitations of the received view*, In: Policy Sciences, Jg. 19, H. 4, S. 381–396.

Heinelt, Hubert/Lamping, Wolfram (2015): *Wissen und Entscheiden – am Beispiel lokaler Strategien und Maßnahmen gegen den Klimawandel in Frankfurt a. M., München und Stuttgart*. Frankfurt: Campus.

Heinelt, Hubert/Münch, Sybille (Hrsg.) (in Vorbereitung): *Handbook of European Public Policy (Arbeitstitel)*. Cheltenham: Edward Elgar.

Heinelt, Hubert/Weck, Michael (1998): *Arbeitsmarktpolitik. Vom Vereinigungskonsens zur Standortdebatte*. Opladen: Leske+Budrich.

Heiner, Robert (2006): *Social problems: an introduction to critical constructionism*. 2. Auflage, New York: Oxford University Press.

Hendriks, Carolyn M. (2005): *Participatory storylines and their influence on deliberative forums*, In: Policy Sciences, Jg. 38, H. 1, S. 1–20.

Héritier, Adrienne (1993): Einleitung Policy-Analyse. Elemente der Kritik und Perspektiven der Neuorientierung, In: Héritier, Adrienne (Hrsg.), *Policy-Analyse*. PVS-Sonderheft 24/1993, 9–36.

Herrmann, Svea Luise (2009): *Policy debates on reprogenetics: The problematisation of new research in Great Britain and Germany*. Frankfurt: Campus Verlag.

Herzog, Benno (2013): *Ausschluss im (?) Diskurs. Diskursive Exklusion und die neuere soziologische Diskursforschung*, In: Forum Qualitative Sozialforschung, Jg. 14, H. 2. Art. 19, http://nbn-resolving.de/urn:nbn:de:0114-fqs1302199.

Hitzler, Ronald (2007): *Wohin des Wegs? Ein Kommentar zu neueren Entwicklungen in der deutschsprachigen „qualitativen" Sozialforschung*, In: Forum Qualitative Sozialforschung, Jg. 8, H. 3, Art. 4, http://nbn-resolving.de/urn:nbn:de:0114-fqs070344.

Hofmann, Jeanette (1995): *Implicit theories in policy discourse: An inquiry into the interpretations of reality in German technology policy*, In: Policy Sciences, Jg. 28, H. 2, S. 127–148.

Hofmann, Wilhelm/Renner, Judith/Teich, Katja (Hrsg.) (2014): *Narrative Formen der Politik*. Wiesbaden: VS Verlag.

Hoppe, Robert (1999): *Policy analysis, science and politics: from ‚speaking truth to power' to ‚making sense together'*, In: Science and Public Policy, Jg. 26, H. 3, S. 201–210.

Hoppe, Robert (2002): *Cultures of Public Policy Problems*, In: Journal of Comparative Policy Analysis, Jg. 4, H. 3, S. 305–326.

Howarth, David (2000): *Discourse*. Buckingham: Open University Press.

Howarth, David/Griggs, Steven (2012): Poststructuralist Policy Analysis. Discourse, Hegemony, and Critical Explanation, In: Fischer, Frank/Gottweis, Herbert (Hrsg.), *The Argumentative Turn Revisited. Public Policy as Communicative Practice*. Durham/London: Duke University Press, 305–342.

Howarth, David/Stavrakakis, Yannis (2000): Introducing Discourse Theory and Political Analysis, In: Howarth, David R/Norval, Aletta J/Stavrakakis, Yannis (Hrsg.), *Discourse theory and political analysis: Identities, hegemonies and social change*. Manchester: Manchester University Press, 1–37.

Hülsse, Rainer (2003): *Sprache ist mehr als Argumentation. Zur wirklichkeitskonstituierenden Rolle von Metaphern*, In: Zeitschrift für internationale Beziehungen, Jg. 10, H. 2, S. 211–246.

Ibarra, Peter R/Kitsuse, John I (1993): Vernacular constituents of moral discourse: An interactionist proposal for the study of social problems, In: Holstein, James A./Miller, Gale (Hrsg.), *Reconsidering social constructionism: Debates in social problems theory*. New Brunswick: Transaction Publishers, 25–58.

Ingram, Helen M/Schneider, Anne L (2005): Introduction: Public Policy and the Social Construction of Deservedness, In: Schneider, Anne/Ingram, Helen (Hrsg.), *Deserving and entitled: Social constructions and public policy*. Albany: SUNY Press, 1–34.

Jacobs, Keith/Kemeny, Jim/Manzi, Tony (2003): *Power, Discursive Space and Institutional Practices in the Construction of Housing Problems*, In: Housing Studies, Jg. 18, H. 4, S. 429–446.

Jacobs, Keith/Kemeny, Jim/Manzi, Tony (2004): Introduction, In: Jacobs, Keith/Kemeny, Jim/Manzi, Tony (Hrsg.), *Social constructionism in housing research*. Aldershot: Ashgate, 1–13.

Jacobs, Keith/Manzi, Tony (2000): *Evaluating the Social Constructionist Paradigm in Housing Research*, In: Housing, Theory and Society, Jg. 17, H. 1, S. 35–42.

Jann, Werner/Wegrich, Kai (2007): Theories of the Policy Cycle, In: Fischer, Frank/Miller, Gerald J./Sidney, Mara S. (Hrsg.), *Handbook of Public Policy Analysis. Theory, Politics, and Methods*. Boca Raton et al.: CRC Press, 43–62.

Jasanoff, Sheila (2005): *Designs on Nature: Science and Democracy in Europe and the United States*. Princeton: Princeton University Press.

Jenkins-Smith, Hank C/Sabatier, Paul A (1993): The study of public policy processes, In: Sabatier, Paul A/Jenkins-Smith, Hank C (Hrsg.), *Policy Change and Learning. An Advocacy Coalition Approach.* Boulder et al.: Westview Press, 1–9.

Johnston, Ron/Gregory, Derek/Pratt, Geraldine/Watts, Michael (Hrsg.) (2000): *The Dictionary of Human Geography.* 4. Auflage, Malden et al.: Blackwell Publishing.

Kanter, Rosabeth (1972): *Symbolic Interactionism and Politics in Systematic Perspective*, In: Sociological Inquiry, Jg. 42, H. 3–4, S. 77–92.

Kaplan, Thomas (1993): Reading policy narratives: Beginnings, middles, and ends, In: Fischer, Frank/Forester, John (Hrsg.), *The Argumentative Turn in Policy Analysis and Planning.* Durham/London: Duke University Press, 167–185.

Kauppert, Michael/Leser, Irene (Hrsg.) (2014): *Hillarys Hand. Zur politischen Ikonographie der Gegenwart.* Bielefeld: Transcript.

Keller, Reiner (1999): *Diskursbegriff und interpretatives Paradigma.* Referat zum Workshop „Perspektiven der Diskursanalyse" vom 11.–12. März 1999 in Augsburg. http://www.epb.uni-hamburg.de/erzwiss/lohmann/Lehre/Wint3-4/pe/keller.html, Zugriff am 2.7.2015.

Keller, Reiner (2004a): Der Müll der Gesellschaft. Eine wissenssoziologische Diskursanalyse, In: Keller, Reiner/Hierseland, Andreas/Schneider, Werner/Viehöver, Willy (Hrsg.), *Handbuch Sozialwissenschaftliche Diskursanalyse.* Wiesbaden: VS Verlag, 197–232.

Keller, Reiner (2004b): *Diskursforschung. Eine Einführung für SozialwissenschaftlerInnen.* 2. Aufl. Wiesbaden: VS Verlag.

Keller, Reiner (2005a): *Analysing Discourse. An Approach From the Sociology of Knowledge.* In Forum Qualitative Social Research, 6(3), Art. 32, http://nbn-resolving.de/urn:nbn:de:0114-fqs0503327.

Keller, Reiner (2005b): *Wissenssoziologische Diskursanalyse. Grundlegung eines Forschungsprogramms.* Wiesbaden: VS Verlag.

Keller, Reiner (2012): *Das Interpretative Paradigma – eine Einführung.* Wiesbaden: VS Verlag.

Keller, Reiner/Hirseland, Andreas/Schneider, Werner/Viehöver, Willy (2004): Die vielgestaltige Praxis der Diskursforschung – Eine Einführung, In: Keller, Reiner/Hirseland, Andreas/Schneider, Werner/Viehöver, Willy (Hrsg.), *Handbuch Sozialwissenschaftliche Diskursanalyse.* 2. Auflage. Wiesbaden: VS Verlag, 7–18.

Keller, Reiner/Viehöver, Willy (2006): Diskursanalyse, In: Behnke, Joachim/Gschwend, Thomas/Schindler, Delia/Schnapp, Kai-Uwe (Hrsg.), *Methoden der Politikwissenschaft. Neuere qualitative und quantitative Analyseverfahren.* Baden-Baden: Nomos, 103–111.

Kemeny, Jim (2004): Extending constructionist social problems to the study of housing problems, In: Jacobs, Keith/Kemeny, Jim/Manzi, Tony (Hrsg.), *Social Constructionism in Housing Research.* Aldershot: Ashgate, 49–70.

Kerchner, Brigitte (2006): Diskursanalyse in der Politikwissenschaft. Ein Forschungsüberblick, In: Kerchner, Brigitte/Schneider, Silke (Hrsg.), *Foucault: Diskursanalyse der Politik.* Wiesbaden: VS Verlag, 33–67.

Kerchner, Brigitte/Schneider, Silke (2006): „Endlich Ordnung in der Werkzeugkiste". Zum Potenzial der Foucaultschen Diskursanalyse für die Politikwissenschaft – Einleitung, In: Kerchner, Brigitte/Schneider, Silke (Hrsg.), *Foucault: Diskursanalyse der Politik.* Wiesbaden: VS Verlag, 9–30.

Kerner, Ina (2009): *Differenzen und Macht. Zur Anatomie von Rassismus und Sexismus.* Frankfurt/New York: Campus.

King, Gary/Keohane, Robert O./Verba, Sidney (1994): *Designing Social Inquiry. Scientific inference in qualitative research.* Princeton: Princeton University Press.

King, Peter (2004): Relativism, Subjectivity and the Self: A Critique of Social Constructionism, In: Jacobs, Keith/Kemeny, Jim/Manzi, Tony (Hrsg.), *Social Constructionism in Housing Research.* Aldershot: Ashgate, 32–48.

Kingdon, John W. (2003): *Agendas, Alternatives, and Public Policies.* 2. Auflage. New York: Longman.

Knoblauch, Hubert (2005): *Wissenssoziologie.* Konstanz: UTB.

Knorr-Cetina, Karin (1989): *Spielarten des Konstruktivismus: Einige Notizen und Anmerkungen,* In: Soziale Welt, Jg. 40, H.1–2, S. 86–96.

Knorr-Cetina, Karin (2002): *Wissenskulturen: Ein Vergleich naturwissenschaftlicher Wissensformen.* Frankfurt: Suhrkamp.

Krapp, Max-Christopher/Pannowitsch, Sylvia/Heinelt, Hubert (2015): *Wissenspolitik und politischer Wandel. Zur Bedeutung veränderter Wissensordnungen für die deutsche und britische Arbeitsmarktpolitik.* Baden-Baden: Nomos.

Laclau, Ernesto/Mouffe, Chantal (1985): *Hegemony and Socialist Strategy.* London: Verso.

Lepperhoff, Julia (2006): Soziale Sicherheit in Deutschland und Frankreich — eine vergleichende Analyse der aktuellen Sozialstaatsdebatte, In: Kerchner, Brigitte/Schneider, Silke (Hrsg.), *Foucault: Diskursanalyse der Politik.* Wiesbaden: VS Verlag, 251–268.

Lerner, Daniel/Lasswell, Harold Dwight (Hrsg.) (1951): *The policy sciences: Recent developments in scope and method.* Stanford University Press.

Linder, Stephen H./Peters, B. Guy (1989): *Instruments of Government: Perceptions and Contexts,* In: Journal of Public Policy, Jg. 9, H. 1, S. 35–58.

Loseke, Donileen R. (2003): *Thinking about social problems. An introduction to constructionist perspectives.* 2. Auflage, New York: Aldine de Gruyter.

Luhmann, Niklas (1992): *Die Wissenschaft der Gesellschaft.* Frankfurt: Suhrkamp.

Maasen, Sabine/Peter, Weingart (2000): *Metaphor and the Dynamics of Knowledge.* London/New York: Routledge.

Maier, Matthias Leonhard (2001): *Sammelrezension Ideen und Policies,* In: Politische Vierteljahresschrift, Jg. 42, H. 3, S. 523–548.

Maier, Matthias Leonhard (2003): Wissens- und ideenorientierte Ansätze in der Politikwissenschaft: Versuch einer systematischen Übersicht, In: Maier, Matthias Leonhard/Nullmeier, Frank/Pritzlaff, Tanja/Wiesner, Achim (Hrsg.), *Politik als Lernprozess.* Wiesbaden: VS Verlag, 25–77.

Maier, Matthias Leonhard/Hurrelmann, Achim/Nullmeier, Frank/Pritzlaff, Tanja/Wiesner, Achim (2003): Einleitung: Kann Politik lernen?, In: Maier, Matthias Leonhard/Nullmeier, Frank/Pritzlaff, Tanja/Wiesner, Achim (Hrsg.), *Politik als Lernprozess.* Wiesbaden: VS Verlag, 7–22.

Majone, Giandomenico (1989): *Evidence, Argument & Persuasion in the Policy Process.* New Haven/London: Yale University Press.

Majone, Giandomenico (1993): Wann ist Policy-Deliberation wichtig?, In: Héritier, Adrienne (Hrsg.), *Policy-Analyse. Kritik und Neuorientierung,* PVS-Sonderheft 24/1993, Opladen: Westdeutscher Verlag, 97–115.

Mangen, Steen (1999): *Qualitative research methods in cross-national settings,* In: International Journal of Social Research Methodology, Jg. 2, H. 2, S. 109–124.

Marston, Greg (2004): Constructing the meaning of social exclusion as a policy metaphor, In: Jacobs, Keith/Kemeny, Jim/Manzi, Tony (Hrsg.), *Social Constructionism in Housing Research.* Aldershot: Ashgate, 71–92.

Mayntz, Renate (1980): Die Entwicklung des analytischen Paradigmas der Implementationsforschung, In: Mayntz, Renate (Hrsg.), *Implementation politischer Programme I.*

Empirische Forschungsberichte. Königstein: Verlagsgruppe Athenäum, Hain, Scriptor, Hanstein, 1–19.

Mayntz, Renate (1983): Zur Einleitung: Probleme der Theoriebildung in der Implementationsforschung, In: Mayntz, Renate (Hrsg.), *Implementation politischer Programme II*. Opladen: Westdeutscher Verlag, 7–24.

Mayntz, Renate (2001): Zur Selektivität der steuerungstheoretischen Perspektive, In: Burth, Hans-Peter/Görlitz, Axel (Hrsg.), *Politische Steuerung in Theorie und Praxis*. Baden-Baden: Nomos, 17–27.

Mole, Richard C. M. (2007): Discursive Identities/Identity Discourses and Political Power, In: Mole, Richard C. M. (Hrsg.), *Discursive Constructions of Identity in European Politics*. Basingstoke: Palgrave Macmillan, 1–24.

Mottier, Veronique (2002): *Discourse Analysis and the Politics of Identity/Difference*, In: Eur Polit Sci, Jg. 2, H. 1, S. 57–60.

Münch, Sybille (2014): Konstellationen städtischer Gruppen, In: Frank, Sybille/Gehring, Petra/Griem, Julika/Haus, Michael (Hrsg.), *Städte unterscheiden lernen. Zur Analyse interurbaner Kontraste. Birmingham, Dortmund, Frankfurt, Glasgow*. Frankfurt: Campus, 173–205.

Münch, Sybille (2010): *Integration durch Wohnungspolitik? Zum Umgang mit ethnischer Segregation im europäischen Vergleich*. Wiesbaden: VS Verlag.

Murray, Charles (1990): *The Emerging British Underclass*. London: Institute of Economic Affairs.

Neustadt, Richard E./May, Ernest R. (1986): *Thinking in Time. The Use of History for Decision Makers*. New York: The Free Press.

Nonhoff, Martin (2007): Diskurs, radikale Demokratie, Hegemonie – Einleitung, In: Nonhoff, Martin (Hrsg.), *Diskurs – radikale Demokratie – Hegemonie. Zum politischen Denken von Ernesto Laclau und Chantal Mouffe*. Bielefeld: transcript, 7–23.

Nullmeier, Frank (1993): Wissen und Policy-Forschung. Wissenspolitologie und rhetorisch-dialektisches Handlungsmodell, In: Héritier, Adrienne (Hrsg.), *Policy-Analyse*. PVS-Sonderheft 24/1993, Opladen: Westdeutscher Verlag, 175–196.

Nullmeier, Frank (1997): Interpretative Ansätze in der Politikwissenschaft, In: Benz, Arthur/Seibel, Wolfgang (Hrsg.), *Theorieentwicklung in der Politikwissenschaft. Eine Zwischenbilanz*. Baden-Baden: Nomos, 101–144.

Nullmeier, Frank (2001): Politikwissenschaft auf dem Weg zur Diskursanalyse?, In: Keller, Reiner/Hirseland, Andreas/Schneider, Werner/Viehöver, Willy (Hrsg.), *Handbuch Sozialwissenschaftliche Diskursanalyse*. Wiesbaden: VS Verlag, 285–311.

Nullmeier, Frank (2012): Interpretative Policy-Forschung und das Erklärungsproblem. Oder: Wie kann man diskursiven Wandel erklären?, In: Egner, Björn/Haus, Michael/ Terizakis, Georgios (Hrsg.), *Regieren. Festschrift für Hubert Heinelt*. Wiesbaden: VS Verlag, 37–56.

Nullmeier, Frank (2013): Wissenspolitologie und interpretative Politikanalyse, In: dms – der moderne staat – Zeitschrift für Public Policy, Recht und Management, Sonderheft 2013, S. 21–44.

Nullmeier, Frank/Kopp-Malek, Tanja/Schneider, Steffen (2010): The Cognitive Turn in Political Science, In: Atkinson, Rob/Terizakis, Georgios/Zimmermann, Karsten (Hrsg.), *Sustainability in European Environmental Policy. Challenges of Governance and Knowledge*. London: Routledge, 77–93.

Nullmeier, Frank/Pritzlaff, Tanja (2011): *How to explain discursive change: An actor-centered discourse-analysis*. IPA Conference, Cardiff.

Nullmeier, Frank/Pritzlaff, Tanja/Wiesner, Achim (2003): *Mikro-Policy-Analyse. Ethnographische Politikforschung am Beispiel Hochschulpolitik*. Frankfurt: Campus.

Nullmeier, Frank/Rüb, Friedbert (1993): *Die Transformation der Sozialpolitik: Vom Sozialstaat zum Sicherungsstaat*. Frankfurt/New York: Campus.

Patterson, Molly/Monroe, Kristen Renwick (1998): *Narrative in Political Science*, In: Annual Review of Political Science, Jg. 1, H. 1, S. 315–331.

Peters, Guy B (2005): *The problem of policy problems*, In: Journal of Comparative Policy Analysis, Jg. 7, H. 4, S. 349–370.

Pickel, Susanne/Pickel, Gert (2003): Einige Notizen zu qualitativen Interviews als Verfahren der vergleichenden Methode der Politikwissenschaft, In: Pickel, Susanne/Pickel, Gert/Lauth, Hans-Joachim/Jahn, Detlef (Hrsg.), *Vergleichende politikwissenschaftliche Methoden. Neue Entwicklungen und Diskussionen*. Wiesbaden: Westdeutscher Verlag, 289–315.

Pieper, Marianne (2006): Diskursanalysen — Kritische Analytik der Gegenwart und wissenspolitische Deutungsmusteranalyse, In: Kerchner, Brigitte/Schneider, Silke (Hrsg.), *Foucault: Diskursanalyse der Politik*. Wiesbaden: VS Verlag für Sozialwissenschaften, 269–286.

Pierce, Jonathan J./Siddiki, Saba/Jones, Michael D./Schumacher, Kristin/Pattison, Andrew/Peterson, Holly (2014): *Social Construction and Policy Design: A Review of Past Applications*, In: Policy Studies Journal, Jg. 42, H. 1, S. 1–29.

Pohle, Julia (2013): *Opening the black box of policy change: Analysing policy discourse ‚in the making'*. Bordeaux: ECPR General Conference.

Price, Richard/Tannenwald, Nina (1996): Norms and deterrence: The nuclear and chemical weapons taboos, In: Katzenstein, Peter (Hrsg.), *The culture of national security*. New York: Columbia University Press, 114–152.

Pülzl, Helga/Wydra, Doris (Hrsg.) (2011): *Schwerpunkt: Public Policy Analysis und die interpretative Wende*. 4/2011: ÖZP – Österreichische Zeitschrift für Politikwissenschaft.

Purtschert, Patricia (2007): *Diversity Management: Mehr Gewinn durch weniger Diskriminierung? Von der Differenz im Umgang mit Differenzen*, In: Femina Politica, H. 1/2007, S. 88–96.

Ratner, Carl (2006): *Epistemological, Social, and Political Conundrums in Social Constructionism*, In: Forum Qualitative Sozialforschung, Jg. 7, H. 1., Art. 4, http://nbn-resolving. de/urn:nbn:de:0114-fqs060142.

Reckwitz, Andreas (2006): Ernesto Laclau. Diskurse, Hegemonien, Antagonismen, In: Moebius, Stephan/Quadflieg, Dirk (Hrsg.), *Kultur. Theorien der Gegenwart*. Wiesbaden: VS Verlag, 339–349.

Reckwitz, Andreas (2008): Praktiken und Diskurse. Eine sozialtheoretische und methodologische Relation, In: Kalthoff, Herbert/Hirschauer, Stefan/Lindemann, Gesa (Hrsg.), *Theoretische Empirie. Zur Relevanz qualitativer Forschung*. Frankfurt: Suhrkamp, 188–209.

Rein, Martin/Schön, Donald (1991): Frame-reflective policy discourse, In: Wagner, Peter/Hirschon Weiss, Carol/Wittrock, Björn/Wollmann, Hellmut (Hrsg.), *Social Sciences and Modern States. National Experiences and Theoretical Crossroads*. Cambridge: Cambridge University Press, 262–289.

Rein, Martin/Schön, Donald (1993): Reframing Policy Discourse, In: Fischer, Frank/Forester, John (Hrsg.), *The Argumentative Turn in Policy Analysis and Planning*. Durham/London: Duke University Press, 145–166.

Reisigl, Martin/Wodak, Ruth (2009): The discourse-historical approach (DHA), In: Wodak, Ruth/Meyer, Michael (Hrsg.), *Methods of Critical Discourse Analysis*. 2. Auflage. London: Sage, 87–121.
Ringmar, Erik (2007): The Power of Metaphor: Consent, Dissent and Revolution, In: Mole, Richard C. M. (Hrsg.), *Discursive Constructions of Identity in European Politics*. Basingstoke: Palgrave Macmillan, 119–136.
Rochefort, David A./Cobb, Roger W. (1993): *Problem Definition, Agenda Access, and Policy Choice*, In: Policy Studies Journal, Jg. 21, H. 1, S. 56–71.
Rochefort, David A./Cobb, Roger W. (1994): Problem Definition: An Emerging Perspective, In: Rochefort, David A./Cobb, Roger W. (Hrsg.), *The Politics of Problem Definition. Shaping the Policy Agenda*. Lawrence: University Press of Kansas, 1–31.
Roe, Emery (1994): *Narrative Policy Analysis. Theory and Practice*. Durham/London: Duke University Press.
Rosenblum, Karen/Travis, Toni-Michelle (1995): *Meaning of Difference: Race, Sex and Gender, Social Class, and Sexual Orientation in Contemporary America*. Boston: McGraw-Hill.
Rüb, Friedbert (2006): Wissenspolitologie, In: Behnke, Joachim/Gschwend, Thomas/Schindler, Delia/Schnapp, Kai-Uwe (Hrsg.), *Methoden der Politikwissenschaft. Neuere qualitative und quantitative Analyseverfahren*. Baden-Baden: Nomos, 345–354.
Rüb, Friedbert (2008): Policy-Analyse unter den Bedingungen von Kontingenz. Konzeptionelle Überlegungen zu einer möglichen Neuorientierung, In: Janning, Frank/Toens, Katrin (Hrsg.), *Die Zukunft der Policy-Forschung. Theorien, Methoden, Anwendungen*. Wiesbaden: VS Verlag, 88–111.
Rüb, Friedbert/Straßheim, Holger (2012): Politische Evidenz – Rechtfertigung durch Objektivierung?, In: Geis, Anna/Nullmeier, Frank/Daase, Christopher (Hrsg.), *Der Aufstieg der Legitimitätspolitik: Rechtfertigung und Kritik politisch-ökonomischer Ordnung. Leviathan- Sonderband 27*. Baden-Baden: Nomos, 376–397.
Sabatier, Paul A. (1993): Advocacy-Koalitionen, Policy-Wandel und Policy-Lernen: Eine Alternative zur Phasenheuristik, In: Héritier, Adrienne (Hrsg.), *Policy-Analyse*. PVS-Sonderheft 24/1993, Opladen: Westdeutscher Verlag, 116–148.
Sabatier, Paul A. (Hrsg.) (1999): *Theories of the Policy Process*. Boulder: Westview Press.
Sarasin, Philipp (2010): *Michel Foucault zur Einführung*. 4. Aufl. Hamburg: Junius.
Saretzki, Thomas (1995): „Arguing" oder „Bargaining". Selbstbindung der Politik durch öffentliche Diskurse, In: Göhler, Gerhard (Hrsg.), *Macht der Öffentlichkeit – Öffentlichkeit der Macht*. Baden-Baden: Nomos, 277–311.
Saretzki, Thomas (2003): Aufklärung, Beteiligung und Kritik: Die „argumentative Wende" in der Policy-Analyse, In: Schubert, Klaus/Bandelow, Nils C. (Hrsg.), *Lehrbuch der Politikfeldanalyse*. München/Wien: R. Oldenbourg Verlag, 391–417.
Saretzki, Thomas (2005): Welches Wissen – wessen Entscheidung? Kontroverse Expertise im Spannungsfeld von Wissenschaft, Öffentlichkeit und Politik, In: Bogner, Alexander/Torgersen, Helge (Hrsg.), *Wozu Experten? Ambivalenzen der Beziehung von Wissenschaft und Politik*. Wiesbaden: VS Verlag, 345–369.
Saretzki, Thomas (2009): *From bargaining to arguing, from strategic to communicative action? Theoretical distinctions and methodological problems in empirical studies of deliberative policy processes*, In: Critical Policy Studies, Jg. 3, H. 2, S. 153–183.
Saretzki, Thomas (2012): The „argumentative turn" revisited: Demokratisierung von Policy-Analysen in partizipativen Projekten und diskursiven Designs?, In: Egner, Björn/Haus,

Michael/Terizakis, Georgios (Hrsg.), *Regieren. Festschrift für Hubert Heinelt.* Wiesbaden: Springer VS, 57–74.
Schmid, Joseph/Straßheim, Holger (2003): *Lerneinheit: Sozialpolitik in Deutschland – ein policyanalytischer Zugriff.* WiP-Online, Uni-Tübingen.
Schmidt, Lucia (2000): *Varianten des Konstruktivismus in der Soziologie sozialer Probleme*, In: Soziale Welt, Jg. 51, H. 2, S. 153–171.
Schmidt, Manfred G. (2003): Vergleichende Policy-Forschung, In: Berg-Schlosser, Dirk/ Müller-Rommel, Ferdinand (Hrsg.), *Vergleichende Politikwissenschaft. Ein einführendes Studienhandbuch.* 4., überarb. u. erw. Auflage. Wiesbaden: VS Verlag, 261–276.
Schmidt, Vivien (2010): *Taking ideas and discourse seriously: explaining change through discursive institutionalism as the fourth „new institutionalism"*, In: European Political Science Review, Jg. 2, H. 1, S. 1–25.
Schmidt, Vivien (2012): Discursive Institutionalism: Scope, Dynamics, and Philosophical Underpinnings, In: Fischer, Frank/Gottweis, Herbert (Hrsg.), *The Argumentative Turn Revisited. Public Policy as Communicative Practice.* Durham/London: Duke University Press, 85–113.
Schneider, Anne/Ingram, Helen (1993): *Social Construction of Target Populations: Implications for Politics and Policy*, In: The American Political Science Review, Jg. 87, H. 2, S. 334–347.
Schneider, Anne/Ingram, Helen M (Hrsg.) (2005): *Deserving and entitled: Social constructions and public policy.* Albany: SUNY Press.
Schneider, Steffen G. (2008): Exploring the metaphorical (de-) construction of legitimacy: A comparison of legitimation discourses in American and British newspapers, In: Carver, Terrell/Pikalo, Jernej (Hrsg.), *Political language and metaphor: Interpreting and changing the world.* London: Routledge, 83–101.
Schneider, Volker/Janning, Frank (2006): *Politikfeldanalyse. Akteure, Diskurse und Netzwerke in der öffentlichen Politik.* 1. Aufl. Wiesbaden: VS Verlag.
Schröter, Melanie (2013): *Silence and Concealment in Political Discourse.* Amsterdam/Philadelphia: John Benjamins.
Schubert, Klaus/Bandelow, Nils C. (2003): Politikdimensionen und Fragestellungen der Politikfeldanalyse, In: Schubert, Klaus/Bandelow, Nils C. (Hrsg.), *Lehrbuch der Politikfeldanalyse.* München/Wien: R. Oldenbourg Verlag, 1–22.
Schütz, Alfred (1976): *Collected Papers II: Studies in Social Theory, hrsg. und mit einer Einleitung von Arid Brodersen.* Den Haag: Martinus Nijhof.
Schwab-Trapp, Michael (2004): Methodische Aspekte der Diskursanalyse. Probleme der Analyse diskursiver Auseinandersetzungen am Beispiel der deutschen Diskussion über den Kosovokrieg, In: Keller, Reiner/Hirseland, Andreas/Schneider, Werner/Viehöver, Willy (Hrsg.), *Handbuch Sozialwissenschaftliche Diskursanalyse.* 2. Auflage. Wiesbaden: VS Verlag, 169–195.
Schwartz-Shea, Peregrine (2006): Judging Quality, In: Yanow, Dvora/Schwartz-Shea, Peregrine (Hrsg.), *Interpretation and Method: Empirical Research Methods and the Interpretive Turn.* New York: ME Sharpe, 89–113.
Schwartz-Shea, Peregrine/Yanow, Dvora (2012): *Interpretive research design: concepts and processes.* New York: Routledge.
Sidney, Mara S (2005): Contested Images of Race and Place: The Politics of Housing Discrimination, In: Schneider, Anne/Ingram, Helen (Hrsg.), *Deserving and Entitled: Social Constructions and Public Policy.* Albany: SUNY, 111–137.

Sigwart, Hans-Jörg (2013): *Das politisch-hermeneutische Problem: Zur Gegenstandsbestimmung einer „verstehenden Politikwissenschaft"*, In: Politisches Denken – Jahrbuch 2013, S. 163–189.

Somerville, Peter/Bengtsson, Bo (2002): *Constructionism, Realism and Housing Theory*, In: Housing, Theory and Society, Jg. 19, H. 3–4, S. 121–136.

Soroka, Stuart (2007): Agenda-setting and issue definition, In: Orsini, Michael/Smith, Miriam (Hrsg.), *Critical policy studies*. Vancouver/Toronto: UBC Press, 185–210.

Spector, Malcolm/Kitsuse, John I. (2006): *Constructing social problems*. 2.Auflage, New Brunswick, NJ: Transaction Publishers.

Stone, Deborah A. (1989): *Causal Stories and the Formation of Policy Agendas*, In: Political Science Quarterly, Jg. 104, H. 2, S. 281–300.

Stone, Deborah A. (2002): *Policy paradox: the art of political decision making*. 2. überarbeitete Auflage, New York: Norton.

Stone, Deborah A. (2005): Foreword, In: Schneider, Anne L/Ingram, Helen M (Hrsg.), *Deserving and entitled: Social constructions and public policy*. Albany: SUNY Press, ix-xiii.

Stone, Deborah A. (2006): *Reframing the racial disparities issue for state governments*, In: Journal of Health Politics, Policy and Law, Jg. 31, H. 1, S. 127–52.

Straßheim, Holger (2010): *Netzwerkpolitik: Governance und Wissen im administrativen Austausch*. Baden-Baden: Nomos.

Straßheim, Holger (2013): *Politische Expertise im Wandel. Zur diskursiven und institutionellen Einbettung epistemischer Autorität*, In: dms – der moderne staat – Zeitschrift für Public Policy, Recht und Management, Sonderheft 2013, 65–86.

Torfing, Jacob (2002): *Discourse Analysis and the Post-structuralism of Laclau and Mouffe*, In: Eur Polit Sci, Jg. 2, H. 1, S. 54–57.

Torfing, Jacob (2005): Discourse Theory: Achievements, Arguments, and Challenges, In: Howarth, David/Torfing, Jacob (Hrsg.), *Discourse Theory in European Politics. Identity, Policy and Governance*. Basingstoke: Palgrave Macmillan, 1–31.

Torgerson, Doug (1986): *Between knowledge and politics. Three faces of policy analysis*, In: Policy Sciences, Jg. 19, H. 1, S. 33–59.

Torgerson, Doug (2007): *Policy discourse as dialogue: Emergent publics and the reflexive turn*, In: Critical Policy Studies, Jg. 1, H. 1, S. 1–17.

Travers, Max (2004): The philosophical assumptions of constructionism, In: Jacobs, Keith/Kemeny, Jim/Manzi, Tony (Hrsg.), *Social Constructionism in Housing Research*. Aldershot: Ashgate, 14–31.

Ulbert, Cornelia (1997): *Ideen, Institutionen und Kultur. Die Konstruktion (inter-) nationaler Klimapolitik in der BRD und in den USA*, In: Zeitschrift für Internationale Beziehungen, Jg. 4, H. 1, S. 9–40.

van Eeten, Michael JG (2007): Narrative policy analysis, In: Fischer, Frank/Miller, Gerald J/Sidney, Mara S. (Hrsg.), *Handbook of Public Policy Analysis. Theory, Politics, and Methods*. Boca Raton et al.: CRC Press, 251–269.

van Hulst, Merlijn J. (2008): *Quite an experience: Using ethnography to study local governance*, In: Critical Policy Studies, Jg. 2, H. 2, S. 143–159.

van Hulst, Merlijn/Yanow, Dvora (2014): *From Policy „Frames" to „Framing": Theorizing a More Dynamic, Political Approach*, In: The American Review of Public Administration, Online First, doi: 10.1177/0275074014533142.

Verloo, Mieke (Hrsg.) (2007): *Multiple meaning of gender equality: A critical frame analysis of gender policies in Europe*. Budapest: CPS Books.

Verloo, Mieke/Lombardo, Emanuela (2007): Contested gender equality and policy variety in Europe: Introducing a critical frame analysis approach, In: Verloo, Mieke (Hrsg.), *Multiple meaning of gender equality: A critical frame analysis of gender policies in Europe*. Budapest: CPS Books, 21–49.

Verloo, Mieke/Pantelidou-Maloutas, Maro (2005): Editorial: *Differences in the Framing of Gender Inequality as a Policy Problem across Europe*, In: The Greek Review of Social Research, Jg. 117, H. B1, S. 3–10.

Viehöver, Willy (2004): Die Wissenschaft und die Wiederverzauberung des sublunaren Raumes. Der Klimadiskurs im Licht der narrativen Diskursanalyse, In: Keller, Reiner/ Hiersland, Andreas/Schneider, Werner/Viehöver, Willy (Hrsg.), *Handbuch Sozialwissenschaftliche Diskursanalyse*. Wiesbaden: VS Verlag, 233–269.

von Alemann, Ulrich/Tönnesmann, Wolfgang (1995): *Einführung in die Methoden der Politikwissenschaft. Kurseinheiten 1–4*. Fernuniversität Hagen.

Wagenaar, Hendrik (2007): Interpretation and intention in policy analysis, In: Fischer, Frank/ Miller, Gerald J./Sidney, Mara S. (Hrsg.), *Handbook of public policy analysis: Theory, politics, and methods*. Boca Raton: Taylor and Francis, 429–441.

Wagenaar, Hendrik (2011): *Meaning in action: interpretation and dialogue in policy analysis*. Armonk, N.Y./London: M.E. Sharpe.

Waldschmidt, Anne (2004): Der Humangenetik-Diskurs der Experten: Erfahrungen mit dem Werkzeugkasten der Diskursanalyse, In: Keller, Reiner/Hiersland, Andreas/Schneider, Werner/Viehöver, Willy (Hrsg.), *Handbuch Sozialwissenschaftliche Diskursanalyse*. 2. Auflage. Wiesbaden: VS Verlag, 147–168.

Wehling, Peter (2007): Wissenspolitik, In: Schützeichel, Rainer (Hrsg.), *Handbuch Wissenssoziologie und Wissensforschung*. Konstanz: UVK, 694–703.

Weingart, Peter (1983): *Verwissenschaftlichung der Gesellschaft – Politisierung der Wissenschaft*, In: Zeitschrift für Soziologie, Jg. 12, H. 3, S. 225–241.

Weingart, Peter (2003): *Wissenschaftssoziologie*. Bielefeld: transcript.

Willig, Carla (1999): Beyond appearances: a critical realist approach to social constructionist work, In: Nightingale, David J./Cromby, John (Hrsg.), *Social Constructionist Psychology. A critical analysis of theory and practice*. Buckingham/Philadelphia: Open University Press, 37–51.

Willke, Helmut (2002): *Dystopia*. Frankfurt: Suhrkamp.

Wodak, Ruth/Meyer, Michael (2009): Critical discourse analysis: history, agenda, theory, and methodology, In: Wodak, Ruth/Meyer, Michael (Hrsg.), *Methods for Critical Discourse Analysis*. 2. Auflage. London: Sage, 1–33.

Woolgar, Steve/Pawluch, Dorothy (1985): *Ontological gerrymandering: The anatomy of social problems explanations*, In: Social Problems, Jg. 32, H. 3, S. 214–227.

Wrana, Daniel/Ziem, Alexander/Reisigl, Martin/Nonhoff, Martin/Angermüller, Johannes (2014): *DiskursNetz. Wörterbuch der interdisziplinären Diskursforschung*. Berlin: Suhrkamp.

Yanow, Dvora (1992): *Silences in public policy discourse: Organizational and policy myths*, In: Journal of Public Administration Research and Theory, Jg. 2, H. 4, S. 399–423.

Yanow, Dvora (1995): *Practices of policy interpretation*, In: Policy Sciences, Jg. 28, H. 2, S. 111–126.

Yanow, Dvora (1996): *How does a policy mean? Interpreting policy and organizational actions.* Washington: Georgetown University Press.
Yanow, Dvora (2000): *Conducting interpretive policy analysis.* Thousand Oaks: Sage.
Yanow, Dvora (2002): *Constructing „race" and „ethnicity" in America: Category-making in Public Policy and Administration.* Armonk: ME Sharpe.
Yanow, Dvora (2003): *Interpretive empirical political science: What makes this not a subfield of qualitative methods,* In: Qualitative Methods, Jg. 1, H. 2, S. 9–13.
Yanow, Dvora (2007): Qualitative-interpretive methods in policy research, In: Fischer, Frank/Miller, Gerald J./Sidney, Mara S. (Hrsg.), *Handbook of public policy analysis: Theory, politics, and methods.* Boca Raton: Taylor and Francis, 405–416.
Yanow, Dvora (2008): Cognition meets action: Metaphors as models of and models for, In: Carver, Terrell/Pikalo, Jernej (Hrsg.), *Political language and metaphor. Interpreting and changing the world.* London/New York: Routledge, 225–237.
Yanow, Dvora (2009): *What's Political about Political Ethnography? Abducting Our Way Toward Reason and Meaning,* In: Qualitative & Multi-Method Research, Jg. 7, H. 2, S. 33–37.
Yanow, Dvora (2014): Interpretive Analysis and Comparative Research, In: Engeli, Isabelle/ Rothmayr, Christine (Hrsg.), *Comparative policy studies. Conceptual and methodological challenges.* Houndmills/New York: Palgrave Macmillan, 131–159.
Yanow, Dvora/Schwartz-Shea, Peregrine (2006): Introduction, In: Yanow, Dvora/Schwartz-Shea, Peregrine (Hrsg.), *Interpretation and method. Empirical research methods and the interpretive turn.* Armonk: M.E. Sharpe, xi–xxvii.
Yanow, Dvora/van der Haar, Marleen (2013): *People out of place: allochthony and autochthony in the Netherlands' identity discourse: metaphors and categories in action,* In: J Int Relat Dev, Jg. 16, H. 2, S. 227–261.
Young, Iris Marion (2000): *Inclusion and Democracy.* Oxford/New York: Oxford University Press.
Zimmermann, Karsten/Barbehön, Marlon/Münch, Sybille (2014): *Eigenlogik der Städte: ein fachdisziplinärer Beitrag zur Diskussion,* In: Leviathan. Berliner Zeitschrift für Sozialwissenschaft, Jg. 42, H. 2, S. 157–162.
Zürn, Michael (2012): Autorität und Legitimität in der postnationalen Konstellation, In: Geis, Anna/Nullmeier, Frank/Daase, Christopher (Hrsg.), *Der Aufstieg der Legitimitätspolitik. Rechtfertigung und Kritik politisch-ökonomischer Ordnungen. Leviathan-Sonderband 27/2012.* Baden-Baden: Nomos, 41–62.

MIX
Papier aus verantwortungsvollen Quellen
Paper from responsible sources
FSC® C105338

If you have any concerns about our products,
you can contact us on
ProductSafety@springernature.com

In case Publisher is established outside the EU,
the EU authorized representative is:
**Springer Nature Customer Service Center GmbH
Europaplatz 3, 69115 Heidelberg, Germany**

Printed by Libri Plureos GmbH
in Hamburg, Germany